GEFÜRCHTET UND BESTAUNT

FRANK MEIER

GEFÜRCHTET UND BESTAUNT

Vom Umgang mit dem Fremden im Mittelalter

THORBECKE

....

BIBLIOGRAFISCHE INFORMATION DER DEUTSCHEN NATIONALBIBLIOTHEK
DIE DEUTSCHE NATIONALBIBLIOTHEK VERZEICHNET DIESE PUBLIKATION IN
DER DEUTSCHEN NATIONALBIBLIOGRAFIE; DETAILLIERTE BIBLIOGRAFISCHE
DATEN SIND IM INTERNET ÜBER HTTP://DNB.D-NB.DE ABRUFBAR.
....

© 2007 BY JAN THORBECKE VERLAG DER SCHWABENVERLAG AG, OSTFILDERN
WWW.THORBECKE.DE | INFO@THORBECKE.DE
....

DIESES BUCH IST AUS ALTERUNGSBESTÄNDIGEM PAPIER
NACH DIN-ISO 9706 HERGESTELLT.
GESTALTUNG | FINKEN & BUMILLER (DIRK WAGNER), STUTTGART
GESAMTHERSTELLUNG | JAN THORBECKE VERLAG, OSTFILDERN
PRINTED IN GERMANY
ISBN 978-3-7995-0136-1
....

INHALT

Vorwort
Das Fremde und das Eigene

Fremde werden gemacht, früher wie heute. Denn das Fremde ist keine Eigenschaft von Sachen oder Personen an sich, sondern steht in Relation zu ihnen. Das Eigene ist der Maßstab für die Beurteilung des Anderen, des Fremden. Das Fremde wird mittels Vergleichen in die Kategorien des Vertrauten »übersetzt«. Dieser Prozeß findet im Menschen zunächst unwillkürlich statt, schlägt sich aber auch in Texten wie Bildern nieder. Der Begriff des Fremden ist daher für sich allein genommen nicht zu definieren und kann nur vor dem Hintergrund des Eigenen beschrieben werden. Das Fremde verschärft die eigene Identitätsbildung. Dies gilt auch für die Epoche des Mittelalters.

Die historische Forschung hat sich vor allem mit entfernten, außereuropäischen Fremden, wie den Mongolen und den Indianern, beschäftigt oder Pilger- und Handelsreisen in die Ferne in den Blick genommen. Auch die Frage der Toleranz der mittelalterlichen Gesellschaft gegenüber dem Fremden wurde aufgeworfen und oft genug negativ beantwortet.

Der Terminus »fremd« kann aber nicht nur in räumlicher Hinsicht (Nähe – Ferne), sondern auch in religiöser (Christen – Ketzer, Schismatiker, Heiden), ethnischer (Europäer – Nichteuropäer) oder geschlechtlicher Hinsicht (Mann – Frau) bestimmt werden. Daher greift dieses Buch ohne Anspruch auf Vollständigkeit verschiedene Aspekte der Fremdheit im Mittelalter heraus. Ausgewählte kürzere Quellenpassagen illustrieren den Text und regen zum Nachdenken an.

Um nicht der Gefahr der falschen Analogiebildung zu unterliegen und das moderne Toleranzverständnis einer demokratisch-pluralistischen Gesellschaft unreflektiert auf das Mittelalter zu übertragen, faßt das erste Kapitel zunächst das Bild zusammen, welches sich die christlich-abendländische Gesellschaft im Mittelalter von sich selbst machte. Denn alles, was von diesem Idealbild abwich, wurde als fremd empfunden, wie die Monstra, die menschlichen Fabelwesen, und die Antipoden, die auf der anderen Seite der Erde lebenden »Gegenfüßler« etwa, von deren Existenz man felsenfest überzeugt war.

Doch das Fremde nahm auch reale Gestalt an und erschien als Bedrohung des christlichen Europa. Wilde Nordmänner und »apokalyptische« Reiter aus dem Osten verbreiteten Angst und Schrecken, zumindest den Berichten der Chronisten nach, die diese Gefahren ins Maßlose übertrieben und manches Greuelmärchen in die Welt setzten.

Wer in die Fremde reiste – als Abenteurer oder Entdecker, Pilger oder Kaufmann – hatte das Ideal des eigenen Kulturkreises im Kopf und war oft nicht offen für das Fremde. Dies galt etwa für die Reisen von Johannes de Plano Carpini (um 1182–1252), Wilhelm von Rubruk (um 1220–1270) und Marco Polo (um 1254–1324) zu den Mongolen bis hin zur Fahrt von Christoph Kolumbus (1451–1506). Viele Menschen lernten die geographische Fremde auch anläßlich einer Pilgerfahrt kennen.

Die Menschen fürchteten sich aber auch vor Angehörigen fremder Religionen, wie den Juden und Muslimen, oder Ketzern und Kirchenspaltern in den eigenen Reihen. Religiöse Toleranz war noch kein Ideal, Verständnis ebensowenig.

Doch die Fremdheit nahm auch imaginäre Züge an. Hexen etwa ließen sich als fremde Wesen jederzeit erschaffen und als solche vernichten, immer dann, wenn man einen Sündenbock für alltägliche Katastrophen suchte.

Mann und Frau kannten sich in der Regel kaum. Zwar bildete man zusammen eine arbeitsteilige Überlebensgemeinschaft, doch über sexuelle Bedürfnisse wurde im allgemeinen wenig gesprochen und wenn, dann nur hinter vorgehaltener Hand, geißelte doch die Kirche die fleischlichen Gelüste und verbot den Geschlechtsverkehr an festgelegten Tagen sowie bestimmte sexuelle Praktiken. Und wer wollte schon als Sodomiter angeklagt und hingerichtet werden? Learning by doing, etwas anderes blieb den oft jung Vermählten nicht übrig, denn aufgeklärt hatte sie niemand.

Doch das Fremde ist mitunter ganz trivial – heute wie früher. Fremde Menschen begegneten sich, etwa auf der Landstraße. Verachtet und ausgegrenzt wurden vor allem diejenigen, die unbehaust waren, Bettler und Vaganten oder die Angehörigen des fahrenden Volkes. Am härtesten traf es die Zigeuner. Auch von ihren Schicksalen erzählt dieses Buch.

Wer als Immigrant Aufnahme in eine mittelalterliche Stadt fand, hatte es geschafft. Nicht alle aber wurden Bürger. »Stadtluft macht frei« – dieses geflügelte Wort stimmte nur im Hinblick auf das Recht der Freizügigkeit. Von Gleichheit ist hier noch nicht die Rede. Fremde Kaufleute, die sich nur vorübergehend in der Stadt aufhielten, wurden zum Schutz der eigenen Kaufleute diskriminiert. Inwiefern sich die Maßnahmen bei der Behandlung von Fremden gleichen – von der Duldung bis hin zur echten Integration, von der Ausweisung bis zur Abgrenzung durch Mauern –, auch davon erzählt dieses Kapitel.

Ein abschließendes Resümee beendet den Ausflug in eine ferne Epoche, in der uns vieles – wenn auch erst auf den zweiten Blick – seltsam vertraut vorkommt. Inwieweit wir uns bei der Auseinandersetzung mit dem Fremden tatsächlich weiterentwickelt haben, mag jeder Leser nach der Lektüre für sich entscheiden.

Zu Dank verpflichtet bin ich dem Verlagsleiter des Jan Thorbecke Verlages, Herrn Ulrich Peters, für die Aufnahme des Manuskriptes und Frau Dr. Janina Drostel, die als ausgewiesene Mittelaltergermanistin und Lektorin für den notwendigen Feinschliff sorgte und so erst hat ein lesbares Buch entstehen lassen.

Es sei meiner früheren Kollegin und lieben Freundin, Frau Professor Dr. Susanne Popp (Lehrstuhl für Geschichtsdidaktik der Universität Augsburg), in dankbarer Erinnerung an viele spannende Diskussionen und an eine überaus lehrreiche und fruchtbare Zusammenarbeit gewidmet.

KARLSRUHE, IM APRIL 2007
Frank Meier

1

Der eigene Maßstab
Die Entstehung der Fremdheit

Die Welt als *universitas christiana*

MIKROKOSMOS UND MAKROKOSMOS Das Eigene ist die Folie, vor deren Hintergrund Fremdheit entsteht. Was aber war das Eigene im Mittelalter? Die Welt wurde als Einheit gedacht. In den Enzyklopädien, Etymologien und vor allem den großen *Mappae mundi*, den Weltbildkarten, findet dieses universale Denken seinen stärksten Ausdruck.

Im übernatürlichen Sinne aber wird die Welt passender Weise als Mensch bezeichnet: Denn wie sie aus vier Elementen zusammengesetzt ist, so besteht er aus vier Säften [= Temperamenten], *und zwar in einem bestimmten Verhältnis. Deshalb haben die Alten den Menschen in einem Zusammenhang mit dem Bau der Welt gestellt, da ja auf Griechisch die Welt Kosmos, der Mensch Mikrokosmos, das heißt kleinere Welt, genannt wird,*

schreibt der gelehrte Bischof Isidor von Sevilla im beginnenden 7. Jahrhundert. Die Grenzen zwischen dem Individuum, dem Mikrokosmos, und der Welt, dem Makrokosmos, verschwimmen bei Isidor. Beide bestehen aus denselben Elementen: Den Leib des Menschen dachte man sich aus Erde, das Blut aus Wasser, den Atem aus Luft und die Wärme aus Feuer. So steht es im *Eleucidarium* des Honorius Augustodunensis zu lesen, einem populären Theologen des 12. Jahrhunderts.

Die materielle Welt erschien seit dem Sündenfall als verdorben. Die geläuterte Seele wird nach mittelalterlichem Glauben am Weltende erlöst und gelangt ins Paradies, das mit dem himmlischen Jerusalem gleichgesetzt wird. Christus gilt als Befreier der Welt (*Christus mundum de mundo liberavit*). Der einheitliche antike Kosmos zerfällt im christlichen Mittelalter in die *civitas Dei*, den Gottesstaat, und in die *civitas terrena*, den irdischen Staat.

Kosmos und Ordnung gehören nach dieser religiösen Vorstellung zusammen. Der große Kirchenlehrer Augustinus (354–430) definierte den Begriff *ordo* als *Bestellung gleicher und ungleicher Dinge durch Zuteilung des einem jeden zukommenden Standortes.* Thomas von Aquin (1224/1225–1274) führte die gesamte Ordnung des Universums, die Natur- und die sittliche Ordnung, auf Gott als Gesetzgeber für die ganze Welt zurück und sah daher in dem ewigen Gesetz (*lex aeterna*) *nichts anderes als den Plan der göttlichen Weisheit, insofern sie alle Handlungen und Bewegungen lenkt* (Summa theologica I–II, qu. 93, a. 1). Der Glaube an die göttliche Schöpfung prägte Wilhelms von Ockham (um 1285–1349) Bild der Welt. Er unterschied zwischen der absoluten Macht (*potentia absoluta*) und der geordneten Macht (*potentia ordinata*) Gottes.

Das Weltall dachte man sich als ein System konzentrischer Sphären. Während Beda Venerabilis (um 673–735) sieben die Erde umgebende Sphären zählte (die Sphären der Luft, des Äthers, des Olymps, des Feuers, der Sterne, den Engelshimmel und den Himmel der Dreieinigkeit), unterschied Honorius Augustodunensis (gest. um 1151) drei Himmelssphären: die irdische, sichtbare Sphäre, die geistliche Sphäre der Engel und den Himmel der Dreieinigkeit. Scholastiker brachten es nach aristotelischem Vorbild sogar auf 55 beziehungsweise 56 Sphären. Der Randtext der berühmten Ebstorfer *Mappa mundi* (um 1300) beschreibt die kosmische Ordnung in deutscher Übersetzung wie folgt:

Der Himmel heißt caelum, weil er wie eine getriebene Metallschale aufgeprägte Lichter, nämlich die Sterne hat. Getrieben [caelatum] nennt man eine Schale, deren reliefartige Verzierungen funkeln. Gott hat ihn mit hell leuchtenden Lichtern ausgezeichnet und ihm Sonne und Mond eingesetzt. Das Himmelsgewölbe hat er mit den in hellem Glanz strahlenden Sternbildern verziert. Der Himmel heißt in der Heiligen Schrift Firmament, weil mit ihm der durch unabänderliche Gesetze festgelegte Lauf der Sterne gegeben ist. Der Äther ist ein eigenes Element, Himmelsglanz ist das Leuchten des Äthers. Die Himmelssphäre heißt so, weil ihre Gestalt vollkommen rund ist. Denn die Philosophen sagen, der Himmel sei überall kugelförmig gewölbt, in allen seinen Teilen gleichmäßig, und umschließe die Erde, die mitten in dem riesigen Weltball ihr Gleichgewicht hält. Dieser bewegt sich, und bei dieser Bewegung wandern die ihm eigenen Fixsterne von Ost nach West herum, wobei die Bahn des Siebengestirns nahe der Himmelsachse kleinere Umdrehungen vollführt.

Mit der im 12. Jahrhundert beginnenden Negierung der sündhaften Welt wird der Mensch als Krone der Schöpfung nach dem Ebenbild Gottes stärker in den Mittelpunkt gerückt. Als Lobpreisung Gottes erfährt er die Berechtigung seiner Existenz, wie der Text der Schöpfungsgeschichte auf der Ebstorfer Weltkarte zu erkennen gibt:

Am sechsten Tag schuf er aus der Erde alle Vierfüßer und den Menschen. Aus dem Ratschluß der hl. Dreifaltigkeit erdachte er den Menschen als sein Ebenbild vernunftbegabt, ewig und unsterblich.

So erscheint die Welt des mittelalterlichen Menschen als wohlgeordnet und überschaubar, aber zugleich als ungewöhnlich inhaltsreich. Die romanische Bilderdecke der Kirche in Zillis (Graubünden) zeigt die Welt als flache, von feindlichen Mächten belagerte Scheibe. In seiner äußeren Anlage verkörpert dieses Bilderwerk auf Holzkassetten die geographische Erdvorstellung des Mittelalters: Ein mit Fabelwesen belebter Wasserstreifen als Meer umgibt die Bildtafeln, die die Erdscheibe symbolisieren und auf der das Kreuz der Schöpfung eingetragen ist. Anders als mittelalterliche *Mappae mundi*, die auch eine geographische Orientierung geben wollen, reduziert die Bilderdecke von Zillis das Weltbild auf das Wesentliche: Das Kreuz als Zeichen der Erlösung und des Sieges über die bösen Mächte.

Die religiöse Konzeption des mittelalterlichen Raumes führte zur Teilung der Welt in die der Christen und in die der Fabelwesen, Ungläubigen, Ketzer und Schismatiker. Der wohlgeordneten christlichen Welt stehen nach dieser Vorstellung die veröderten Länder der Barbaren gegenüber. Augustinus (354–430) setzte daher die Antipoden auf die rückwärtige Seite der flachen Erdscheibe (De civitate dei XVI, 9).

Die gotischen Kathedralen verdeutlichen in ihrer Architektur einer nicht abstrakt denkenden und der Schrift unkundigen Bevölkerung die kosmische Ordnung: Die Portale der Kathedralen stellen Himmelspforten in das Paradies dar. Die lichtdurchfluteten Räume symbolisieren das himmlische Jerusalem. Im Westen, an der Stelle des Hauptportales, bildet ein Wandgemälde zumeist das Jüngste Gericht ab. Im Osten, im Chorraum, sehen die Menschen dagegen Bilder der heiligen Vergangenheit.

DIE ZEIT IM MITTELALTER [...] *Wir sprechen von Zeit und Zeit, von Zeiten und Zeiten und fragen: Wann hat er das gesagt? Wann hat er das getan? Wie lange habe ich das nicht gesehen? Und dann diese letzteren Silben nehmen doppelte Zeit in Anspruch im Vergleich mit jener einfachen kürzeren. Wir sagen es und hören es und wir verstehen es und werden verstanden. Das ist so klar und gewöhnlich wie etwas und doch auch wiederum so völlig dunkel und die Lösung des Rätsels noch unbekannt,* hält Augustinus über die Zeit fest (Confessiones, 11. Buch, Kap. 22). Der große Kirchenlehrer schrieb allein der Seele die Fähigkeit zu, die Zeit zu messen (Confessiones, 11. Buch, Kap. 27):

In dir, mein Geist, messe ich die Zeiten; entgegne mir nicht: Wieso das? Laß dich nicht durch die Menge deiner Vorurteile verwirren. In dir, ich sage es nochmals, messe ich die Zeiten; der Eindruck, den die vorübergehenden Dinge auf dich machen, bleibt auch, wenn sie vorübergegangen sind, und ihn messe ich, wenn ich die Zeiten messe. Es ist also entweder er selbst die Zeit, oder es ist nicht die Zeit, die ich messe. […]

Nach Augustinus erschließt das Gedächtnis die Vergangenheit, die Anschauung die Gegenwart und Hoffnung und Erwartung die Zukunft. Die menschliche Zeit entspricht nach dem christlich-mittelalterlichen Verständnis nicht der objektiv meßbaren Zeit. Die irdische Zeit gehört wie der Raum zur erschaffenen Welt und geht in der göttlichen Ewigkeit auf. Augustinus verwarf die zyklische Zeitauffassung der Antike und ersetzte sie durch eine lineare, auf die Erlösung der Welt ausgerichtete Zeitkonzeption. Die neue christliche Zeitorientierung unterschied sich ebenso von dem rückwärts gewandten antiken Zeitverständnis (Olympiaden, Jahre nach der Gründung Roms) wie von der jüdischen, auf den zukünftigen Messias ausgerichteten Zeitkonzeption.

Die Welt wird bestimmt durch die Auseinandersetzung zwischen dem Guten und dem Bösen, die nach christlicher Überzeugung in jedem Menschen verwurzelt sind. Das irdische Leben erhält seinen Sinn durch die Einbeziehung in die Erlösungsgeschichte. Die irdische Zeit zwischen dem Sündenfall und dem Jüngsten Gericht teilten christliche Theologen unter Berufung auf die Vision Daniels (Daniel 2,29–54) in aufeinanderfolgende Reiche ein und sahen in ihr einen Teil der sakralen unvergänglichen Zeit. Bischof Benzo von Alba schreibt im 11. Jahrhundert über den Sinn dieser Weltzeitalter:

Gäben Schriften uns nicht Kunde über die Vergangenheit,
Wonach sollte denn, ich bitt' euch, richten sich die Folgezeit?
Unverständig wären auch die Menschen wie das liebe Vieh,
Wenn nicht die sechs Weltzeitalter hätten unterrichtet sie.

Damit stellte Benzo den Menschen in die Geschichte hinein, erschloß Gegenwart und Zukunft aus der Vergangenheit und gab aus christlicher Sicht Antworten auf die Orientierungsbedürfnisse der Menschen. Der Mensch wird eingebunden in die lineare christliche Eschatologie, in die Abfolge der einzelnen Weltzeitalter, die von der Erschaffung Adams und Evas bis zum Jüngsten Gericht reichen. Gelehrte sahen das mittelalterliche Reich als letztes Zeitalter vor dem Weltende, das mit der Geburt Christi begonnen hatte. Der Arzt und Humanist Hartmann Schedel (1440–1514) schreibt in seiner berühmten Weltchronik (Blatt VI^r):

Das erste Zeitalter der Welt begann mit der Erschaffung der Welt und währte bis zur Sintflut zur Zeit des Noah. Es hatte also eine Dauer von eintausend fünfhundert und sechsundfünfzig Jahren. Das zweite Zeitalter der Welt nahm seinen Anfang in der Zeit des Noah mit der allgemeinen Sintflut und dauerte bis zur Geburt des Abraham, also zweihundert und zweiundachtzig Jahre. Das dritte Alter der Welt begann mit der Geburt des Abraham und währte bis zum Regierungsantritt des Königs David. Es hatte demnach eine Dauer von zweihundert und zweiundneunzig Jahren. Das vierte Zeitalter der Welt begann mit dem Regierungsantritt des Königs David und dauerte bis zur babylonischen Gefangenschaft der Juden, also vierhundert und vierundachtzig Jahre. Das fünfte Alter der Welt nahm seinen Anfang mit der babylonischen Gefangenschaft der Juden und währte bis zur Geburt unseres Herrn Jesus Christus. Es hatte demnach eine Dauer von fünfhundert und neunzig Jahren. Das sechste Alter der Welt hat begonnen, als unser Herr Jesus Christus geboren wurde. [...] Dieses Zeitalter wird dauern durch die ganze Zeit der Gnade.

Die Lehre von den Weltzeitaltern übertrug Schedel auf die menschlichen Lebensalter (Blatt VI^v):

Nach der Zählung in der hebräischen Bibel umfaßt das erste ebenso wie das zweite Weltzeitalter zehn Generationen, das dritte hingegen deren vierzehn, das vierte sechzehn und das fünfte wiederum vierzehn. Die sechs Weltzeitalter entsprechen vergleichsweise den sechs Altersstufen des Menschen: Das erste ist mit der Zeit von der Geburt bis zum Alter von sieben Jahren vergleichbar, das zweite mit der Kindheit bis zum vierzehnten Lebensjahr, das dritte mit der Jugendzeit bis zum Alter von achtunddreißig Jahren, das vierte mit dem Mannesalter bis zum neunundvierzigsten Lebensjahr, das fünfte mit dem höheren Alter bis zum neunundsiebzigsten Jahr, und das sechste mit dem Greisenalter bis zum Lebensende.

Die mittelalterliche Kirche integrierte zwar vergangene Herrscher, Völker und Kulturen in das eigene Weltbild als eine Abfolge von Königreichen – Alexander der Große erhielt zum Beispiel auf der Ebstorfer Weltkarte einen Platz neben dem Haupt Christi – wies aber den »Fremden« einen schlechteren Ort auf der Erde zu. *Hier hat Alexander die beiden grausigen Völker Gog und Magog eingeschlossen, die der Antichrist im Gefolge haben wird. Sie essen Menschenfleisch und trinken Blut,* lesen wir auf der Ebstorfer *Mappa mundi,* jener weltberühmten Radkarte aus der Zeit um 1300. Nach der Offenbarung des Johannes sollten am Vorabend des Jüngsten Gerichts die kriegerischen Völker Gog und Magog hervorbrechen, Christus als Weltenrichter wiederkehren und sich das himmlische Jerusalem auf die Erde senken (Offb 20f.):

Und ich sah einen Engel herabsteigen vom Abgrund, der hatte den Schlüssel des Abgrundes und eine große Kette in seinen Händen. Und er ergriff den Drachen, die alte Schlange, die der Teufel und der Satan ist, und legte ihn in Fesseln für tausend Jahre. Er warf ihn in den Abgrund und schloß über ihm zu und legte ein Siegel an, damit er die Völker nicht mehr verführe, bis die tausend Jahre vollendet wären. Danach muß er noch einmal auf kurze Zeit losgelassen werden.

Und ich sah Throne, und man setzte sich darauf, und das Gericht wurde ihnen übertragen; auch sah ich die Seelen derer, die um des Zeugnisses Jesu willen hingerichtet worden waren und die weder das Tier noch sein Bild angebetet noch das Malzeichen auf ihre Stirn und auf ihre Hand genommen hatten; sie gelangten zum Leben und zur Königsherrschaft mit Christus, für tausend Jahre. Die übrigen Toten gelangten nicht zum Leben, bis die tausend Jahre vollendet sind. Das ist die erste Auferstehung. Selig und heilig ist, wer Anteil nimmt an der ersten Auferstehung; über diese hat der zweite Tod keine Gewalt, sondern sie werden Priester Gottes und Christi sein und mit ihm als Könige herrschen die tausend Jahre.

Und wenn die tausend Jahre vollendet sind, wird der Satan aus seinem Kerker losgelassen werden. Und er wird ausziehen, um die Völker zu verführen, die an den vier Ecken der Erde sind, den Gog und Magog, um sie zum Kriege zu sammeln; ihre Zahl ist wie der Sand am Meere. Und sie zogen herauf über die weite Erde und umzingelten das Lager der Heiligen und die geliebte Stadt. Aber es fiel Feuer vom Himmel herab und verzehrte sie. Und der Teufel, ihr Verführer, wurde in den Pfuhl von Feuer und Schwefel geworfen, wo auch das Tier und der Lügenprophet sind, und sie werden gepeinigt Tag und Nacht von Ewigkeit zu Ewigkeit.

Und ich sah einen neuen Himmel und eine neue Erde, denn der erste Himmel und die erste Erde sind vergangen, auch das Meer ist nicht mehr. Und die heilige Stadt, das himmlische Jerusalem, sah ich herabsteigen aus dem Himmel von Gott her, bereitet wie eine Braut, die für ihren Bräutigam geschmückt wird. Und ich hörte eine mächtige Stimme vom Thron her sprechen: »Siehe, das Zelt Gottes bei den Menschen. Und er wird bei ihnen seine Wohnung nehmen, und sie werden sein Volk sein, und er selbst, Gott mit ihnen, wird ihr Gott sein. Und er wird abwischen jede Träne von ihren Augen, und es wird keinen Tod mehr geben, auch keine Trauer, keinen Klageschrei, und auch keine Mühsal wird es mehr geben; denn das Frühere ist vorbei.«

Diese Jenseitserwartung war es, die das christliche Weltbild bestimmte und in die auch die Andersgläubigen eingebunden waren: Am Tage des Jüngsten Gerichts fahren die frommen Christen in den Himmel, die anderen Menschen aber in die Hölle.

MAPPAE MUNDI – DIE GEORDNETE WELT Das christliche Weltbild prägte auch die Darstellung der Ökumene, des von Menschen bewohnten Teils der Erde, auf den großen *Mappae mundi* des Mittelalters wie der Ebstorfer Weltkarte oder der Londoner Psalterkarte, die beide aus dem 13. Jahrhundert stammen. Auf dem oberen rechten Randtext der berühmten Ebstorfer Karte heißt es in deutscher Übersetzung des lateinischen Textes:
Die Bezeichnung Orbis (d.h. Rundung, Radkranz) rührt daher, daß die Erde rund wie ein Rad ist. Rings vom Ozean umflossen, ist die Erdfläche in drei Teile unterteilt, nämlich in Asien, Europa und Afrika. Asien allein umfaßt die eine Hälfte der Erde, Europa und Afrika zusammen nehmen die andere Hälfte ein und sind durch das Mittelländische Meer unterteilt. Afrika hat seinen Namen von einer Frau, die vorzeiten den Osten beherrschte. Im Osten wird es durch den Aufgang der Sonne, im Süden durch den Ozean, im Westen durchs Mittelmeer begrenzt, im Norden durch die Maeotidischen Sümpfe und den Tanais abgeriegelt. Zu Asien gehört eine Vielzahl von Provinzen, Regionen und Inseln. Europa ist nach der Tochter des Königs Agenor genannt, die denselben Namen trug. Afrika soll nach einem Nachfahren der Abrache de Cethura genannt worden sein, der Afer hieß. Es gibt dort auch Länder, Inseln und Provinzen, deren Kurzbezeichnungen und deren Positionen auf der Weltkarte man bei näherem Hinschauen findet.

Die Darstellung der Einteilung der Ökumene in drei Kontinente geht unter anderem auf den Bischof Isidor von Sevilla zurück, der in der ersten Hälfte des 7. Jahrhunderts in seiner Schrift *Etymologiae sive Origenes*, einem Universallexikon, eine derartige didaktisch reduzierte Radkarte gezeichnet hatte. Der Ozean umschließt die kreisrunde Erdscheibe, während das Mittelmeer und seine »Nebengewässer« und der Nil das bewohnbare Land in die drei Kontinente Asien, Europa und Afrika gliedern, die nach biblischer Überlieferung den drei Söhnen Noahs, Sem, Japhet und Ham, zugeordnet werden. Die geosteten Karten weisen Asien die obere Hälfte, Europa das linke untere Viertel und Afrika das rechte untere Viertel zu. Auf den meisten Radkarten, etwa der Ebstorfer Weltkarte, erscheint Jerusalem als Nabel der Welt und liegt entsprechend im Zentrum. Auf der Ebstorfer Karte lautet eine ins Deutsche übertragene lateinische Inschrift zum Bild der heiligen Stadt wie folgt:

[…] *Diese weltberühmte Stadt überragt als die erste aller Städte die ganze Welt, weil hier die Rettung des Menschengeschlechts durch Tod und Auferstehung des Herrn vollbracht worden ist, wie der Psalmist sagt: ‚Er ist unser König vor aller Zeit etc.' Diese große Stadt umschließt das Grab des Herrn, wonach der ganze Erdkreis begierig verlangt, weil der Sieger über den Tod es durch seine Auferstehung verherrlicht hat. So sagt Sedulius: Nachdem dieser Ort den vortrefflichen Schatz des vom Kreuz abgenommenen Leichnams aufnahm und damit ausgezeichnet war, so wurde sie noch mehr erhoben und geheiligt durch seine Auferstehung.*

Die Ebstorfer *Mappa mundi* veranschaulicht auf einer Fläche von 12,74 Quadratmetern in Form von 1224 Legenden und ca. 1500 Zeichnungen samt erklärenden Texten die damalige Welt. Die Karte zeigt die christliche Heilsgeschichte, ist eine Bilderbibel, eine Tierfibel, ein Anekdoten- und Unterhaltungswerk, eine Legenden- und Sagensammlung, eine Weltchronik und ein geographischer Atlas. Es gibt keine festen Grenzen, mit Ausnahme der für Menschen unüberwindlichen Mauern zum Paradies, und keine weißen Flekken. Im Randtext der Ebstorfer Weltkarte steht:

Die Mappa mundi ist Weltgeschichte, gebannt auf die Fläche einer Karte, sie zeigt das Geschehen unter Zurückstellung der Komponente Zeit in einem durch alle Zeiten hindurchgehenden räumlichen Nebeneinander.

Auf den im 11. und 12. Jahrhundert beliebten Zonenkarten besteht die Erde aus einem Kreis, der vom ringförmigen Ozean umschlossen und durch einen waagrecht verlaufenden Meeresarm in zwei Kontinente, einen südlichen und einen nördlichen, geteilt ist. Beide Kontinente befinden sich in der gemäßigten Zone und werden nur durch einen heißen Klimagürtel voneinander getrennt. Je eine kalte Zone an den Polen begrenzen beide Erdteile. In den so voneinander geschiedenen fünf Zonen erscheinen zwei als bewohnt, wobei aber nur eine von beiden der bekannten Welt zugeordnet wird. Die im 12. Jahrhundert aufkommenden Klimatenkarten teilen vergleichbar den Zonenkarten die bewohnte Welt in sieben Klimazonen ein. Auf der Salemer Zonenkarte aus dem 13. Jahrhundert trennt neben der beschriebenen T-Form ein äquatoriales Meer einen großen unbekannten Südkontinent ab. Über den ganzen Erdkreis hat der Geograph des Zisterzienserklosters Salem im Linzgau eine auf die Griechen zurückgehende Einteilung in einzelne Klimazonen gelegt: kaltes Klima, gemäßigtes Klima, heißes Klima, kaltes Klima. Die christlichen *Mappae mundi* teilen die Erde in bewohnbare und unbewohnbare Räume ein. Die religiöse Konzeption ordnet sich den Raum unter.

Halten wir fest: Gott bildete im Weltmodell des Mittelalters das Zentrum allen Lebens (theozentrisches Weltbild). Die kollektive christliche Identität prägte das Weltbild.

Identitätsbildung und Fremdheitszuschreibung

VOM BEKANNTEN NAHEN ZUM FREMDEN FERNEN Die kollektive Identität, die das christlich-mittelalterliche Weltbild verhieß, war indes nur der kleinste gemeinsame Nenner. Denn auch im Mittelalter vollzog sich die Identitätsbildung vom Kleinen zum Großen hin, also vom Pfarrsprengel über das Bistum bis zur römisch-katholischen Kirche, vom Dorfbezirk über die Herrschaft bis zum Reich und zum Imperium. Das Zugehörigkeitsgefühl zu einer Gruppe verlor mit zunehmender Größe des Kreises an Stärke. Denn ein Nationalbewußtsein im modernen Sinne kannte das Mittelalter noch nicht. Herrschaften, Regionen und Landschaften prägten Identitäten weitaus stärker als die Zugehörigkeit zu großräumigen Reichen wie dem *regnum* (z.B. dem deutschen Königreich) oder dem *imperium*, dem christlichen Kaiserreich. Adam von Bremen (wohl vor 1050–vor 1085) blickt in seinem vierten Buch der *Gesta Hammaburgensis ecclesiae pontificum* (»Geschichte des Erzbistums Hamburg«) von Sachsen aus, wenn er die Völker der Erde in nördlicher und nordöstlicher Richtung bis ans Ende der Welt beschreibt, wo er die menschlichen *monstra* ansiedelt. Damit erhebt er indirekt die Forderung der Unterordnung der fernen Völker unter den Primat des Hamburger Bistums nach deren Missionierung – weitgesteckte Ziele also. Auch den Zeichnern der Ebstorfer *Mappa mundi* war das welfische Herrschaftsgebiet um seine beiden norddeutschen Zentren Braunschweig und Lüneburg bestens bekannt, denn kein anderer Teil der Karte ist derart detailliert wiedergegeben. Vom Nahen zum Fernen – wir erkennen das Prinzip mittelalterlicher Raumvorstellungen und der damit verbundenen Identitätsbildung und Fremdheitszuschreibung.

GRENZE UND DIFFERENZIERUNG Grenzen lassen Fremdheit auf verschiedenen Ebenen entstehen. Denn von Menschen gemachte Grenzen haben die Aufgabe der Differenzierung zwischen dem Eigenen und dem Fremden und können in religiöser, geographischer, ethnischer, kultureller und politischer Hinsicht gezogen werden.

Da im christlichen Weltbild die Erde als *universitas christiana* gedacht wird, kennt die Bibel nur eine feste und unüberwindliche Grenze, nämlich die Grenze zum Paradies (1 Mos 3,24). Politische Grenzen sucht man daher auf den *Mappae mundi* vergebens, da sie die Erde, die für den Leib Christi stand, und damit die Einheit der *terra christiana* zerschnitten hätten. Die Grenze zum Paradies wird in Bildern und auf vielen *Mappae mundi* als ein von einer hohen, unüberwindbaren Mauer oder Gebirgszügen umgebener Ort im Osten der Erde dargestellt. Die berühmte Ebstorfer Weltkarte (um 1300) etwa bildet das Paradies als einen unzugänglichen Ort in Asien ab und platziert den Garten Eden neben dem Kopf Christi. Eine zweite feste, wenn auch von Menschenhand errichtete Grenze ist diejenige, mit der Alexander der Große (356–323 vor Christus) nach Ansicht des Kartographen der Ebstorfer *Mappa mundi* die *grausigen Völker Gog und Magog* eingeschlossen hat. Auch natürliche Hindernisse wie Flüsse, etwa der Tanais, können auf der Ebstorfer *Mappa mundi* Grenzen sein: *Tanais war ein skytischer König, nach dem der Fluß heißt, der Europa von Asien trennt, indem er auf der Grenze der beiden Weltteile verläuft.*

Adam von Bremen (wohl vor 1050–vor 1085) unterscheidet im dritten Buch seiner Hamburger Kirchengeschichte zwischen den Regionen *trans Albia* (»jenseits der Elbe«) und *cis Albia* (»diesseits der Elbe«) und sieht die Elbe als Grenze zwischen den später missionierten beziehungsweise heidnischen nördlichen Stämmen und den christlichen Sachsen (Gesta III, 43). Dabei bezeichnet er die Völker nördlich der Elbe auch als *Transalbiani* und diejenigen südlich der Elbe entsprechend als *noster populus* (Gesta II, 28). Die Nordalbingi wohnten in der Beschreibung Adams entsprechend den Heiden am nächsten (Gesta II, 8). Der Grad der Fremdheitszuschreibungen Adams von Bremen, der von seinem eigenen geographischen Standpunkt ausging, nahm vom Nahen zum Fernen zu, womit zugleich ein zivilisatorisches Gefälle verbunden war. Ethnische Grenzziehungen waren für Adam dabei im Hinblick auf die Eigen-Fremd-Differenzierung weniger bedeutend als religiöse. Denn ohne Kenntnis der Bibel gab es für Adam kein Verständnis der *terra christiana*. Der berühmte Bremer Chronist schrieb dabei den *Sclavi* (Slawen) bezüglich ihrer *lingua* (Sprache) und ihrem *habitus* (Lebensweise, Gesinnung) ebenso wie den *Dani* (Dänen) im Hinblick auf die *Saxones* (Sachsen) eine fremde Identität zu. Die Bewohner Dänemarks nannte er auch *barbari* (Barbaren), die Wikinger sogar *pagani* (Heiden) und *pyratae* (Piraten), um sie aus dem christlichen Kulturkreis auszuscheiden. Unwissend und schlecht waren für Adam per se alle Nichtchristen. Auch Helmold von Bosau (um 1120–nach 1177) nahm in seiner *Chronica Slavorum* Fremdheitszuschreibungen nach geographischen, ethnischen und religiösen Kriterien vor. Auffällig ist seine stärkere Betonung der ethnischen Abgrenzung gegenüber den Slawen, die für ihn zum größten Teil *barbari* blieben, vielleicht eine unmittelbare Folge der vorangeschrittenen Ostsiedlung deutscher Bauern. In der zwischen 1204 und 1209 entstandenen Fortsetzung der Chronik Helmolds konzentrierte Arnold von Lübeck (gest. um 1211) im Gegensatz zu seinem Vorgänger seine Fremdheitszuschreibungen vor allem auf die in geographisch entfernten Gegenden lebenden Menschen wie den *Saraceni*, sicherlich ein Zugeständnis an die Kreuzzugsbewegung.

Im Unterschied zu den Grenzen im Nahraum lassen sich politische Großraumgrenzen im Mittelalter nicht wirklich exakt definieren. Denn die realen Machtbereiche mittelalterlicher Herrscher deckten sich bis in die Neuzeit hinein nicht zwangsläufig mit ihren symbolischen Herrschaftsgrenzen. Die mittelalterlichen Kaiser etwa sahen sich als politisches Oberhaupt der gesamten christlichen Welt, des Imperiums, während die reale Macht der deutschen beziehungsweise römischen Könige nicht einmal reichte, den deutschen Reichsteil, das *regnum*, zu beherrschen. Dementsprechend unterschieden die mittelalterlichen Chronisten zwischen den Titeln *rex* (König) und *imperator* (Kaiser). Adam von Bremen (wohl vor 1050–vor 1085) verurteilte wie andere christliche Chronisten auch immer wieder *rebelliones, seditiones* und *conspirationes* (Rebellionen, Aufstände und Verschwörungen) gegen den König, da diese das »Zugehörigkeitsgefühl« zum Reich verletzten.

Halten wir fest: Grenzen trugen durch räumliche Abgrenzung und Historisierung oder durch soziale und kulturelle Differenzierung zur Identitätsbildung bei.

DIE ÜBERTRAGUNG VON BÜCHERWISSEN AUF DIE WIRKLICHKEIT Das aus Büchern und Bildern gewonnene Wissen wurde auf die reale Welt übertragen und diese danach beurteilt, Fremdes also nicht empirisch wahrgenommen und vorurteilsfrei untersucht. Deshalb verwischen die Grenzen zwischen realen und imaginären Geschöpfen. Bekannte Merkmale und tradierte Wissensbestände wurden mit fremden Merkmalen verglichen, um das Unbekannte in das bereits Vertraute einzubinden. Die mittelalterlichen und frühneuzeitlichen Autoren hatten in ihrer Auseinandersetzung mit realen Fremden, etwa den Hunnen, Ungarn und Mongolen, den Wikingern und Indianern bereits ein festes Bild im Kopf und übertrugen es entsprechend auf Angehörige fremder Kulturen. Der gewaltsame Zusammenstoß der Kulturen war die logische Konsequenz dieses Denkens.

So waren die Folgen der Entdeckung der »Neuen Welt« durch Kolumbus 1492 für die »Entdeckten« dramatisch. Kolumbus, der die *Ymago mundi* des Pierre d'Ailly ausführlich studiert hatte, wußte genau, was ihn dort erwartete, nämlich monströse Menschenrassen und Menschen aus Indien, die er Indianer nannte – wohl einer der größten Irrtümer der Menschheitsgeschichte. Künstler stellten die Indianer als nackte und heidnische Wilde dar. Die Namensbildung der neu entdeckten Landstriche und Siedlungen orientierte sich an der Heimat. Erst der Kartograph Martin Waldseemüller (ca. 1470–1522) erkannte, daß die antike Kosmographie falsch war und bezeichnete die Neue Welt auf seiner Weltkarte von 1507 als Amerika nach dem Entdecker Amerigo Vespucci (1451–1512). Die Entdeckungen wurden so zum Streitfall für die Wissenschaft. Wem sollte man mehr vertrauen, den alten Autoritäten oder den neugewonnenen Erfahrungen, die dem alten Wissen diametral entgegenstanden? Es dauerte lange, bis sich die Anschauungen von Francis Bacon (1561–1626) durchsetzen konnten, die er am Anfang der Vorrede zu seinem 1620 erschienenen Werk *Novum organon scientiarum* (»Neues Organ der Wissenschaften«), einer wissenschaftlichen Methodenlehre, vertrat:

Über den Stand der Wissenschaften, der weder glücklich ist, noch zu einer Stärkung der Erkenntnis führt. Dem menschlichen Verstande muß ein ganz neuer, bisher nicht gekannter Weg eröffnet werden. Andere Hilfsmittel müssen beschafft werden, damit der Geist von seinem Recht der Natur auf die Dinge Gebrauch machen kann.

2

Monstra und Antipoden
Fremde menschliche Wesen

Die *Monstra*

....

Der Glaube an Monster und Ungeheuer ist alt. Bereits der griechische Historiker Ktesias von Knidos berichtet im 4. Jahrhundert vor Christus in seiner Geschichte Indiens von allerlei seltsamen Wesen und Ungeheuern: von den schwarzhäutigen, kleinwüchsigen *Pygmäen*, deren Männer ein riesiges Geschlechtsteil besäßen, von den *Achtfingrigen*, die mit schneeweißem Haar geboren würden, welches sich später schwarz färbe, von den *Hundsköpflern*, die keiner Sprache mächtig seien und sich nur einmal im Monat wüschen. Auch der ionische Gelehrte Megasthenes erzählte im 4. Jahrhundert vor Christus von sagenumwobenen Völkern und Tieren Indiens. Er kannte die *Opistodaktyloi*, deren Zehen nach hinten gekehrt seien, die *Astomoi*, wilde Menschen ohne Mund, die *Arrioni*, die keine Nasenlöcher hätten und bei denen der obere Teil des Mundes die Unterlippe weit überrage, die achtfüßigen *Oktypodes* sowie die langschenkligen *Makrokeleis*, die spitzschädligen *Pane*, die hundsköpfigen *Kynokephalen* und die einäugigen *Kyklopen*. Römische Gelehrte und Dichter wie Pomponius Mela (*De chorographia*, 43/44 nach Christus) oder Plinius der Ältere (*Naturalis historia*, 77 nach Christus) bewahrten die griechischen Fabelgeschichten für die Nachwelt.

Die abendländischen Theologen, Mediziner, Philosophen, Geographen und Chronisten, die sich der »Erforschung« der menschlichen Monster annahmen, schöpften überwiegend aus antiken Quellen und übernahmen die phantastischen Darstellungen dieser Zeit. In diesen monströsen Menschenrassen am Rande der Ökumene sahen die Gelehrten die Nachfahren Kains, der durch Gott verflucht worden war. Isidor von Sevilla unterschied im 7. Jahrhundert in seiner Schrift *Etymologiae* ebenso wie Hrabanus Maurus in seinem Werk *De rerum na-*

turalis um 850 zwischen tierischen und menschlichen Fabelwesen – eine Trennung, die auch von Thomas von Cantimpré im *Liber de natura rerum* (um 1250), von dem sogenannten Pseudo-Hugo von St. Victor in dessen *De bestiis et aliis rebus* (12. Jahrhundert), von Gervasius von Tilbury in seiner *Otia imperialia* (1209/10) oder von Vincent de Beauvais in seinem Werk *Speculum naturale* (um 1256/59) übernommen wurde. Das Spielmannsepos »Herzog Ernst« erzählt um 1180 die Geschichte eines Adligen, der auf seinen Reisen allerlei exotischen Völkern begegnet, etwa den *Kranichmenschen*, den einäugigen *Arimaspi*, den *Riesen*, den *Langohren* sowie den *Platthufern* oder den einfüßigen *Skiapoden*, den in die Sonne starrenden, gebildeten *Gymnosophisten* Indiens, den schnellen achtzehigen *Rückwärtsfüßlern*, den einäugigen *Brustgesichtlern* (*Monoculi*) sowie *Mundlosen, Heuschreckenfressern, Sodomisten, Schwanzmenschen* und dergleichen mehr. Geographische Erdbeschreibungen werden durch Scheusale ausgeschmückt, etwa die berühmte *Imago mundi* (um 1110) von Honorius Augustodunensis, der *Liber floridus* (nach 1100) von Lambert de St.-Omer, die *Apologia* (um 1180) von Guido de Bazochis, die Schrift *De rerum proprietatibus* (nach 1235) von Bartholomäus Anglicus, die *Imago Mundi* (1410) von Petrus de Aliaco, oder die *Cosmographey* (1544) von Sebastian Münster. Auch Weltchroniken kommen ohne Monsterwesen nicht aus. Wir lesen von ihnen in der Chronik des Rudolf von Ems (um 1250/54), im *Suplementum Chronicarum* von Filippo Forestis (1483), in der Weltchronik von Hartmann Schedel (1493) oder in der Chronik Sebastian Francks (1531). Hartman Schedel schreibt (Blatt XI^v):

Vil geslecht mancherlay wunderperlichgestalter menschen sind nach der zungen zerteilung durch got beschehen an manchen enden erschinnen. dann als der almechtig got wißet mit was gleichnus vnd manigformigkait er die schœn der werlt beschuff do wolt er auch wundergestalte menschen in die werlt einfueren. vnder den etliche also geformt sind wie hernach folgt. Item etliche haben enmitten in der styrn allein ein awg. Ettliche sind eins elnpogen lang die ueber acht iar nit leben. die wonen in dem gepirg indie nahend bey dem grossen meer an einer gesunden vnd alweg gruenenden gegent. vnd haben einen sundern streyt wider die kranich. Ire weiber gepern im. v. iar. Item ettliche andere haben fast groß fueß vnd payn on puege vnd sind doch wunderperlicher schnelligkait. vnd bedecken sich zu sumerzeit mit dem schatten irer fueß amm rucken ligende. Item ettliche andere sind on nack habende ire awgen an der schultern Item ettlich haben huntzkœpff.

Die Kartographen der großformatigen *Mappae mundi* wie die der Ebstorfer Weltkarte (um 1300) oder der Karte von Hereford (nach 1276) zeichneten tier- und menschenartige Monsterwesen ein. Selbst auf dem Globus von Martin Behaim von 1491 fehlen sie nicht. Auf der Ebstorfer *Mappa mundi* sind sie in Afrika platziert. Die einzelnen Bildbeischriften lauten wie folgt:

Hier hausen die Anthropophagen, schnellfüßige Menschen. Denn ihre Füße sind wie Pferdehufe. Sie leben von Menschenfleisch und -blut; dies Volk kennt den Gebrauch des Feuers nicht; diese Menschen haben keine Nasen und ein völlig plattgedrücktes Gesicht; die Völker des äthiopischen Libyen; der Name der Äthiopier gilt für ein weites Gebiet. Eine ganze Reihe von ihnen ist in Teilen Ägyptens, Libyens und Afrikas beheimatet; es hat dort vielerlei unzugängliche Gebiete und darin unbekannte, unglaubliche Tiere und abartige Geschöpfe; diesem Volk fehlt die Zunge; man verständigt sich durch Gebärden, die äthiopischen Mauritani (Maritimi) haben vier Augen und sind deshalb zielsicher im Bogenschießen; diese Menschen haben zusammengewachsene Münder mit dermaßen weit vorstehenden Lippen, daß sie sich damit gegen die Sonne schützen können; die Troglodyten sind so schnell, daß sie das Jagdwild im Lauf einholen können; die Artobatitae pflegen beim Gehen vorüberzukippen; die Himantopedes bewegen sich immer wie Vierfüßer voran, das Volk der Psylli lebte hier, Menschen von einer unglaublichen Natur, gegen Schlangengift gefeit; es waren die einzigen Menschen, die vom Schlangenbiß nicht starben. Neugeborene hielten sie den Schlangen vor; wenn sie kränklich waren und im Ehebruch gezeugt, so bewies ihr Tod den Ehebruch der Mutter. Wenn mit ihnen alles in Ordnung war, wurden sie von den Schlangen nicht verletzt; dies Volk pflegt Menschenfleisch zu essen; die Kynocephali haben Hundeköpfe und vorstehende Mäuler; hier sind die Trogodyten, die in Höhlen hausen.

Auf der Karte von Hereford sehen wir Vertreter der Monsterrassen auf der ganzen Erdscheibe. Die meisten hat der Kartograph an den rechten Rand platziert. Diese heiße Südzone ist auf den Zonenkarten den Antipoden vorbehalten. Auch auf der Londoner Psalterkarte aus der zweiten Hälfte des 14. Jahrhunderts sind zahlreiche dieser Erdrandsiedler zu finden.

Die Fabelwesen aber, davon war man fest überzeugt, waren ebenso Bestandteile der göttlichen Schöpfung wie man selbst und gehörten in den göttlichen Heilsplan (1 Mos 2,19 u. 20):

Und Gott der Herr machte aus der Erde alle die Tiere auf dem Felde und alle Vögel unter dem Himmel und brachte sie zu dem Menschen, daß er sähe, wie er sie nenne;

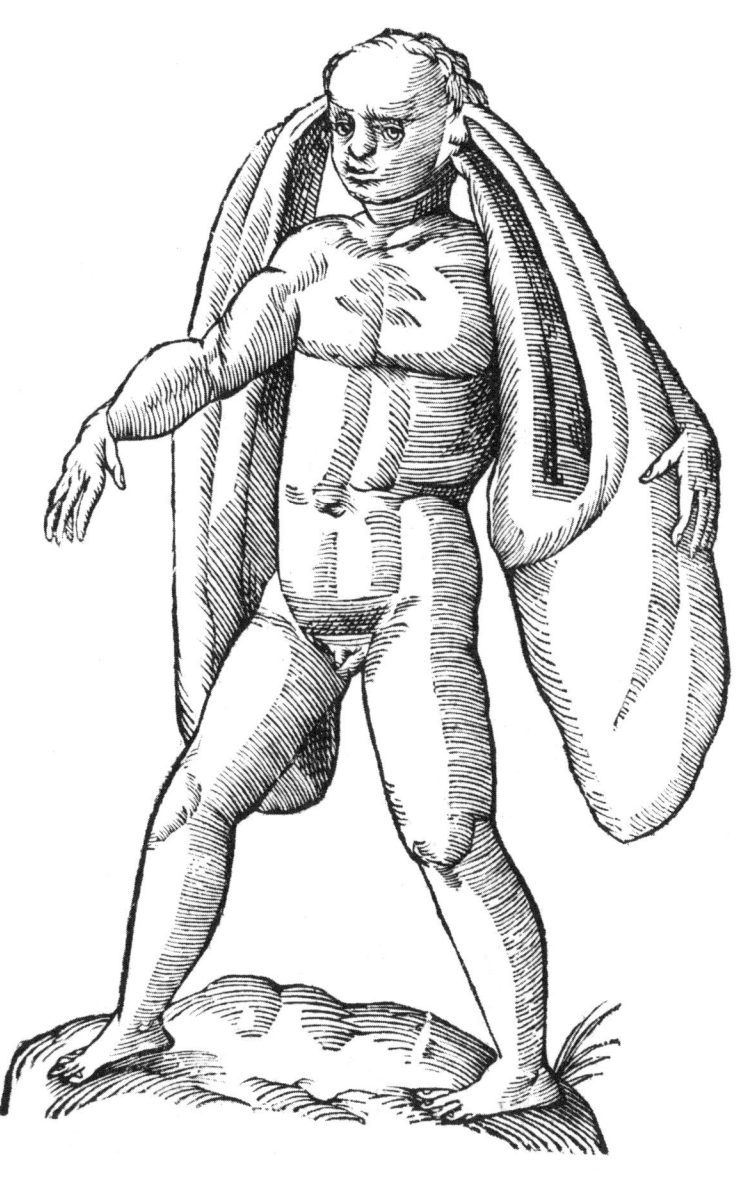

Die Langohren gehören zu den zahlreichen Fabelwesen, die an den Grenzen der Welt leben sollten. > ULISSE ALDROVANDI, MONSTRORUM HISTORIA,

BOLOGNA 1642 <

denn wie der Mensch jedes Tier nennen würde, so sollte es heißen. Und der Mensch gab einem jeden Vieh und Vogel unter dem Himmel und Tier auf dem Felde seinen Namen.

Von einer weiteren Differenzierung ist nicht die Rede. Es bleibt nach der Bibel dem Menschen vorbehalten, diese vorzunehmen. Fabelwesen boten ebenso wie der übervolle Heiligenhimmel dem einfachen Menschen, der die lateinische Predigt ja nicht verstand und die Bibel nicht lesen konnte, einen Ersatz für verlorene Naturgottheiten. Die Kombination menschlicher und tierischer Körper war ferner ein Mittel zum Zweck religiöser Unterweisung. An diesen Bildern ließen sich die Folgen eines sündhaften Lebenswandels demonstrieren, und sie stachen dem Gläubigen einprägsam ins Auge. Denn ein Bild sagt eben mehr als tausend Worte.

Antipoden – die »Gegenfüßler«

....

Die auf Krates von Mallos (2. Jahrhundert von Christus) zurückgehende griechische Vorstellung von der Kugelgestalt der Erde war auch im Mittelalter geläufig. Beispielsweise erwähnt Walter von Metz die Kugelgestalt ausdrücklich in seiner Schrift *Image du monde* (ca. 1245). Da aber perspektivische Projektionsverfahren unbekannt waren, zeichneten die Kartographen die Erdkugel als Planiglob, gaben also die Erdkugel in zwei Kreisflächen wieder. Die eine Scheibe enthielt das bekannte T und die drei Erdteile, während man sich auf dem anderen Kreis einen vierten Kontinent als *terra incognita* beziehungsweise *terra australis incognita* dachte. Isidor von Sevilla (um 560–636) schreibt: *Außerhalb der drei Erdteile aber liegt der vierte Erdteil jenseits des Ozeans als Binnenland im Süden, uns wegen der Sonneneinstrahlung unbekannt.* Dieser Kontinent aber gehörte nicht zur christlichen Ökumene. Dort wohnten nach mittelalterlicher Überzeugung gemeinhin die *Antipoden* (*anti* = »gegen« und *podos* = »Fuß«), die »Gegenfüßler«. Auf der um 1086 im El Burgo de Osma entstandenen Weltkarte ist ein solcher Antipode als riesengroße Figur mit überdimensionalem Fuß abgebildet, der in der Bildlegende wie folgt beschrieben wird:
Dieser Teil ist uns aufgrund der Sonnenglut unbekannt und unbewohnbar. Es wird gesagt, daß sinnlose sciopodes dort leben, wunderbar wegen ihrer Einbeinigkeit und

ihrer Schnelligkeit, welche die Griechen deshalb sciopodes nannten, weil sie in der
Gluthitze rücklings auf der Erde liegend von großen Füßen beschattet werden.

Doch die Antipodenlehre war nicht unumstritten. Denn – so argumentierten
die Vertreter der Kirche – Noah hatte nur drei Söhne, und deren Nachfahren
konnten daher nur drei Kontinente besiedeln. Auch schien der christliche Mis-
sions- und Erlösungsauftrag gefährdet, da man die Antipoden ja nicht erreichen könne. Bereits Augustinus (354–430) hatte daher die Existenz der Antipoden kategorisch bestritten (De civitate dei XVI, 9):

Wenn man sogar von Antipoden, Gegenfüßlern, fabelt, das sind Menschen, die auf der
entgegengesetzten Seite der Erde, wo die Sonne aufgeht, wenn sie bei uns untergeht, also
unseren Füßen gegenüber wandeln sollen, so ist das durchaus nicht anzunehmen. Man
beruft sich ja hierfür auch nicht auf irgendwelche geschichtliche Überlieferung und Er-
fahrung, sondern vermutet es nur auf Grund von Schlußfolgerungen, davon ausgehend,
daß die Erde innerhalb des Himmelsgewölbes aufgehängt sei und die Welt den gleichen
Punkt sowohl zum untersten wie zum mittleren habe; darauf bauen sie die Vermutung,
daß auch der andere, untere Teil der Erde nicht unbevölkert sein könne. Sie lassen dabei
jedoch außer acht, daß, wenn man auch für die Welt eine kugelförmige oder runde Ge-
stalt annimmt oder durch Gründe erweist, daraus mit nichten folge, daß es auch auf je-
ner Seite eine von Wassermassen freie Erde gebe oder daß eine solche, selbst wenn sie dort
anzutreffen sein sollte, sofort auch von Menschen bevölkert sein müsse. Denn nie und
nimmer lügt unsere Schrift, die ihren Berichten Glaubwürdigkeit verschafft dadurch,
daß ihre Vorhersagungen in Erfüllung gehen, und es wäre doch gar zu ungereimt zu be-
haupten, es hätte irgend jemand aus dem oberen in den unteren Teil über den unermeß-
lichen Ozean hin zu Schiff gelangen können, um auch dort das aus jenem einen ersten
Menschen hervorgegangene Menschengeschlecht einzubürgern. Wollen wir also unter
den damaligen Menschenvölkern, die sich als in zweiundsiebzig Stämme und ebenso-
viele Sprachen geteilt darstellen, Umschau halten nach dem auf Erden pilgernden Got-
tesstaat, ob wir ihn finden können; bis herab zur Sündflut und zur Arche haben wir ihn
schon geleitet, und in den Söhnen Noes offenbart sich sein Fortbestand in dem ihnen zu-
teil gewordenen Segen; wir wenden bei unserer Untersuchung den Blick vor allem auf
den ältesten dieser Söhne, auf Sem, zumal da Japheths Segen dahin lautet, daß er in die-
ses seines Bruders Häusern wohnen würde.

Seit dem 8. Jahrhundert betrachtete die Kirche den Glauben an die Antipoden zunehmend als Ketzerei. Der Zisterzienserabt Bernhard von Clairvaux

(um 1190–1153) geißelt die Aufnahme der *monstra* und *Antipoden* in das christliche Ensemble der Kirchen und Klöster (Apologia ad Guilh. Sancti Theodorici abbat., Kap. XI, Patrol. TCLXXXII, Col. 916):

Man sieht in den Klöstern unter den Augen der andächtigen Brüder diese lächerlichen Ungeheuer. Was haben sie hier zu suchen? Wozu diese unsauberen Affen, die grimmigen Löwen, die monströsen Zentauren, die Halbmenschen, die gestreiften Katzen, die kämpfenden Ritter, die hornblasenden Jäger? […] *Kurzum, so mannigfaltig und wunderlich sind die verschiedensten Bildungen, daß man versucht sein könnte, eher den Marmor anzusehen als in der Heiligen Schrift zu lesen, und es könnte einer leicht den Tag damit verbringen, solche Dinge zu bewundern, anstatt über das Gesetz Gottes nachzudenken.*

Monstra, göttlicher Heilsplan und die Frage der Mission

Mir ist gegeben alle Gewalt im Himmel und Erden. Darumb gehet hin/und leret alle Völcker/und teuffet sie/im Namen des Vaters/und des Sons/und des Heiligen Geist./Und leret sie halten alles was ich euch befolhen habe. Und sihe/Ich bin euch alle Tage bis an der Welt Ende, heißt es nach Übersetzung Martin Luthers im Matthäusevangelium (Mt 28,18–20). Der göttliche Auftrag war klar. Es ging um die Missionierung aller menschlichen Lebewesen: *leret alle Völcker bis ans Ende der Welt.* Deswegen enthielten die ikonologischen Programme vieler Kirchen eine ganze Monstrasammlung, etwa die Kathedrale von Vézelay.

Auch die Frage erhebt sich, ob die mancherlei ungeheuerlichen Menschenarten, von denen die heidnische Geschichtsüberlieferung berichtet, auf die Söhne Noes oder genauer auf jenen einen Menschen, von dem auch sie abstammten, zurückzuführen seien, schrieb der große Kirchenlehrer Augustinus im 4. Jahrhundert in seinem Werk *De civitate dei* (XVI, 8) und gelangte zu dem Schluß:

Übrigens braucht man nicht zu glauben, daß es all die Menschenarten gibt, von denen man spricht. Dagegen möge kein Gläubiger zweifeln, daß, wer immer als Mensch, d. h. als vernünftiges und sterbliches Wesen, geboren wird, unter welchem Himmelsstrich es auch sei, seinen Ursprung nimmt von jenem Ersterschaffenen, mag er im übrigen auch eine unserer Erfahrung noch so ungewohnte Körpergestalt oder Farbe oder Bewegung oder Stimme haben, gleichgültig auch, mit welcher Fähigkeit, nach welcher Seite hin,

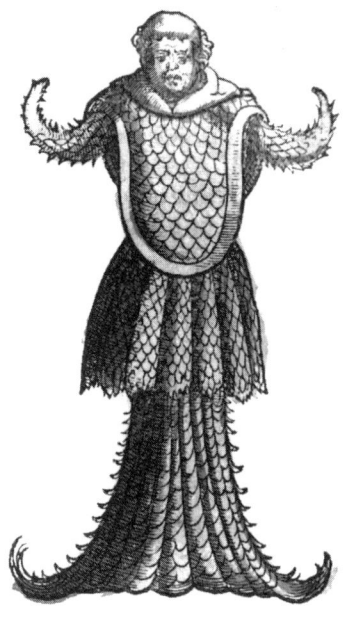

s iij

Selbst das Meer sollte nach mittelalterlichem und frühneuzeitlichem
Glauben von menschenähnlichen Wesen bewohnt sein. >KONRAD GESNER,
HISTORIA ANIMALIUM, ZÜRICH 1563<

mit welchen Eigenschaften seine Natur besonders ausgestattet ist. Es tritt jedoch durch solche Erscheinungen klar in die Augen, was dem natürlichen Durchschnitt entspricht und was eben durch seine Seltenheit merkwürdig ist.

Auf die Frage, warum Gott der Allmächtige die monströsen Völker geschaffen habe, fand der große Theologe folgende Antwort (De civitate dei, XVI, 8): *Derselbe Grund aber wie für menschliche Mißgeburten läßt sich auch für mißgestaltete Völker geltend machen. Gott ist der Schöpfer aller, und er weiß, wo und warum etwas zu schaffen ist oder war; denn er weiß, welche Teile er gleichartig und welche er abweichend zu gestalten hat, um in der Gesamtheit ein herrliches Gewebe zu wirken. [...] Niemand kann mit Recht seine Werke tadeln; er weiß, was er tut, auch wenn größere Unregelmäßigkeiten auftreten.*

Welche Rolle aber spielten diese monströsen Wesen, wenn sie tatsächlich existierten, dann aber im göttlichen Heilsplan? In der Offenbarung des Johannes heißt es nach der Bibelübersetzung Martin Luthers (Offb 1,8): *Und es wird gepredigt werden das Evangelium vom Reich/in der gantzen Welt / zu einem zeugnis der Völcker / Und denn wird das ende kommen.* Das war unmißverständlich.

Vielen mittelalterlichen Gelehrten wie Isidor von Sevilla (Etymologiarum sive origium, XI, iii, 5) galten die *monstra* daher als Vorboten des Jüngsten Gerichts oder sie konstruierten einen Zusammenhang zwischen der einzelnen menschlichen »Mißgeburt« und dem sündhaften Lebenswandel der Mutter. Auch dichtete man den *monstra* im Mittelalter wie in der 1330/40 verfaßten Exempelsammlung der *Gesta Romanorum* (»Die Taten der Römer«) verschiedene Tugenden oder Sünden an.

Die ins Auge springende Verschiedenartigkeit dieser Wesen vom Urvater Adam führten mittelalterliche Bibelexegeten auf das sündhafte Verhalten Chams zurück, der dessen Blöße im Gegensatz zu seinen beiden älteren Brüdern nicht bedeckte. In Martin Luthers Bibel von 1545 heißt es (1 Mos 9,24–27):

Als nun Noah erwachte von seinem Wein und erfuhr, was ihm sein kleiner Sohn getan hatte,/sprach er: Verflucht sei Kanaan und sei ein Knecht aller Knechte unter seinen Brüdern!/Und sprach weiter: Gelobet sei GOtt, der HERR des Sem; und Kanaan sei sein Knecht./27. GOtt breite Japheth aus und lasse ihn wohnen in den Hütten des Sem: und Kanaan sei sein Knecht.

Daher erhielt Cham auf den sogenannten T-förmigen Noachidenkarten, auf denen je ein Erdteil einem der drei Söhne Noahs zugeordnet ist, den heißen und lebensfeindlichen Kontinent Afrika zugewiesen und seine Nachfahren wurden als natürliche Sklaven angesehen.

Wann aber galt ein Monster als Mensch? Von der Beantwortung der Frage hing schließlich die Frage ihrer Missionierung ab. Konrad von Megenberg bezeichnete in seinem »Buch der Natur« (um 1350) jene Monster als seelenlos, die durch kosmische Einflüsse gezeugt und durch ein Tier geboren worden waren, während Petrus de Albano in seiner Schrift *Conciliator differentiarum philosophorum medicorum* um 1310 die Kopfform als entscheidendes Kriterium für die Einstufung als Mensch und damit für eine mögliche Taufe sah. Die Bekehrung aber erschien bitter notwendig. Denn in den Quellen begegnen die *monstra* auch als *miraculum* (Wunderding), *portentum* (Vorzeichen), *ostentum* (Omen) oder *prodigium* (Vorbedeutung). Ungetauft ließen die Ungeheuer alles Menschliche vermissen, waren gräßlich und abstoßend, grauenvoll und furchterregend. Als »Scheusale« beziehungsweise Schreckbilder (»Scheuche«) verbreiteten sie Angst und Furcht. Sie galten als Menschenfresser und standen im Verdacht, den Wöchnerinnen Wechselbälger unterzuschieben. Konnte man sie aber zum Christentum bekehren, war diese Gefahr gebannt.

[3]

Wikinger, Hunnen, Ungarn und Mongolen
Der fremde Feind

»Herr, befreie uns vor der Raserei der Nordmänner«

Herr, befreie uns vor der Raserei der Nordmänner (A fvrore normannorvm libera nos domine), lautet ein englisches Stoßgebet aus dem 9. Jahrhundert. Und die Angst vor den fremden, bärtigen Wikingern war nicht unbegründet. *A. D. 793. In diesem Jahr erschienen Unheil verkündende Vorzeichen über Northumbria, die dem Volk große Furcht einflößten. Sie bestanden aus mächtigen Wirbelwinden und Feuerblitzen, und in der Luft wurden feuerspeiende Drachen beobachtet. Diesen Zeichen folgte unmittelbar eine Hungersnot, und kurz danach im selben Jahr, am 8. Juni, wurde die Kirche Gottes auf Lindisfarne durch das Wüten der plündernden und mordenden Heiden erbarmungswürdig verwüstet*, heißt es in der angelsächsischen Chronik (*The Anglo-Saxon Chronicle*), die seit dem 9. Jahrhundert niedergeschrieben wurde. Die Chronik malt aus, was angeblich geschah: Raubgierige Wikinger seien am 8. Juni 793 in Nordengland von einigen Drachenbooten aus an Land gestürmt, hätten das Kloster Lindisfarne überfallen, den Mönchen die Kleider vom Leibe gerissen, einige umgebracht, das Steinkreuz des Bischofs Ethelwold umgestoßen, alle Klosterschätze einschließlich der Reliquien erbeutet, das Vieh abgeschlachtet und das Fleisch mit sich geführt. Sie verschwanden ebenso plötzlich in das Nichts, aus dem sie scheinbar gekommen waren. Die *plündernden und mordenden Heiden*, von denen im Text die Rede ist, setzt der Chronist in einen unmittelbaren Zusammenhang mit anderen *Unheil verkündenden Vorzeichen*, die das nahe Weltende und die Bestrafung der Sünder ankündigen. Alkuin (um 730–804), der berühmte englische Berater am Hofe Karls des Großen, schreibt am 8. Juni 798 an Bischof Higbald von Lindisfarne über die Plünderung seines Klosters (Epistolae Karolini Aevi, Band 2, S.56–58, Nr. 20): *Nie zuvor ist solch ein*

1 / Der Kaiser, umgeben von den sieben Kurfürsten, als sinnbildliche Darstellung des Reiches > BERNER SCHILLING, ENDE DES 15. JAHRHUNDERTS <

NÄCHSTE DOPPELSEITE:

2 / Die Ebstorfer Weltkarte > ENTSTANDEN UM 1300 IM KLOSTER EBSTORF, 1943 ZERSTÖRT <

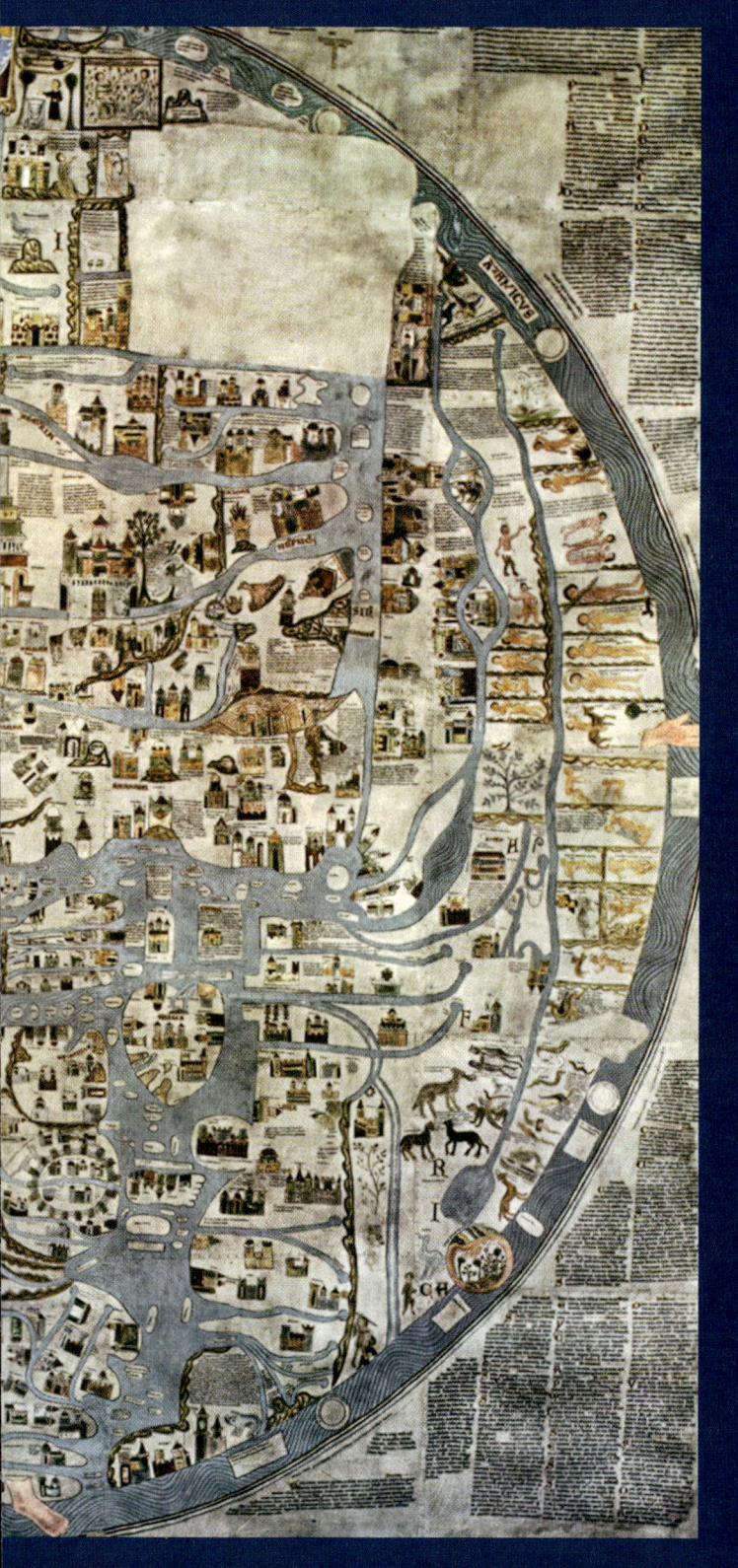

3 / An den Rändern der Welt glaubte man verschiedene Fabelwesen und Halbmenschen angesiedelt. > SCHEDELSCHE WELTCHRONIK, 1493 <

Schrecken über Britannien hereingebrochen und nie zuvor hat man gedacht, daß ein solcher Überfall von See her geschehen könnte. Seht, die Kirche des Heiligen Cuthbert ist bespritzt mit dem Blute der Priester Gottes und all ihres Schmucks beraubt.

Mit dem Überfall auf das Kloster Lindisfarne betraten die Wikinger als sagenumwobener Feind des christlichen Abendlandes die Bühne der Geschichte und gingen als kampfeslustige Seefahrer in diese ein. Kein Wunder also, wenn Adam von Bremen die *Wichingos* in seiner Geschichte des Hamburger Bistums (*Gesta Hammaburgensis ecclesiae pontifcum*) auch *barbari* (Barbaren) und *pyratae* (Piraten) nannte (Praefatio, Cap. 6.: *Ipsi enim pyratae, quos illi Wichingos appellant, nostri Ascomannos regi Danico tributum solvunt, ut liceat eis praedam exercere a barbaris, qui circa hoc mare plurimi habundant* – Diese Piraten nämlich, die jene »Wikinger« nennen, die unseren »Ascomannen«, zahlen dem dänischen König Tribut, damit es ihnen erlaubt sei, Beute zu machen bei den Barbaren, die um dieses Meer herum sehr zahlreich wohnen.). In den nächsten Jahrzehnten häufen sich die Belege für Wikingerüberfälle. Die Chronik (*Chronicon cum continuatione Treverensi*) des Abtes Regino von Prüm (um 840–915) beschreibt für das Jahr 882 die Plünderung seines bedeutenden Klosters durch die Wikinger:

Den Arduennawald [Ardennenwald] durchstreifend, dringen sie gerade am Tage der Erscheinung des Herrn [6. Jan. 882] in das Kloster Prumia ein, wo sie sich drei Tage aufhalten und die ganze umliegende Gegend ausplündern. In diesem Landstrich sammelt sich eine unzählige Menge von Fußvolk von den Äckern und Landgütern in einem Haufen und rückt wie zum Kampfe gegen jene vor. Aber die Nordmannen, als sie dies Bauernvolk nicht sowohl waffenlos als vielmehr von aller Kriegszucht entblößt sahen, fallen mit Geschrei über sie her und strecken sie unter einem solchen Gemetzel nieder, daß unvernünftiges Vieh, nicht Menschen geschlachtet zu werden schienen. Nachdem dies also vollbracht war, kehren sie beutebeladen in ihr Lager zurück. Als sie abzogen, verzehrte bald das Feuer, welches in verschiedenen Gebäuden brennend zurückgeblieben war, das Kloster, weil Niemand zum Löschen da war.

Die Bilder der christlichen Chronisten gleichen sich. Sie prägten das Wort *vikingr*, was soviel wie Seeräuber bedeutet. Diesen Namen haben die Nordmänner bis heute behalten.

Wilde Steppenreiter aus dem Osten:
Hunnen, Ungarn und Mongolen

374 fielen die Hunnen in die Gebiete am Schwarzen Meer ein und lösten eine allgemeine Panik aus, die als Beginn der großen europäischen Völkerwanderung in die Geschichte einging. Steht das Ende der Welt bevor? Sind die wilden Reiter die Vorboten der Apokalypse? Diese oder ähnliche Fragen finden sich in zahlreichen Chroniken. Mit der Vernichtung des Burgunderreiches 435/36 gingen die Hunnen in die Nibelungensage ein. Aus dem sagenumwobenen Hunnenkönig Attila (reg. 434–453) wurde der Etzel des um 1200 niedergeschriebenen »Nibelungenlieds«. Zwischen 441 und 447 verwüsteten die Truppen Attilas den gesamten Balkanraum und brannten Belgrad und Sofia nieder. Nach dem Ausbleiben der oströmischen Tributzahlungen wandte sich Attila nach Westen, zog plündernd durch Germanien und traf 451 auf den Katalaunischen Feldern in Gallien auf das verbündete Heer von Weströmern, Burgundern und Westgoten unter Flavius Aetius. Die Hunnen und die mit ihnen verbündeten Ostgoten wurden zurückgedrängt, und halb Europa atmete auf. Doch die Furcht saß tief.

Was erschien so erschreckend an den Hunnen? Der sächsische Geschichtsschreiber Widukind von Corvey (um 925–nach 973) schildert in seiner Geschichte der Sachsen (*Res gestae Saxonicae*) die Hunnen als *wie Tiere lebend und unbehaust*. Die Art der Kriegsführung der Steppenreiter war neu und erfolgreich. Sie kämpften vom Rücken ihrer Pferde aus und schossen aus ihren neuartigen Sattelkonstruktionen mit ihren treffsicheren Reflexbögen (Kompositbögen) einen ganzen Pfeilhagel auf den Feind.

Der römische Historiker Ammianus Marcellinus überliefert im 4. Jahrhundert nach Christus die Bräuche der Hunnen, wobei sich Wahrheit und Legende mischen (Ammianus Marcellinus 31, 2, 1 ff.):

Die Hunnen, ein Volk, das aus älteren Quellen so gut wie gar nicht bekannt ist und jenseits der mäotischen Sümpfe am Eismeer wohnt, sind von einer hemmungslosen Wildheit. Da sie in den Backen ihrer kleinen Kinder nach der Geburt mit dem Messer tiefe Schnitte machen, so daß sich später wegen der kreuz und quer laufenden Narben kein Bartwuchs entwickeln kann, werden sie ohne Bartschmuck alt und müssen wie die Eunuchen auf diese Zierde männlicher Schönheit verzichten; sie sind fest und

*kräftig gebaut, haben feiste Nacken und sind abstoßend häßlich und widerwärtig, man
könnte sie für zweibeinige Tiere halten [...]*

Die Hunnen banden zudem die weichen Schädelknochen ihrer Kinder mit
Bändern hoch, damit sich eine sogenannte Turmschädelform entwickelte. Zur
überragenden Kriegstechnik kam demnach ihr martialisches Aussehen, wel-
ches schon von Natur aus nichteuropäisch und damit fremdländisch wirkte.
Im 10. Jahrhundert drangen erneut Steppenreiter aus dem Osten, diesmal die
Ungarn (Magyaren), nach Europa vor und sorgten wiederum für Angst und
Entsetzen, als sie 907 Markgraf Luitpold von Bayern bei Àrpad vernichtend
schlugen. Regino von Prüm (um 840–915) hielt die Ungarn für die antiken
Skythen, bezeichnete sie als das *wildeste Volk* und ergänzte für das Jahr 889
(*Chronicon cum continuatione Treverensi*): *Das Fleisch essen sie, so geht das Gerücht
um, roh, trinken Blut, zerteilen die Herzen der Menschen, die sie fangen, in Teilchen
und verschlingen sie als Heilmittel,* [sie werden] *von keinerlei Mitleid bewegt, von
keinerlei Respekt im Inneren getrieben.*

Der Mönch Ekkehard von St. Gallen berichtete im 10. Jahrhundert in seinen
Annalen (*Annales sancti Galli maiores*) von ähnlichen fremdländischen kanni-
balischen Sitten der Ungarn. Bei der Abfassung ihrer Greuelmärchen be-
dienten sich viele christliche Chronisten aus der eigenen Klosterbibliothek,
entlehnten dort antike Beschreibungen barbarischer Völker und paßten sie an
die neuen Feinde an.

1241 überrannten dann die als »Tartaren« bezeichneten mongolischen Reiter
Schlesien und Ungarn, besiegten die christlichen Ritterheere und töteten den
schlesischen Herzog Heinrich II. Die *Kölner Königschronik* hält das dramatische Ereignis fest:

*In diesem Jahr drang zu uns die Kunde von einem verderben-schwangeren Unheil,
das über das christliche Volk kam, dem Einbruch der Tataren, von deren Grausamkeit uns die Ohren klingen und die Herzen beben. Wie es heißt, kommen sie vom äußersten Skythien her, haben noch weit draußen über dem Asowschen Meer viele Völker jenseits des Meeres und am Meere überwältigt, das Russenreich unterworfen und
sind dann in diesem Jahr um die Fastenzeit in Polen eingefallen, das sie größtenteils
verheerten und ausplünderten; die Polen selbst vertrieben oder erschlugen sie. Die
Tataren wüten gegen alle, sie schonen keinen Stand und keinen Mönchsorden. Herzog Heinrich von Schlesien, der sich ihnen mit noch einem Herzoge in tapferem*

Kampfe stellte, wurde bei Liegnitz besiegt, beide Herzoge und viele tapfere Ritter fielen; die Tataren schnitten Herzog Heinrich den Kopf ab und nahmen ihn mit. Dann wandten sie sich nach Mähren und – man kann es kaum glauben – legten in einer Nacht und einem Tage den Weg von vier Tagesreisen über reißende Flüsse zurück [...]

Auch die *Annales Gotwicenses* eines Annalenschreibers aus dem niederösterreichischen Zwettl berichten für das Jahr 1241 ähnlich Fürchterliches:

Im Jahre 1241 gab es eine Sonnenfinsternis. Im selben Jahr kamen Eindringlinge aus dem Osten, die grausamer und unmäßiger waren als die anderen Völker, kein Geschlecht schonten, sondern Junge wie Alte, Priester und Jungfrauen und auch Religiöse über die Klinge springen ließen: Einige von ihnen hängten sie an den Türpfosten auf, andere erschossen sie mit ihren Pfeilen, andere kreuzigten sie und vierteilten sie, wieder andere verschleppten sie als Gefangene. So geschah es, daß diese Tataren dreihunderttausend Bewaffnete töteten, die die Ungarn zur Verteidigung aufgeboten hatten, und ganz Ungarn mit Brand, Raub und Morden verwüsteten. Schließlich gelangten sie mit großer Gewalt und ohne Widerstand zu finden bis nach Österreich, raubten dort mit Gewalt eine riesige Menge Menschen und Vieh und kehrten durch Ungarn in ihre eigenen Gebiete zurück.

Panik griff um sich und schlug sich auch in den Berichten der Chronisten nieder. Mit grellen Farben wurden die Gewalttaten der Barbaren ausgemahlt und die Zahl der Opfer maßlos übertrieben, während die Feinde selbst als unbesiegbar und unzählbar galten. Besonders schlimm erschien die Schändung christlicher Kirchen und Klöster. Die *tartari*, so die gängige Überzeugung, entstammten dem *Tartaros*, der Hölle. Oder man sah in den Mongolen gar die Endzeitvölker Gog und Magog, die nach christlicher Überlieferung Alexander der Große (356–323 vor Christus) hinter hohen Bergen eingesperrt haben sollte. Der vor den Mongolen geflohene Bischof Ivo von Narbonne schrieb diesen sogar »Menschenfresserei« zu. Sein Bericht gelangte auch in die Chronik des Matthäus Parisiensis aus der Mitte des 13. Jahrhunderts (Matthäus Parisiensis, Bd. 4, S. 273):

Von den Leichen ihrer Opfer, welche die Anführer mit ihren Cenofaren und anderen Lotophagen wie Brot verzehrten, ließen sie den Geiern nur noch die bloßen Knochen. Aber was noch erstaunlicher ist, die hungrigen und gefräßigen Geier zeigten nicht die geringste Lust, die Reste zu verzehren. Alte und häßliche Frauen gaben sie den Menschenfressern zur täglichen Nahrung; doch die wohlgestalteten fraßen sie nicht, sondern erstickten sie in unablässigem Beischlaf, ohne auf ihr Schreien und Jammern zu achten. Die Mädchen aber mißbrauchten sie bis zur tödlichen Erschöpfung, schnitten ihnen schließlich die Brüste ab, um sie den Führern als Leckerbissen aufzusparen, und verzehrten die Mädchenkörper als köstliches Mahl.

Das von Matthäus Parisiensis auf die Mongolen projizierte legendäre Volk der *Lotophagen* (»Lotosesser«) wurde bereits von Homer im 8. Jahrhundert vor Christus in seiner *Odyssee* beschrieben. Die unter menschenunwürdigen Umständen lebenden »Lotosesser« wähnen sich nach Homer unter dem berauschenden Einfluß der dattelähnlichen Lotosfrüchte im Paradies. Die Raserei der Mongolen führt Matthäus Parisiensis also auf deren »Drogensucht« zurück. Herodot berichtete über die *Lotophagen* im 5. Jahrhundert vor Christus und verortete sie in Libyen, während der griechische Dichter Eratosthenes im 3. Jahrhundert vor Christus meinte, sie auf der Insel Djerba (*Meninx*) vor der tunesischen Küste gefunden zu haben.

Die Greuelmärchen über die Mongolen hielten sich bis in die Renaissance. Noch der Schweizer Geograph Sebastian Münster berichtet 1544 über sie: *Sie essen gar wüst und viehisch aller Thieren Fleisch, Hund- und Katzenfleisch, Roßfleisch und die großen Meuß, so wir Ratten nennen. Und damit sie ihr grimmig Gemüth andern Leuten anzeigen und auch ihrer Rach genug thüen, wann sie ihren Feind erobern, braten sie ihn bey dem Feuer, fressen und zerzerren ihm mit ihren Zeenen gleich wie die Wölff und sauffen sein Blut [...] verschonen niemand, weder Weiber noch Kinder noch der Alten, schlahen jedermann zu todt mit einer Axt, gleicherweiß wie die Säuw [...]*

Eigentlich waren in der mittelalterlichen Welt Kriegsgreuel nichts Neues. Bei den Steppenvölkern und Wikingern handelte es sich aber um Fremde, die in all ihrer Andersartigkeit negativ stereotypisiert wurden. Dagegen gibt es keine eigenen Aufzeichnungen der Steppenvölker, nur die Wikinger hinterließen der Nachwelt Sagen und Runensteine. Kein Wunder also, wenn sich die Feindbilder gleichen, sich Wahrheit und Legende mischen. Folterungen, Ermordungen, Plünderungen, Vergewaltigungen und Schändungen christlicher Stätten wurden ins Maßlose übertrieben und zumindest den Steppenvölkern Kannibalismus angedichtet. Quasi der Hölle entsprungen, erscheinen Ungarn, Hunnen, Mongolen und Wikinger in den Berichten der Chronisten als

Vorboten der Apokalypse und wurden so in das christlich-eschatologische Weltbild integriert. Jeden Christen mußte es da schaudern. Und genau das war der Zweck der Greuelmärchen.

4

Abenteurer und Entdecker, Pilger und Kaufleute
Reisen in die Fremde

Sagenhafte Reisen in das Reich der Mitte

Von den drei im Mittelalter bekannten Kontinenten war Asien der wichtigste. Hier lagen die Orte der christlichen Heilsgeschichte wie die Halbinsel Sinai oder die Berge Horeb und Ararat. In Asien gab es Schätze und Luxusgüter wie Gewürze, Öle, Farbstoffe, Früchte, Baumwolle, Seide oder Weihrauch. Mit Asien verbanden sich zudem viele Sagen. Hier entsprangen nach mittelalterlich-christlicher Vorstellung die vier Flüsse Nil, Euphrat, Tigris und Ganges, die aus dem mit einem Flammenwall umschlossenen Paradies strömten, und hier flößten Fabeltiere und Wundermenschen Erstaunen und Furcht ein. Phantastische Berichte über die fremde Andersartigkeit anderer Kontinente stießen bei wißbegierigen Menschen auf großes Interesse, allen voran der um 1185 entstandene »Alexanderroman« von Alexandre de Bernay (de Paris). Die Legenden berichteten aber auch von Inseln im Indischen Ozean, darunter Ceylon, Sumatra oder der sagenhafte Magnetberg, der zwischen Indien und dem Südkontinent liegen sollte.

Asien wurde den mittelalterlichen Autoren nach im Osten durch das Paradies sowie Japan, früher Cipangu genannt, begrenzt, im Südosten durch vorgelagerte Inseln wie Taprobana, den Magnetberg, Tile, Crysien und Agiren. Im Südwesten galten das Rote Meer und der Nil als Grenze zwischen Asien und Afrika. Weitere Grenzen stellten im Westen die Dardanellen, das Schwarze Meer und der Don dar. Diese westliche Grenze fand ihre Fortsetzung in den Ripheischen Bergen im Norden. Östlich davon lagen das Kaspische Meer und die Hyrcanischen Wälder. Im Norden Asiens sollten sich sagenhafte Inseln, die mit Fabelmenschen besiedelt waren, befinden sowie die von Alexander dem Großen (356–323 vor Christus) in einem Tal eingemauerten menschenfressenden Völker Gog und Magog.

Aus dem Osten kamen die Ungarn, Hunnen und Mongolen. Nach der Niederlage gegen die Mongolen 1241 in der Schlacht bei Liegnitz brach in Europa Panik aus. Nur vier Jahre später schickte Papst Innozenz IV. drei Gesandtschaften zum Khan der Mongolen. Mönche des Franziskaner- und Dominikanerordens sollten das fremde, unheimliche Volk studieren und ausloten, ob die Mongolen zu missionieren oder als Bundesgenossen gegen die islamische Macht zu gewinnen seien. Auch der Fünfte Kreuzzug war mit der Hoffnung auf Unterstützung durch die Mongolen vom Zaun gebrochen worden, wie aus einem Schreiben des Papstes vom 13. März 1221 an den Erzbischof von Trier hervorgeht:

Offenbar hat der Herr begonnen, seine Sache zur Entscheidung zu bringen – eingedenk der Ungerechtigkeiten, die sein Volk täglich erleidet, und der Schreie jener, die nach ihm rufen. Denn fürwahr, wie uns unser ehrwürdiger Bruder Pelagius, der Bischof von Albano und Legat des Apostolischen Stuhles mitteilte, ist König David, gemeinhin genannt »Priester Johannes«, ein katholischer und gottesfürchtiger Mann, mit einer mächtigen Armee in Persien einmarschiert, hat den Sultan von Persien in einer regelrechten Schlacht besiegt, ist in einem Zwanzig-Tage-Marsch tief in sein Königreich eingedrungen und hat es besetzt. Seine Armee ist nur einen Zehn-Tage-Marsch von Bagdad entfernt, einer großen und berühmten Stadt und einem besonderen Sitz des Kalifen, den die Sarazenen ihren Hohepriester und Bischof nennen. [...]

Der König David aus dem Brief war in Wahrheit Dschingis Khan, der Bagdad aber nicht erobern konnte. Auch der katalanische Philosoph Ramón Llull (1232–1316) verlieh dieser Hoffnung Ausdruck (Opera Latina, fasc. III):

Es steht sehr zu befürchten, daß die Tataren das Gesetz Mohammeds bekommen; wenn sie nämlich das tun – sei es aus freien Stücken, sei es, weil die Sarazenen es ihnen aufzwingen –, dann wird sich die ganze Christenheit in großer Gefahr befinden.

Der italienische Franziskanermönch Johannes de Plano Carpini (um 1182–1252) wurde durch den Bericht seiner Gesandtschaftsreise im Auftrag von Papst Innozenz IV. in die Mongolei (*Historia Mongolorum quos nos Tartaros appellamus*) weltberühmt. Die von Ostern 1245 bis November 1247 dauernde Reise führte Johannes über das von den Mongolen besetzte Kiew und das an der unteren Wolga entstandene Mongolenreich der Goldenen Horde nach Karakorum, wo er 1246 der Inthronisation des neuen Khans Göjük (1206–1248) beiwohnte und nach vier Monaten eine Audienz bekam. Seine schon auf der Heimreise aus der Mongolei begonnene und in Lyon vollendete *Historia Mongolorum* ist in mehreren Handschriften überliefert und wurde sogleich im Abendland rezipiert. Ein Beleg dafür findet sich beispielsweise in dem nach 1250 entstandenen *Speculum historiale* des Dominikaners Vinzenz von Beauvais. Über den Reisebericht hinaus informiert die *Historia Mongolorum* über Leben und Gebräuche der Mongolen (Kunde von den Mongolen IV, 2, S. 55 f.):

[Die Mongolen] sind ihren Herren gehorsamer als irgendwelche anderen Menschen auf der Welt. Geistliche wie Weltliche, und sie verehren sie mehr und belügen sie nicht leichthin. Mit Worten streiten sie selten oder nie miteinander, handgreiflich aber nie. Kriege, Streitigkeiten, Verletzungen, Morde geschehen unter ihnen niemals. Auch Räuber und Diebe wertvoller Dinge sind dort nicht zu finden. Deshalb werden ihre Behausungen und Karren, in denen sie ihre Schätze haben, des Abends und auf der Fahrt nicht verschlossen. Wenn Tiere verloren gehen, dann läßt, wer immer sie findet, sie dort oder bringt sie zu den Männern, die dafür eingesetzt sind; die Leute aber, denen die Tiere gehören, suchen sie bei eben diesen und bekommen sie ohne alle Umstände zurück.

Zwar wurden die Mongolen keine Bündnispartner, doch bezüglich der Frage, ob im Reich der Mongolen christliche Völker anzutreffen seien, berichtet Carpini vom christlichen zentralasiatischen Turkvolk der Uighuren, das er zur *Sekte der Nestorianer*, einer 432 auf dem Konzil von Ephesos verurteilten christologischen Lehre, rechnete und das von Dschingis Kahn niedergeworfen worden sei. Ein weiteres von Dschingis Khan unterdrücktes Volk, dessen Gebiet im Osten an das chinesische Meer grenze, das gute Handwerker habe und an Jesus Christus glaube, wenngleich die Menschen nicht getauft seien, bezeichnet Johannes als Kytai (Kitan?). Das Reich des legendären Priesterkönigs Johannes vermutet der Franziskanermönch in Indien.

Papst Innozenz IV. entsandte 1252 mit Unterstützung des französischen Königs Ludwig IX. den Franziskaner Wilhelm von Rubruk (um 1220–1270) in den fernen Osten, um die Mongolen zum Christentum zu bekehren. Von Konstantinopel aus brach Wilhelm am 7. Mai 1253 gemeinsam mit seinem Ordensbruder Bartholomäus von Cremona und einem Dolmetscher nach Zentralasien auf. Am 27. Dezember 1253 (nach anderen Quellen erst im April 1254) erreichte Rubruk die mongolische Hauptstadt Karakorum, wo er nach sechsmonatigem Aufenthalt am Hofe des Großkhans Möngke Khan (Mangu) von ihm empfangen wurde. Auch Möngke Khan dachte nicht daran, gegen die islamische Macht zu Felde zu ziehen. Bis auf einige Gespräche mit Buddhisten, Muslimen und Nestorianern endete auch diese zweite Reise europäischer Gesandter in die Mongolei ergebnislos. Am 15. August erreichte Rubruk auf seiner Rückreise Tripolis und zog weiter nach Akkon, wo er seinen detaillierten Reisebericht (*Itinerarium Willelmi de Rubruc*) niederschrieb. Wie bereits die Schrift von Johannes de Plano Carpini stieß auch das Werk Rubruks in Europa auf großes Interesse. Mitte des 14. Jahrhunderts griff Jean de Mandeville in seinen fiktiven Reisebeschreibungen auch auf das *Itinerarium Willelmi de Rubruc* zurück. Anders als Carpini, für den *das Tartarenland zwar groß, aber viel wertloser als ich es ausdrücken könnte*, war, bemühte sich Rubruk um eine neutralere Darstellung der fremden mongolischen Kultur, etwa bei der Beschreibung der *Wohnungen der Tartaren* (Beim Großkhan der Mongolen, S. 41.):

Nirgends haben sie eine feste Niederlassung, keine bleibende Stadt, noch wissen sie vorher von ihrem nächsten Aufenthaltsort. [...]

Auf einem kreisförmigen Rahmen errichten sie aus Weidengeflecht ihre Jurte, ihr Schlaf- und Wohnzelt. Die Streben bestehen aus Zweigen, die nach oben zu einem Reifen zusammenlaufen. Darüber erhebt sich kragenförmig ein Schornstein. Das Gerüst bekleiden sie mit weißem Filz, den sie häufig auch mit Kalk, weißer Erde oder Knochenmehl tränken, damit er heller glänzt. Gelegentlich verwenden sie auch den schwarzen Filz. Rings um den Schornstein verzieren sie den Filz, der mit bunten Stickereien verziert ist, so Darstellungen von Weinstöcken, Bäumen, Vögeln und wilden Tieren.

Auch die Beschreibung des von einem ungarischen Goldschmied eigens für Möngke Khan geschaffenen vier Meter hohen Baumes aus reinem Silber zeugt von seiner akribischen Beobachtungsgabe (Beim Großkhan der Mongolen, S. 158 f.):

Weil es am Eingang des Palastes keinen guten Eindruck machte, wenn man da die Schläuche mit Milch und anderen Getränken herumtrug, errichtete Meister Wilhelm aus Paris einen großen Baum aus Silber, zu dessen Wurzeln vier Löwen aus Silber liegen. In ihrem Inneren befindet sich eine Röhre, durch die weiße Stutenmilch geleitet wird. Im Baum selbst sind vier Röhren nach oben geführt. Ihre äußersten Ecken sind von oben wieder nach unten gebogen. Um jedes Ende dieser Röhren windet sich in gleicher Weise

Marco Polo.

> TITELBLATT DER ERSTEN DEUTSCHEN MARCO-POLO-ÜBERSETZUNG, 1477 <

eine goldene Schlange, deren Schwanz um den Stamm des Baumes geschlungen ist. Aus einer dieser Röhren fließt Wein, aus der anderen vergorene Stutenmilch ohne Hefe, aus der dritten Bal, jenes Honiggetränk, und ein aus Reis gewonnener Wein. Für jedes Getränk steht am Fuß des Baumes ein silbernes Gerät zur Aufnahme bereit. Oben an der Spitze des Baumes hat der Künstler eine Engelsstatue angebracht, die eine Trompete hält. Unter dem Baum machte er eine Höhlung, in der sich ein Mann aufhalten kann und von wo aus eine Röhre bis oben zu dem Engel führt. Zunächst hatte der Meister Blasebälge verwendet, doch erzeugten sie nicht genug Wind.

Außerhalb des Palastes befindet sich ein Vorratsraum, wo die Getränke aufbewahrt werden. Dort stehen Diener bereit, um die Getränke einzugießen, sobald sie den Engel blasen hören. Zweige, Blätter und Früchte des Baumes bestehen aus Silber.

Als siebzehnjähriger Kaufmannssohn zog der Venezianer Marco Polo (um 1254–1324) zusammen mit seinem Vater Niccolò und seinem Onkel Maffeo 1271 auf dem Landweg zum Teil über die alte Seidenstraße in den fernen Osten. 1275 soll die Gruppe in der chinesischen Stadt Schangdu, dem Ziel der Reise, angelangt sein. Hier traf Marco Polo seinem Bericht nach Kublai Khan, den Enkel des gefürchteten Mongolenherrschers Dschingis Khan. Marco Polo berichtet später, wie er als Präfekt des Mongolenkhans durch China reiste und mehrere Städte besuchte. In Quinsai (Hangzhou) bewunderte der junge Venezianer die prächtigen Paläste, die warmen Bäder und den Hafen. 1291 segelten die Polos auf 14 reich beladenen Dschunken über Sumatra und Ceylon bis nach Hormus in Persien. In Trapezunt am Schwarzen Meer sollen die byzantinischen Beamten etwa fünfhundert Kilogramm Rohseide beschlagnahmt haben. 1295 trafen die Reisenden wieder in ihrer Heimatstadt ein. Um 1298/99 schrieb Marco Polo sein berühmtes Werk »Buch von den Wundern der Welt«. In dem Augsburger Nachdruck von 1481 der Nürnberger Ausgabe von 1477 lesen wir als Bildunterschrift zu einem Holzschnitt, der den berühmten Venezianer zeigt:

Das ist der edel Ritter Marcho polo von Venedig der grost landtfarer
der uns beschreibt die großen wunder der welt die er selber gesehenn hat
Von dem auffgang pis zu dem undergang der sunnen
der gleychen vor nicht meer gehort seyn.

Es erschienen Übersetzungen ins Lateinische, in den Venezianischen Dialekt (*Il Milione*), ins Portugiesische (1502), ins Spanische (1520 und 1529) und ins

Französische (1556), die aber von der ursprünglichen Fassung abwichen und diese ausschmückten.

Marco Polos Bericht wurde begeistert gelesen, stieß aber auch auf Unglauben und Kritik. Denn weder ist in seinem Werk von der Chinesischen Mauer, noch vom Buchdruck, den Krüppelfüßchen der vornehmen Chinesinnen oder den Eßstäbchen die Rede. So liegt der Verdacht nahe, daß der venezianische Kaufmannssohn gar nicht selbst in China war, sondern aus älteren arabischen und persischen Quellen schöpfte, um einen phantastischen Bericht im Stil einer mittelalterlichen Abenteuerreise zu verfassen. Allerdings war Marco kein systematisch schreibender Gelehrter und sein »Buch von den Wundern der Welt« wurde mehrfach übersetzt und mit Zusätzen versehen. Es ist auch kein exakter Reisebericht, sondern nach der Überzeugung einiger Wissenschaftler eine noch mit der mittelalterlichen Tradition verhaftete Enzyklopädie, in der Erfahrungs- und Informationswissen weitergegeben werden sollte. So erfahren wir etwa über die Stadt Täbris (Tauris) (Divisament, S. 337):

Es ist wahr, daß die Bewohner von Täbris vom Handel und vom Handwerk leben; man produzierte dort zahlreiche Stoffe aus Gold und Seide von großem Wert. Die Stadt liegt so günstig, daß aus Indien und aus Bagdad und aus Mosul und aus Cremessor und aus vielen anderen Orten Waren hierher kommen, und hierher kommen auch viele Kaufleute aus romanischen Ländern, um von diesen Waren zu kaufen, die aus fernen Ländern kommen. Und hier wird auch mit Edelsteinen gehandelt, die man in großer Menge dort findet. Es ist eine Stadt, in der die fahrenden Kaufleute großen Gewinn machen. [...]

Marco Polo war auch der erste Europäer, der Kunde von der Existenz Japans erhielt und die Insel Zipangu nannte. Zipangu sei eine sehr große Insel, die im Osten weit draußen im Ozean läge, 1.500 Meilen vom Festland entfernt. Die Einwohner wären weiß, zivilisiert und wohlgestaltet, der Reichtum der Insel an Gold und Perlen sei ungeheuer.

Die Angaben über die Schätze Asiens, die Infrastruktur, die Zahlungsmittel, das Nachrichtenwesen und die Gefahren für den Handel zu Lande und zu Wasser waren für jeden Kaufmann wichtige Informationen, die phantastischen Beschreibungen des Fremden und Andersartigen eher die ausschmückende Dreingabe. Ausführlich etwa schildert Marco Polo Dinge, die wir bei seinen Vorgängern nicht finden, etwa die Schönheit der chinesischen Frauen im Königreich Erginul (Divisament, S. 396):

[...] und die Frauen haben kein Haar am Körper außer auf dem Kopf, und nirgendwo sonst haben sie irgendein Haar. Sie sind von sehr heller Haut und haben einen sehr schönen Körper und alle ihre Glieder sind perfekt geformt.

Und über die Männer im selben Königreich heißt es (Divisament, S. 396):

[...] sie sind sehr der Lust zugetan und nehmen sich viele Frauen, denn ihre Gesetze und ihre Bräuche verbieten dies nicht; sie können so viele Frauen nehmen, wie sie wollen oder wie sie ernähren können. Und wenn es irgendeine schöne Frau von niederer Abkunft gibt, so heiratet sie ein Adliger oder ein bedeutender Mann um ihrer Schönheit willen und bezahlt ihrer Mutter für das Mädchen den Preis, den sie ausgemacht haben.

Marco Polo staunte über die als fremd erlebte sexuelle Freizügigkeit in der westchinesischen Provinz Kaindu (Divisament, S. 466):

Sie halten es nicht für eine Schande, wenn ein Fremder, oder auch irgendein anderer Mann, sich mit der Frau, oder mit seiner Tochter oder seiner Schwester, oder mit irgendeiner anderen Frau, die im Hause wohnt, vereinigt; sie halten es vielmehr für eine Ehre, wenn man mit ihnen schläft, und sie sagen, daß deshalb ihre Götter und Götzen ihnen wohl wollen und ihnen weltliche Güter in großem Maße schenken. Und aus diesem Grunde sind sie so großzügig bezüglich ihrer Frauen gegenüber den Fremden. Wenn ein Ausländer in ihr Haus kommt, um dort zu übernachten, dann verläßt der Hausherr dieses schnell und befiehlt seiner Frau, daß sie dem Fremden zu Willen sei; und er geht in seine Felder oder seine Weinberge und kehrt nicht zurück, solange der Fremde in seinem Hause ist. Und oft bleibt dieser drei Tage und liegt mit der Frau des Hausherrn im Bett, und er zeigt an, daß er im Hause ist, indem er seinen Hut oder ein anderes Zeichen aus dem Fenster hängt. Und solange der Hausherr dieses Zeichen an seinem Hause sieht, kehrt er nicht zurück. [...]

Auch die fremden Heiratsbräuche im fernen Tibet erregten sein Erstaunen (Divisament, S. 463):

Wenn Leute aus fremden Ländern durch diese Gegend kommen und ihre Zelte aufgeschlagen haben, um zu übernachten, dann führen die alten Frauen aus den Häusern und Hütten ihre Töchter zu diesen Zelten – und es sind bis zu zwanzig oder vierzig oder mehr oder weniger – und übergeben sie den Männern, damit sie mit ihnen nach Lust und Laune verfahren und dann mit ihnen schlafen. Und die Männer nehmen sie und lieben sie und behalten sie, solange sie wollen; aber sie können sie nicht mitnehmen. Und wenn die Männer ihren Willen gehabt haben und abreisen wollen, dann müssen sie den Frauen, mit denen sie geschlafen haben, irgendein Schmuckstück oder Andenken schenken, damit diese beweisen können, wenn sie heiraten wollen, daß sie einen Liebhaber gehabt haben. Und es ziemt sich, daß zahlreiche Liebhaber und Männer mit ihr geschlafen haben. Und die, die am meisten Andenken haben und beweisen können, daß sie am meisten Liebhaber gehabt haben, gelten als die besten, und die Männer heiraten sie am liebsten und sagen, daß sie viel angenehmer als die anderen sind. [...]

Marco Polo geht es darum, vom Standpunkt eines christlichen Europäers aus moralische Entrüstung über die fremden Sitten und Gebräuche zu äußern. Seine Darstellung ist ein Geflecht aus nüchternem, spezifischem Bereichswissen für Fernhandelskaufleute mit längeren Passagen über geographische und ethnologische Details sowie phantastischen und fabelhaften Ereignissen, die zum Teil dem »Alexanderroman« (um 1185) des Alexandre de Bernay (de Paris) entnommen sind, – eine Enzyklopädie eben, in der er seine Erfahrung einer fremden Welt verarbeitet hat. Marco Polo war keine Krämerseele, er schreibt beileibe nicht nur für nüchterne Kaufleute, sondern sein Zielpublikum sind die gebildeten Bürger und Adligen. Polos Werk ist ein »Baedeker« für Asien, in dem wie im Falle der folgenden Passage über das Nas- beziehungsweise Einhorn Erfahrungswissen und mythisch-topisches Wissen verschmelzen (Divisament, S. 543):

Es gibt dort [auf Sumatra] [...] auch viele Einhörner, die kaum kleiner als Elefanten sind; und sie haben eine Haut wie Büffel und Füße wie Elefanten, und sie haben ein dickes schwarzes Horn mitten auf der Stirn. [...] Und diese Tiere sind keineswegs so, wie bei uns gesagt und behauptet wird, nämlich, daß sie sich durch eine Jungfrau fangen lassen; sie sind vielmehr das genaue Gegenteil von dem, was man immer unterstellt.

Wir sehen: Das durch alte und anerkannte Autoritäten überlieferte Bekannte ist nichts weiter als ein Katalysator, um Fremdartiges und Neues besser zu verstehen. Erst das Wunderbare macht die Alterität, die Differenz zur eigenen abendländischen Kultur, glaubhaft. Marco Polo ist eben kein Münchhausen seiner Zeit.

Die Entdeckung der neuen alten Welt

....

Als Kolumbus 1492 Amerika entdeckte, kannte er vermeintlich genau, was er fand. Er hielt das gefundene Land für Indien und nannte die Einwohner daher Indianer. Die neue Welt war für ihn vermeintlich eine bekannte. Der große Seefahrer dürfte das bereits 1110 belegte Buch *Imago Mundi* des Honorius

Augustodunensis gelesen haben, der darin genau die »monströsen Fremden« beschrieb, die Columbus nun glaubte entdeckt zu haben. So blieb sein Blick wie der der großen Entdecker nach ihm verschlossen für Neues.

Amerigo Vespucci schreibt 1502 in einem Brief an Lorenzo di Pier Francesco de Medici nach seiner Rückkehr aus der »Neuen Welt« über die Indianer (Bibliotheca Nazionale Centrale di Firenze, Codice Galileiano 292, Cimento Parte III. Carteggio, Vol. 18: Carte 137, 138, 139):

Wir fanden das Land von Menschen bewohnt, die völlig nackt gingen, Männer und Frauen, ohne darüber die geringste Scham zu empfinden. Ihre Körper sind wohlgeformt und die Körperteile stehen im richtigen Verhältnis, die Farbe ist weiß, die Haare sind schwarz, der Bartwuchs dünn oder nicht vorhanden. Ich unternahm einiges, ihr Leben und ihre Bräuche kennenzulernen, weshalb ich 27 Tage unter ihnen aß und schlief, und folgendes erfuhr ich bei ihnen.

Sie haben keine Gesetze und keinen Glauben, sie leben der Natur gemäß. Sie haben keinen Begriff von der Unsterblichkeit der Seele, es gibt unter ihnen kein persönliches Eigentum, weil alles gemeinsam ist; sie kennen keine Bezeichnung für Reich und Provinz; sie haben keinen König; sie gehorchen niemandem, jeder ist sein eigener Herr [...]. Des weiteren sind sie kriegerisch und grausam gegeneinander. Alle ihre Waffen sind [...] Pfeil und Bogen, Wurfspieße und Steine, und sie schützen ihre Körper nicht, weil sie so nackt gehen, wie sie geboren wurden, sie verfolgen im Krieg keine Taktik, außer daß sie den Ratschlägen ihrer Ältesten gehorchen, und wenn sie kämpfen, töten sie sehr grausam [...].

Und das für mich Verwunderlichste an ihren Kriegen und ihrer Grausamkeit ist, daß ich von ihnen nicht erfahren konnte, warum sie miteinander Krieg führen, denn sie haben keinen Besitz, weder Imperien noch Königreiche, sie wissen nicht, was Erbschaft ist, das heißt Eigentum, oder Herrschsucht, nach meiner Meinung die einzigen Gründe für Kriege und alle Arten von Unordnung.

Vespucci überträgt offenbar seine eigene Denk- und Lebensweise auf die Indianer und reagiert befremdet auf deren Andersartigkeit.

1505 stellte ein Augsburger Flugblatt die Indianer als nackte Kannibalen mit Federkostüm dar und verband so bekannte mit unbekannten Merkmalen des Fremden. Als »nackte Wilde« begegneten sie als schmückendes Beiwerk auf Weltkarten und Kupferstichen. Das Fremde erschien einerseits als Bedrohung, rief aber andererseits auch Neugier und Erstaunen hervor.

Pedrarias Dávilla Oviedo urteilte nach einem Bericht des Hernán Cortés an Kaiser Karl V. vom 20. Oktober 1520 über den Völkermord an den Indios: *Gott wird sie bald vernichten [...]. Satan ist nun von dieser Insel* [Hispaniola] *vertrieben; nun, da die Mehrheit der Indianer tot ist, ist sein ganzer Einfluß verschwunden. [...] Wer will leugnen, daß das Pulver, das man gegen die Heiden verwendet, für Unseren Herrn Weihrauch ist?*

Es waren vor allem die Voreingenommenheit gegenüber dem Fremden sowie die Überzeugung von der eigenen kulturellen Überlegenheit und dem christlichen Missionsauftrag, die den *clash of cultures*, den Zusammenstoß der Kulturen, unausweichlich werden ließen und die moralische Rechtfertigung lieferten für den Völkermord an den indianischen Ureinwohnern.

Mit Stab, Hut und Tasche

PILGERFAHRTEN IN DIE FREMDE Die weitaus meisten Reisenden waren Pilger. Das Wort »Pilger« ist eine Ableitung aus dem lateinischen Wort *peregrinus*, welches auf *per agros* (»über die Felder«) zurückgeht. Mittelalterliche Pilger zogen in weit entfernte und fremde Gegenden. Die Byzantinerin Aetheria hinterließ gegen Ende des 4. Jahrhunderts das bislang früheste bekannte Mustertagebuch, die *Peregrinatio Etheriae*, worin sie ihre Pilgerfahrt ins Heilige Land beschreibt. Die bedeutendsten Pilgerorte waren Jerusalem, Rom und vor allem Santiago de Compostela. Der Hauptantrieb des mittelalterlichen Pilgers war die Angst um das eigene Seelenheil. Für die Pilgerfahrt winkte als Lohn der Ablaß, also die Befreiung von den Sünden. Mittelalterliche Wallfahrer wurden von dem Wunsch getrieben, heilige Stätten aufzusuchen, religiöse Zentren, in denen man nach damaligem Glauben unmittelbar in den Himmel gelangen konnte, um nach dem Verlassen des irdischen Zustandes an der göttlichen Harmonie teilzuhaben. Der Weg selbst war das Ziel. Im *Libellus Sancti Jacobi*, einer Kurzform des berühmten *Liber Sancti Jacobi* (»Jakobsbuch«) aus dem 12. Jahrhundert heißt es (Buch I, Cap. XII fol. 80[r]): *Der Pilgerweg ist herrlich, aber schmal, denn der Weg ist schmal, der den Menschen zum Leben führt. Breit aber und geräumig ist der Weg, der zum Tode führt. Der Pilgerweg bedeutet für die Rechtschaffenen die Absage an die Laster, die Abtötung des Leibes, die Erhebung der Tugenden, die Vergebung der Sünden, die Buße der Büßer.*

Ganz unterschiedliche Gründe motivierten Menschen zu einer Pilgerfahrt: Manche Pilger strebten zum Beispiel nach einer Lebensform, die dem Missionsauftrag Jesu und dem Beispiel des wandernden Abraham gerecht wurde. Wer in Not geriet, legte ein Wallfahrtsgelübde ab, wenn Gott ihn im Gegenzug aus seiner Not befreite. Testamentarische Verfügungen verpflichteten einzelne Nachkommen zu Wallfahrten und Gebeten für das Seelenheil der Verstorbenen an heiligen Stätten. Die Kirche verhängte Bußwallfahrten für Sünder. Manch ein Wallfahrer sah sich auch als Vorbild für andere, die es ihm gleichtun sollten. Abenteuerlust, die Aussicht auf Abwechslung, die Flucht vor Pest, Hunger, Krieg oder drückenden Abgaben und Diensten und nicht zuletzt das Streben nach materiellem Gewinn trieb manchen Pilger in die Ferne. Im Spätmittelalter verdrängte die Vergnügungssucht die Askese als bestimmendes Motiv, überwog die Lust auf Abenteuer die geistige Andacht. Einige Pilger wollten auch für eine Zeitlang den engen Schranken der Standesgesellschaft entfliehen, die den Leibeigenen an die Scholle band.

MIT DEM PILGERFÜHRER NACH SANTIAGO Um 830 fand man in einem Grab in Santiago in der spanischen Provinz Galicien Gebeine, die man dem Apostel Jakobus zuschrieb. In dem aus dem 12. Jahrhundert stammenden *Libellus Sancti Jacobi* heißt es (Buch I, Cap. VII, fol. 42^{v}ff.):
So wie ein Getreidekorn, das schon gestorben ist, in der Erde wieder reiche Frucht bringt, so gewinnt der Jünger Christi, Jakobus, nach seiner siegreichen Passion die Völkerscharen, die zu ihm nach Galicien kamen, mit Christi reicher Hilfe unter göttlichem Schutz für sich und bringt sie wie eine reiche und wohlriechende Frucht ruhmvoll ein. So wie die Setzlinge von Lauch und Kohl im Garten ausgerupft und an anderer Stelle wieder eingesetzt werden, damit sie besser gedeihen, so wird auch Jacobus in seiner leiblichen Gegenwart der Stadt Jerusalem entrissen und nach Galicien versetzt, damit er bei allen Völkern, die zu ihm pilgern, an Ruhm zunehme.
Der Heilige machte schnell in Verbindung mit der spanischen Reconquista als Patron der Kreuzfahrer Karriere und wirkte zahlreiche Wunder (Buch IV, Cap. II, fol. 165^r):
Die erste Stadt, um die Karl der Große einen Belagerungsring legte, war Pamplona. Er lag etwa drei Monate davor, konnte sie aber nicht nehmen, weil sie mit uneinnehmbaren Mauern bewehrt war. Da wandte er sein Gebet an den Herrn und

sprach: »Herr Jesus Christus, um dessen Glaubens willen ich in dieses Land gekommen bin, um das ungläubige Volk zu besiegen, gewähre mir, daß ich diese Stadt nehme, zum Ruhme deines Namens, O seliger Jacobus, wenn es wahr ist, daß du mir erschienen bist, laß mich sie erobern!« Da gewährte es Gott, während der hl. Jakobus betete, und die Mauern zerbarsten und sanken in den Grund.

Der Legende zufolge soll der Apostel ferner im Jahr 844 in der Schlacht bei Clavíjo (bei Logroño) dem Anführer des christlichen Heeres, König Ramiro I. von Asturien, im Kampf gegen die Mauren beigestanden und zum Sieg verholfen haben. Seither trägt der Heilige den Beinamen *matamoros* (= »Maurentöter«). 1937, mitten im spanischen Bürgerkrieg, ernannte General Franco den populären Maurentöter zum spanischen Nationalheiligen und bediente sich seiner als Vorreiter und Identifikationsfigur einer »gerechten Sache«. Insbesondere die Wallfahrt nach Santiago wurde im Mittelalter schnell zu einem Massenphänomen. Im Hospital Saint-Jacques in Paris stiegen 1368 beispielsweise 16.690 Jakobuspilger ab.

Der Servitenmönch Hermann Künig (König) von Vach verfaßte 1495 den ersten deutschsprachigen Pilgerführer *Die walfart und straß zu sant Jacob*. Anschaulich beschreibt er in diesem »Baedeker« für Jakobspilger die Route von Einsiedeln (Schweiz) nach Santiago de Compostela (Spanien) und zurück nach Aachen. Das Büchlein will als Pilgerführer den Wallfahrern Anleitung und Hilfe für eine Fahrt nach Santiago de Compostela geben, wie Hermann Künig in der Einleitung betont (Z. 1–39):

Ich, Hermann Künig von Vach,

will mit Gottes Hilfe

ein kleines Büchlein machen,

das »Sankt Jakobs Straße« heißen soll.

Darin will ich Wege und Stege beschreiben

und wie sich jeder Jakobsbruder

mit Trinken und Essen versorgen soll.

Auch will ich darin

mancherlei Gemeinheiten der Kapaune [= Wirte] *nicht unerwähnt lassen.*

Auch darüber will ich ansprechende Belehrung geben,

wovor jeder Bruder sich in acht nehmen soll und daß

er sich vor Gott und den Leuten brav halten

und Gott und Sankt Jakob mit Eifer dienen soll.

[…]

Darum sollst du fröhlich damit beginnen
Und sollst zuerst nach Eynsideln gehen.

Dort findest du überreichen römischen Ablaß.

Da kommst du dann auf die »Oberstraße«,
an der du viele heilige Stätten finden wirst,
nach denen sich viele Brüder in Sehnsucht verzehren,
die gewiß länger leben könnten,
wenn sie dieses Büchlein genau beachten
und meinen Weisungen folgen wollten.

So kämen sie um so unbeschwerter zu Sankt Jakob
und wären vor vielerlei Gefahren behütet,
die viele Brüder in großes Leid bringen
und viele großem Unglück begegnen lassen.

Künig empfiehlt beispielsweise auch bestimmte Wirte (Z. 93–101):

Genff ist eine sehr ansehnliche Stadt.

Ich rate dir, zu dem deutschen Wirt zu gehen,
der wohnt vor der Stadt im ersten Haus.

Da findest du genug zu trinken und zu essen
für einen angemessenen Preis, und er behandelt dich korrekt
in allen deinen Angelegenheiten unterstützt er dich;
sein Name ist Peter von Fryburg.

Sankt Jakobs Bild hängt vor seinem Haus auf der linken Seite,
auch steht davor eine Jakobskapelle.

Auf der anderen Seite warnt er vor den Machenschaften betrügerischer »Kapaune« (Wirte) (Z. 204–208):

Zu Mompelyr rate ich dir, um eine milde Gabe nachzusuchen;
in einem Kloster gibt man Fleisch, Wein und Brot.

Geh in das Sankt Jakobs-Spital nur, wenn du mußt,
dort wirst du von den Kapaunen zum Narren gehalten.

Die beherrschen das ganze Haus,
und der Spitalmeister ist den Deutschen nicht gewogen.

Ortsnamen oder Währungsangaben sind eingedeutscht. Denn für den einfachen Pilger, der sich keinen Dolmetscher leisten konnte, erschien die Fremde

Die walfart vnd Straß zu sant Jacob.

Illustration zum Pilgerführer *Die walfart und Straß zu sant Jacob* von 1495.

als Bedrohung. Auch die Natur war feindlich und die Romanen nicht hilfsbereit, wie Künig betont (Z. 547–554):

Nach sechs Meilen kommst du geradewegs nach Byon.

Danach hast du 36 Meilen über die Bardewesch Heide,

die den armen [Pilger-]Brüdern viel Leid zufügt.

Versorge dich mit Brot und Getränk.

Ich sage es dir, wie es ist: Wer dort krank wird,

der wird von den Romanen allein gelassen.

Sie begraben viele [Pilger-]Brüder an dieser Straße,

die dort an Hunger sterben,

weil sie auch mangels Betreuung zugrundegehen müssen.

Wer dann nach all den Strapazen das entfernte Santiago erreichte, war überglücklich und konnte sich die ersehnte Jakobsmuschel an den Hut heften. Der *Libellus Sancti Jacobi* berichtet (Buch I, Cap. IV.):

Man erzählt, daß, wo immer der Klang der Jakobsmuscheln, die die Pilger mit sich führen, in den Ohren der Menschen erklingt, deren frommer Glaube bestärkt wird. Alle Nachstellungen des Widersachers werden durch sie zurückgewiesen, ebenso Hagelschlag, Wirbelstürme und Unwetter. Verheerende Wetterschläge werden besänftigt, stürmische Winde werden milde und sanft, kurz, alle Mächte der Luft werden gebannt.

Die ferne, fremde Muschel galt als wunderwirkender Talisman.

Das Lied vom Schneekind

Die Fremde war ebenso faszinierend wie unheimlich. Im »Lied vom Schneekind« des Konstanzer Bischofs Heribert von Eichstätt aus der Zeit um 950 hören wir von Kaufleuten, die von Konstanz aus immer wieder gefahrvolle und lange Reisen in die Levante unternahmen und dabei auch mit dem Sklavenhandel in Berührung kamen. Das Fremde erscheint gleichsam real wie mystisch:

Höret her, ihr Leut, es gibt etwas zu lachen!

Vernehmt, wie einst ein schlaues Schwabenweib

Den Mann betrog, und wie er's ihr zurückgab.
Ein Schwab aus Konstanz reiste übers Meer;
Sein Kaufmannsgut ging mit ihm in die Schiffe,
Sein lebenslustig Weib ließ er zuhause.
Kaum pflügt das Ruderschiff die hohe See,
Da tobt der Sturm einher, die Wogen wüten,
Die Winde rasen toll, es spritzt die Flut,
Und erst nach langem Kampfe treibt der Südwind
Die Reisenden nach dem entfernten Ufer.

Zuhaus indessen geht es lustig zu.
Mit jungem Spielmannsvolk vergnügt das Weib sich,
Vergißt den fernen Gatten, und als Folge
Bringt sie ein unrechtmäßig Kind zur Welt.

Zwei Jahre sind vergangen, unser Kaufmann
Kehrt in sein Heim zurück. Die liebe Gattin
Eilt mit dem fremden Knäblein ihm entgegen.
Im Kusse hält der Gatte ein: »Was soll das?
Gesteh, wie ist das Kind zu dir gekommen?«
Da spricht das schlaue Weib: »O lieber Gatte,
Einst in den Bergen aß ich etwas Schnee,
Um meinen Durst zu löschen, und, welch Wunder!
Von diesem Schnee gebar ich diesen Knaben.« –

Und wieder nach fünf Jahren zieht der Kaufmann
Erneut hinaus, er rüstet seine Waren,
Er setzt die Segel, er ergreift die Ruder,
Der schneegezeugte Sohn darf ihn begleiten.

Jenseits des Meeres auf dem Sklavenmarkt
Verschachert er den Knaben einem Fremden,
Mit hundert Pfund Erlös kehrt er zur Heimat.
Und als er wiederum sein Haus betrat,

Sprach er zur Gattin: »Weine nicht, Geliebte,
Dein Sohn, den ich so heiß wie du geliebt,
Er ging verloren. Als der Sturm uns weit
Bis an der heißen Wüste Ufer trieb,
Da brannte fürchterlich der Sonne Glut,
Wir schwitzten, und dein Sohn, der schneegezeugte,
Vor unsern Augen schmolz er rasch hinweg!«

So hat ein Schwabe seinem Weib vergolten,
Was sie ihm antat; Trug besiegte Trug,
Das schneegezeugte Kind ward so zu Wasser.

Das Gedicht zeigt, daß Begegnungen mit Fremden zur Alltagserfahrung städtischer Kaufleute gehörten. Die reiche Bischofsstadt war der führende Wirtschaftsplatz des mittelalterlichen Bodenseeraumes. Die verkehrstechnische Anbindung nach Oberdeutschland, Italien und Südfrankreich war sehr gut. Die Stadt war der Mittelpunkt der Seeweinproduktion und des sich spätestens im beginnenden 12. Jahrhundert entwickelnden Handels mit Leinwand. Im Jahre 1205 begegnet uns in Genua ein *Henricus Balbus de Constantia*. Dieser Heinrich, genannt der Stammler, handelte mit dem wichtigen Exportartikel Leinwand. 1216 tauchte die *tele de Constancia*, die Leinwand aus Konstanz, in Genua auf, 1289 auf den Messen der Champagne. In den nächsten Jahrzehnten stoßen wir auf Konstanzer Fernhändler im Donauraum mit Wien, in Oberitalien mit Venedig, Mailand und Genua, in Südfrankreich und Spanien, in den Niederlanden und in England. Der engere Marktbereich der mittelalterlichen Städte war also verbunden mit dem weiteren Markt- und Wirtschaftsgebiet, dem Fernhandel und den Jahrmärkten und Messen. Mittelalterliche Städte waren Fernhandelsplätze, in denen fremde und einheimische Kaufleute exotische Waren wie die begehrten orientalischen Gewürze anboten und aus denen heimische Kaufleute in die weite Welt aufbrachen. Die Konstanzer Kaufmannsfamilie der Muntprat wirkte um 1380 im Verein mit den Mötteli aus Buchhorn (Friedrichshafen) und den Humpis aus Ravensburg an der Gründung der Großen Ravensburger Handelsgesellschaft mit. Letztendlich waren ca. hundert Familien aus zehn Städten des Bodenseeraumes an

diesem »Multiplayer« des Spätmittelalters beteiligt. Die in ihnen zuammen-
geschlossenen Kaufleute konnten sich keine Fremdenfeindlichkeit leisten. Der
Einkauf bei orientalischen Juden und Muslimen war eine Selbstverständlich-
keit. Ihre religiöse Fremdheit interessierte die am internationalen Waren- und
Finanzkreislauf beteiligte städtische Oberschicht nicht.

5

Juden und Muslime
Religiöse Fremdheit

Juden – die »Mörder Christi«

KEINE BRÜDER IM GLAUBEN *Ich weiß wirklich nicht, ob der Jude ein Mensch ist, denn weder weicht er der menschlichen Vernunft, noch dem Worte Gottes, sondern er hört nur auf sich selbst. Ich weiß nicht, so sage ich, ob er ein Mensch ist, denn aus seinem Fleisch ist noch nicht das Herz aus Stein gerissen worden, ihm wurde noch kein lebendes Herz verliehen, in seinem Inneren wohnt noch nicht der Geist Gottes, ohne den der Jude niemals zu Christus bekehrt werden kann,* urteilte Petrus Venerabilis (um 1094–1156), der Großabt des bedeutendsten Benediktinerklosters des Mittelalters: Cluny.

Woher kam der mittelalterlich-christliche Haß auf das Judentum? Der mittelalterliche Antisemitismus in Europa speiste sich unter anderem aus der religiös bedingten Fremdheit der Juden. Es war Paulus selbst, der eigentliche »Architekt« des Christentums, der um 50 nach Christus in einem Brief an die Tessaloniker die Grundlagen für den Judenhaß legte, indem er die Juden des Mordes an Jesus beschuldigte (1 Thess 2,14–16):

Denn, Brüder, ihr habt das Beispiel der Gemeinden Gottes nachgeahmt, die in Judäa in Jesus Christus sind, da auch ihr eben dasselbe von euren eigenen ungläubigen Volksgenossen erlitten habt wie sie von den Juden, welche auch den Herrn getötet haben, Jesus, und seine Propheten und uns verfolgt haben und die Gott nicht zu gefallen suchen und gegen alle Menschen feindselig sind, indem sie, um das Maß ihrer Sünden jederzeit voll zu machen, uns verwehren, zu den Ungläubigen zu sprechen, damit sie gerettet werden. Doch das Zorngericht ist endgültig über sie gekommen.

Die christlichen Evangelien haben diese Argumentation übernommen. In dem Bestreben, die neue Lehre gegenüber der alten Religion abzugrenzen, geht das Johannes-Evangelium am weitesten, indem es die römische Besatzungsmacht, verkörpert durch Pontius Pilatus, von der Verantwortung am Tod Jesu freispricht und den Juden die alleinige Schuld dafür anlastet (Joh 8,40–44): *Nun aber sucht ihr, mich zu töten. [...] Ihr tut die Werke eures Vaters [...] und stammt vom Teufel als eurem Vater ab und wollt die Gelüste dieses euren Vaters tun. Der ist von Anfang an ein Menschenmörder und stand nicht in der Wahrheit.*

Den Evangelisten und Theologen ging es um die Legitimation, um die Frage des Erbes des alten Israels und um die Ablösung des Judentums durch das Christentum als die von Gott bevorzugte Religion. Das Neue Testament ergänzte das Alte Testament, in das die alten Schriften der Thora eingingen. Auf diese Weise wurden beide Religionen miteinander verschmolzen und die Existenz des Judentums an sich bestritten. Dementsprechend maßten sich christliche Theologen auch die Deutungshoheit über den jüdischen Talmud an. Ein Mandat von Papst Innozenz III. von 1205 bestimmte ferner die Juden zur Strafe für die Kreuzigung des Herrn zur ewigen Knechtschaft und stufte so ihre Religion als minderwertig herab.

Dabei waren für die Christen im frühen Mittelalter die Juden zunächst weit weniger die Christusmörder, sondern galten vielmehr als Nachfahren der geachteten Propheten des Alten Testaments. Noch die romanischen Bildprogramme stellten die Patriarchen und Propheten, ja sogar Joseph und Christus selbst mit Judenhüten dar, etwa die aus dem 12. Jahrhundert stammenden Obergadenfenster des Augsburger Domes. Agobard, Erzbischof von Lyon, klagte im 11. Jahrhundert gegenüber Kaiser Ludwig dem Frommen darüber, daß an dessen Hof die Ausübung der jüdischen Religion toleriert werde. Als sich im Hochmittelalter aber im Zuge der Mystik die Frömmigkeit auf den am Kreuze gequälten Christus konzentrierte, wandelte sich auch die Einstellung gegenüber den Juden. Jetzt wurde deren Andersartigkeit betont. Die Juden, so die gängige Überzeugung, müßten bis zur Wiederkehr Christi ruhelos auf der Erde umherwandeln. Dies sei die Strafe dafür, daß nach Johannes ein Jude Christus beim Verhör geschlagen und ein Jude namens Ahasveros den gemarterten Christus auf dem Weg zur Kreuzigung nicht vor seinem Haus habe rasten lassen wollen (Joh 18,22–23). Der englische Chronist Roger of Wendover (gest. 1236) beschreibt in seiner Weltchronik *flores historiarum* einen anderen biblischen Ursprung dieser Legende: Ein Erzbischof aus Armenien, der 1228 England besuchte, erzählte von einem Mann in Armenien namens Cartaphilus, der behauptete, Torhüter von Pontius Pilatus gewesen zu sein und Jesus auf dem Weg zur Kreuzigung geschlagen zu haben. Jesus hätte daraufhin antwortet: *Ich gehe, aber du mußt warten, bis ich wiederkomme.* Cartaphilus sei später in der Hoffnung auf Erlösung zum Christentum übergetreten. Eine italienische Variante der Legende erwähnt den von Gott verstoßenen »ewigen Juden« Buttadeo als Ursprung der Wanderung des jüdischen Volkes durch die Zeiten. In der 1602 erschienenen deutschsprachigen Schrift *Kurtze Beschreibung und Erzählung von einem Juden mit Namen Ahasverus* wird behauptet, daß 1542 Paulus von Eitzen, ein Bischof aus Schleswig, in Hamburg einen uralten Juden namens Ahasverus traf, der bekannte, Jesus auf dem Weg zur Kreuzigung verspottet zu haben.

Auch die Bildzeugnisse verhöhnten seit dem 13. Jahrhundert die Juden. Künstler stellten die Synagoge als Hure dar und ordneten sie der Hölle zu. Die Judensau wurde zum plastischen Bestandteil vieler Kirchen und zum beliebten Motiv auf Holzstichen. Sie zeigt Juden, die an den Zitzen einer Sau hängen, ihr den After lecken, auf ihr reiten und aus ihrem Leib herauskommen – eine Beleidigung des jüdischen Glaubens, gilt doch das Schwein den Juden als unreines Tier. In der antijüdischen polemischen Literatur wandte man auf die Juden den Begriff *perfidus* (»treulos«) an. Im Fürbitt-Gebet der Karfreitagsliturgie hieß die Bitt-Formel *für die treulosen Juden.*

DISPUTATIONEN UND ZWANGSTAUFEN Der konstruierte Zusammenhang zwischen der Bekehrung der Juden und der Wiederkunft Christi führte im Mittelalter zu christlichen Missionsversuchen. Doch scheiterten die Bekehrungsversuche oft an der überlegenen Rhetorik der jüdischen Rabbiner. Agobard von Lyon beschwerte sich 827 beim Kaiser über die tolerante Haltung einiger Christen gegenüber den Juden:

Es ist schon so weit gekommen, daß unwissende Christen behaupten, die Juden würden besser predigen, als unsere Priester [...]. *Einige Christen bringen es fertig, den Sabbat mit den Juden zu feiern und die heilige Ruhe des Sonntags zu verletzen. Viele Frauen leben als Hausangestellte oder aber Arbeiterinnen gegen Bezahlung bei den Juden. Es gibt Juden, die sie von ihrer Pflicht abbringen. Menschen aus dem Volk und Bauern lassen sich in derart große Irrtümer ein, daß sie in den Juden das einzige Volk*

Gottes erblicken und daß man nur in ihrem Kreis auf die Beobachtung einer reinen
Religion und auf einen viel gewisseren Glauben als den unsrigen treffen könne [...].
Diese Angst hielt sich bei vielen Christen lange. Auch mit Zwangstaufen ver-
suchte man im Mittelalter, die Zahl der Juden zu vermindern. Bischof Gregor
von Tours (um 538–594) berichtet in seinem Werk »Über die Geschichte der
Franken« über einen solchen gewaltsamen Taufakt zu Clermont:
Ich will hier erzählen, was sich zu Clermont in diesem Jahr mit den Juden zutrug.
[...] Als aber der Bischof [Avitus] öffentlich das Gebet hielt, daß sie zum Herrn sich
bekehren [...], verlangte einer von ihnen zum hl. Osterfest getauft zu werden. Durch
das Sakrament der Taufe Gott wiedergeboren, zog mit den übrigen Weißgekleideten
auch er in weißem Gewand auf. Da aber die Menge in das Tor der Stadt zog, goß ei-
ner von den Juden, vom Teufel angetrieben, ranziges Öl auf den Kopf des bekehrten
Juden. Und als alles Volk voll Abscheu mit Steinwürfen auf jenen eindringen woll-
te, verhinderte es der Bischof. – An Himmelfahrt aber stürzte sich plötzlich, als der
Bischof unter Chorgesang von der Hauptkirche zur Kirche St. Martin zog, die gan-
ze Menge derer, die ihm folgten, über die Synagoge und zerstörte sie von Grund auf,
so daß ihre Stätte der Erde gleichgemacht wurde. Am andern Tage sandte der Bischof
Botschaft zu den Juden und ließ ihnen sagen: »Mit Gewalt will ich euch nicht zwin-
gen, den Sohn Gottes zu bekennen [...]. Wenn ihr das glauben wollt, wie ich, so sollt
ihr eine Herde sein und ich euer Hirte; wenn aber nicht, so verlaßt diesen Ort.« Die
Juden aber schwankten lange und waren im Zweifel. Am dritten Tage aber [...]
sandten sie einhellig Botschaft an ihn und sprachen: »Wir glauben, daß Jesus der
Sohn des lebendigen Gottes ist, uns verheißen durch die Stimme der Propheten, und
deshalb bitten wir, daß wir durch die Taufe gereinigt werden [...].« Voll Freude über
diese Botschaft zog der Bischof, als er in der heiligen Pfingstnacht den Gottesdienst
gehalten hatte, zu der Taufkapelle vor den Mauern der Stadt. Dort forderte die gan-
ze Menge der Juden auf den Knien vor ihm die Taufe. Er aber, in Tränen vor Freu-
de, taufte sie alle mit Wasser [...] Derer, die getauft wurden, waren aber mehr als
500. Die dagegen, die die Taufe verschmäht hatten, zogen aus von der Stadt und be-
gaben sich nach Marseille.
Der Bericht beschreibt, wie eine Missionierung nach Meinung des Chronisten vor sich gehen sollte: Auf die freiwillige Taufe eines einzelnen Juden hin
schloß sich dessen Drangsalierung durch die ehemaligen Glaubensgenossen
an, was wiederum ein Pogrom nach sich zog, worauf die ganze Gemeinde nach

längerem Zweifeln zum christlichen Glauben konvertierte. Juden, die sich nicht taufen ließen, mußten mit Drangsalierungen oder Ausweisung rechnen. König Dagobert I. (um 608–639) setzte die Politik der Zwangstaufen, Verfolgungen und Vertreibungen von Juden im Fränkischen Reich fort. Noch 1391 fanden Massentaufen in Aragón statt. Getaufte Juden oder Muslime nannte man dort *Marranen* (*Marranos* aus arab. *Máhram* = »verbotene Sache«). Im Portugiesischen beziehungsweise Kastilischen heißt das arabische Lehnwort *marrão* auch »Schwein«. Auf dem vierten Laterankonzil bestimmten 1215 unter dem Vorsitz von Papst Innozenz III. 71 Patriarchen und Erzbischöfe, 412 Bischöfe und etwa 900 Äbte und Priore über getaufte Juden (Kanon 70): *Gewisse Leute, die, wie wir erfahren, sich freiwillig der Taufe unterzogen haben, haben den alten Glauben nicht gänzlich abgeschworen, sondern Reste ihres früheren Ritus bewahrt und die Zierde der christlichen Religion damit vermischt. Da aber geschrieben steht »Verflucht sei der Mensch, der das Land auf zwei Wegen betritt« […], setzen wir fest, daß solche Leute von der Geistlichkeit gezwungen werden sollen, sich gänzlich von der Beobachtung der alten Riten fernzuhalten.*

DER SONDERSTATUS DER JUDEN Der Sonderstatus der Juden unterstrich ihre Fremdheit. Die jüdische Geschichte spielte sich in Europa vor dem Hintergrund von Duldung und Diskriminierung, Entrechtung und Verfolgung ab. Die jüdischen Gemeinden selbst können auf eine lange Tradition zurückblicken. Die Kölner Judengemeinde etwa wird bereits 321 und 331 in zwei Dekreten Kaiser Konstantins erwähnt.

Im Römischen Reich besaßen die Juden seit 212 das Bürgerrecht und Religionsfreiheit. Diese privilegierte Stellung änderte sich erst mit Kaiser Konstantin I. (280–337), der das Christentum 313 als erlaubte Religion zuließ und es im Unterschied zum Judentum nachhaltig förderte. Mit dem Aufstieg des Christentums zur Staatsreligion unter Kaiser Theodosius 380 bestimmte die Staatskirche die Geschicke des Judentums. Kaiser Justinian I. (482–565) verfolgte nicht nur Ketzer und Juden gleichermaßen, sondern verbot zudem das Passahfest, hebräische Bibellesungen und den jüdischen Unterricht.

Im Mittelalter verschlechterte sich die Lage der jüdischen Gemeinden weiter. Die Synode von Elvira verbot 306 die Eheschließung und den Geschlechtsverkehr

Juden schänden Hostien, die daraufhin zu bluten beginnen – ähnliche
Vorwürfe waren Bestandteil mittelalterlicher Judenfeindlichkeit.

>LUZERNER SCHILLING, ANFANG DES 16. JAHRHUNDERTS<

zwischen Juden und Christen sowie das gemeinsame Essen. Die Synode von Clermont schloß 535 Juden von öffentlichen Ämtern aus. Die dritte Synode von Orléans untersagte 538 die Beschäftigung christlicher Knechte und das Halten von Sklaven durch Juden. Die zwölfte Synode von Toledo ließ 681 zahlreiche Exemplare des Talmuds und anderer jüdischer Bücher verbrennen, und die Synode von Trulanic gestattte 692 den Christen nicht länger, jüdische Ärzte aufzusuchen. Das dritte Laterankonzil verbot 1179 den Juden, ihre Nachfahren zu enterben, die zum Christentum übergetreten waren. Das vierte Laterankonzil von 1215 erneuerte ältere judenfeindliche Bestimmungen und erfand neue Verbote: den Ausschluß der Juden von öffentlichen Ämtern, die Zahlung von Steuern an die christliche Kirche und das Tragen eines Unterscheidungsmerkmales, des gelben Ringes. Das Oxforder Konzil untersagte 1222 den Bau neuer Synagogen. Die Synode von Wien hinderte 1267 die Christen an der Teilnahme jüdischer Zeremonien. Die Synode von Breslau wies im selben Jahr die Juden in eigene Viertel ein. Das Konzil von Basel schloß Juden von dem Erwerb akademischer Titel aus. Auch die weltliche Gesetzgebung wollte in der Diskriminierung der Juden nicht zurückstehen. Die karolingischen Reichskapitularien übernahmen die repressiven Bestimmungen der Kirche und ergänzten sie etwa in der Frage der Beibringung von bis zu neun Zeugen vor Gericht in einem Prozeß eines Juden gegen einen Christen, der selbst mit drei auskam. Das *Statute of Philory* verbot 1267 den Kauf von Fleisch bei englischen Juden. Alle diese Bestimmungen sollten die abhängige Stellung der Juden gegenüber den christlichen Nachbarn verdeutlichen.

In den meisten Städten wohnten die Juden im 15. Jahrhundert zwangsweise in abgeschlossenen Wohnvierteln, »Judengasse« oder »Judenstadt« genannt. Das größte deutsche Judenviertel in der Reichsstadt Frankfurt geht auf eine Anordnung Kaiser Friedrichs III. von 1462 zurück. Am Wollgraben gegenüber der Stadtmauer baute man eine zweite Mauer, die eine enge Gasse einschloß, in die man nur tagsüber durch drei offene Tore hineingelangen konnte. In der räumlichen Enge entstand ein buntes Gemeindeleben mit Lehrhaus, Festhaus, zwei Herbergen, Backhaus, Spital, öffentlichem Bad und einer Synagoge. In der Gasse selbst lebten 1463 110 registrierte Personen, 1520 waren es 250, 1580 bereits 1200, und 1610 stieg die Zahl auf 2270 an. Ein Mensch lebte damit auf einem Quadratmeter Wohnfläche! Am 22. August 1614 plün-

4 / Dschingis Khan hält Gericht über eine eroberte Stadt.

> PERSISCHE MINIATUR, 14. JAHRHUNDERT <

5 / Das Heer der Mongolen vor der Stadt Liegnitz. Auf einer Lanze steckt der Kopf Herzog Heinrichs II. von Schlesien. > HEDWIGSCODEX, 1353 <

6 / Nicolo und Maffeo Polo knien vor Kublai Khan.

> MINIATUR, 15. JAHRHUNDERT <

Rcore dut li marstres
en hystoires nestoit
pas cessee la distorde
du prestrage aaron
car il distrent que en

7 / Ein Erkennungszeichen der Juden waren die spitzen Judenhüte.

> MINIATUR, 14. JAHRHUNDERT <

derten Handwerker unter Führung des Krämers und Lebkuchenbäckers Vincent Fettmilch zusammen mit dem Abschaum der Stadt das Ghetto, während die Juden zum Friedhof flohen. Bewaffnete Bürger griffen nach 13 Stunden ein, um ein Übergreifen der Plünderungen auf die Innenstadt zu verhindern. Einen Tag später wurden die überlebenden Juden ausgewiesen. Der Kaiser verhängte über Fettmilch die Reichsacht. 1616 wurden er und viele seiner Anhänger hingerichtet. Bereits ein Jahr zuvor kehrten die ersten Juden nach Frankfurt zurück, und der Kaiser förderte ihre weitere Ansiedlung.

KÖNIGLICHER UND KIRCHLICHER JUDENSCHUTZ Der Königsschutz, der den Juden und anderen wehrlosen Personenkreisen gewährt wurde, unterstrich deren Sonderstatus. Ludwig der Fromme (778–840) stellte den Juden königliche Schutzbriefe aus, mit denen Zollbefreiungen zu ihren Gunsten für die Förderung des Warenhandels verbunden waren. Umsonst war dieser Schutz freilich nicht zu haben. Ein Zehntel ihres Gewinnes hatten die jüdischen Händler an den König abzutreten. Der englische König Heinrich III. (1207–1272) verlangte vom wohlhabenden Judenmeister Aaron von York die ungeheure Summe von 30.000 Silbermark und 200 Goldmark, was den Ruin seines Handelshauses nach sich zog. Der französische König Philipp II. August ließ 1181 die reichsten Juden von Paris gefangennehmen und erpresste von ihnen 15.000 Silbermark, um die christlichen Schuldner von ihren Verpflichtungen gegenüber ihren jüdischen Kreditgebern zu befreien. Kaiser Heinrich IV. erließ 1103 unter Einschluß der Juden einen Landfrieden. Friedrich Barbarossa unterstellte sie 1179 in seinem rheinfränkischen Landfrieden der königlichen Kammer. Friedrich II. erneuerte 1236 diese Bestimmungen. Die Könige verdienten kräftig am Judenregal, welches ihnen die Oberhoheit über die Juden zusicherte. 1241 wurde im Reich eine Judensteuer eingeführt. Rudolf von Habsburg (1218–1291) erhob den Anspruch, über Gut und Leben seiner Kammerknechte zu verfügen und eröffnete die Möglichkeit der Übertragung des Judenschutzes und der damit verbundenen Einnahmen an Dritte. Die »Goldene Bulle« Karls IV. von 1346 erlaubte den Fürsten die »Haltung« von Juden. Schließlich zogen Städte sogar eigene Judensteuern ein. Im 14. Jahrhundert erlangten die Juden in einigen deutschen Städten wie

Worms, Frankfurt oder Nürnberg das Bürgerrecht. Karl IV. (1316–1378) hat sich für den Mord an seinen jüdischen Kammerknechten große Abstandssummen zahlen lassen. In Reutlingen überließ er 1342 das Gut ermordeter Juden der Stadt. 1349 schenkte er der Stadt Schwäbisch Hall für 800 Gulden den Besitz der ermordeten und der einem Pogrom entronnenen Juden, nachdem sich diese mit dem Grafen von Württemberg darüber geeinigt hatten. Ferner erlaubte er dem Stadtrat von Nürnberg 1349, das Judenviertel abzubrechen und in den Hauptmarkt umzuwandeln, an dem heute der Christkindlesmarkt stattfindet.

Päpstliche Erlasse sicherten den Juden zumindest die Glaubensfreiheit und den Schutz der entsprechenden religiösen Einrichtungen. Papst Eugen IV. verkündete 1432:

Wenn es auch den Juden nicht gestattet ist, sich in ihren Synagogen mehr herauszunehmen, als das Gesetz erlaubt, so dürfen sie doch in dem, was ihnen zugestanden ist, keine Beeinträchtigung erfahren. […] Wir setzen also fest, daß kein Christ sie wider ihren Willen oder, wenn sie nicht wollen, mit Gewalt zwinge, zur Taufe zu kommen […]. Kein Christ soll es ohne das Urteil der Landesherrschaft wagen, Juden zu verletzen oder zu töten, ihnen ihr Geld zu nehmen oder ihre Gewohnheiten abzuändern. Kein Christ soll sie bei der Feier ihrer Feste mit Steinwürfen belästigen, und es soll sie auch niemand zu Diensten zwingen, soweit sie nicht bisher üblich waren […] Es soll niemand wagen, die Friedhöfe der Juden zu beschädigen oder zu verkleinern oder, um Geld zu bekommen, die begrabenen Leichname wieder ausgraben.
Daran gehalten hat man sich aber oft nicht.

POGROME UND MASSAKER Der Schutz der Juden durch die weltlichen und geistlichen Obrigkeiten verhinderte Pogrome nicht. Der wirtschaftliche Erfolg vieler Juden zog Neid auf sich. Bis zum 10. Jahrhundert hatten es die jüdischen Gemeinden am Rhein zu Wohlstand gebracht und erfreuten sich 1090 einer umfangreichen Privilegierung durch Heinrich IV. Doch schon im Vorfeld des Ersten Kreuzzuges verübten im Frühjahr 1096 aufgewiegelte Kreuzfahrer Massaker an den Juden in Speyer, Worms, Mainz, Trier, Metz, Köln, Neuss und Xanten. Die jüdischen Memorbücher nennen für Mainz 1014 Tote, für Worms 800. Der jüdische Chronist Salomon bar-Simeon schreibt über die Pogrome in Worms:

Am 23. Ijar [Mai] überfielen sie die Gemeinde Worms. Diese Gemeinde hatte sich in zwei Lager geteilt: Die einen waren in ihren Häusern geblieben, die anderen waren zum Bischof geflüchtet. Da erhoben sich die Wölfe der Wüste gegen diejenigen, die in ihren Häusern waren und vertilgten sie, Männer, Frauen und Kinder, Jünglinge und Greise. Sie stürzten die Treppen um, rissen Häuser nieder, machten Beute und plünderten. Sie nahmen die Torahrollen, traten sie in den Kot, zerrissen und verbrannten sie und fraßen so Israel mit vollem Munde. Nach sieben Tagen, am Neumondstage des Siwan [25. Mai] [...] wurden auch diejenigen, die sich noch im bischöflichen Palast befanden, in Schrecken versetzt. Die Feinde mißhandelten sie schimpflich wie die ersten und übergaben sie dem Schwerte. Diese, durch das von ihren Brüdern gegebene Beispiel gestärkt, heiligten vor alle Augen den göttlichen Namen und ließen sich töten. Sie boten ihren Hals dar, um sich für den Namen ihres Schöpfers den Kopf abhauen zu lassen. Einige von ihnen legten selbst Hand an sich [...]. Alle nahmen ungeteilten Herzens das himmlische Verhängnis an und übergaben ihre Seele ihrem Schöpfer, indem sie riefen: »Höre Israel, der Ewige ist unser Gott, der Ewige ist einzig!« Die Feinde zogen sie aus und schleiften und warfen sie umher. Sie ließen keinen von ihnen übrig, außer einigen wenigen, die sie gegen ihren Willen zur Taufe gezwungen hatten. Bei 800 betrug die Zahl der an jenen beiden Tagen Erschlagenen. Sie alle wurden nackt zu Grabe gebracht.

1190 kam es auch in England im Zusammenhang mit dem geplanten Dritten Kreuzzug zu Massakern an der jüdischen Bevölkerung in London.

Die fremden jüdischen Riten schürten Argwohn, Angst und Haß, der sich in Pogromen entlud. Schnell war ein Vorwand gefunden. Oftmals reichte ein Gerücht, um eine Welle der Grausamkeit auszulösen. 1190 wurde in Bray-sur-Seine in der Champagne ein des Mordes an einem Juden überführter Christ ausgerechnet am Purimfest, das an die Errettung des jüdischen Volkes aus der persischen Diaspora erinnert, hingerichtet. Sofort machte das Gerücht die Runde, die Juden hätten dem Delinquenten eine Dornenkrone aufgesetzt und ihn gleich Jesus durch die Straßen getrieben. König Philipp II. August fiel in die Champagne ein und ließ in Bray alle Juden, die über dreizehn Jahre alt waren, verbrennen.

1144 verbreiteten Mönche im englischen Norwich das Gerücht, Juden hätten im Zusammenhang mit dem Passionsgeschehen der Karwoche ein christliches Kind in ritueller Wiederholung des Christusmordes umgebracht, ihm dabei das Blut abgezapft und es zur Herstellung des Passah-Brotes verwendet. Das Norwicher Beispiel machte Schule: 1168 in Gloucester, 1181 in Bury St. Edmunds, 1171 in Blois, 1182 in Saragossa, 1235 in Lauda bei Tauberbischofsheim und in Fulda, 1244 in London, 1255 in Lincoln, 1279 in Northhampton, Norwich und Nottingham sowie 1288 in Troyes, 1287 in Oberwesel, 1391 in Diessenhofen, 1429 in Ravensburg und 1475 in Trient. Welche schlimmen Folgen eine Ritualmordaffäre haben konnte, zeigt das Beispiel von Blois an der Loire, wo 1171 nach einem Bericht des jüdischen Chronisten Ephraim ben Jakob von Bonn (1133–1221) dreißig Mitglieder der jüdischen Gemeinde verbrannt wurden: *Auf Befehl des Herrschers wurden sie in ein Holzhaus gebracht, das man noch ringsum mit Dornen und Reisigbündeln umgab. Als man sie hinausführte, sagte man zu ihnen:* »*Ihr könnt noch euer Leben retten, wenn ihr eure Religion verlaßt und euch uns zuwendet.*« […] *Aber sie weigerten sich, und einer ermutigte den anderen, und jeder sprach zum Bruder:* »*Sei standhaft in der Ehrfurcht vor dem Allmächtigen.*« *Da nahmen die Leute den frommen Rabbi Jechiel bar David, den Priester, und den gerechten Rabbi Jekutiel, den Priester, Sohn des Rabbi Jehuda, und banden sie in der Brandstätte an eine Säule;* […] *Auch dem Rabbi Jehuda bar Aaron hatten sie die Hände gebunden und dann die Dornenbündel angezündet.*

Da nützte es nicht viel, wenn Kaiser Friedrich II. auf einem Hoftag 1236 in Hagenau die Juden vom Vorwurf des Ritualmordes freisprach. Als es 1241 zu einem Pogrom in Frankfurt kam, wurde die Stadt nach einer Untersuchung 1246 durch Friedrich dennoch wieder in Gnade aufgenommen, nachdem die Stadtväter dargelegt hatten, sie hätten die Morde ja nicht absichtlich zugelassen.

Juden wurden auch verdächtigt, geweihte Hostien zu stehlen und diese in ritueller Form als Ersatz für den Körper Christi zu foltern. Viele Juden wurden angeklagt, gefoltert und dadurch zu einem Geständnis gebracht, zwangsgetauft oder verbrannt. So geschah es 1280 in Paris, 1298 in Franken und Schwaben im Zuge der sogenannten Rindfleisch-Verfolgungen: Ein Metzger namens Rindfleisch verkündete nach Bekanntwerden des Hostienfrevels in Röttingen an der Tauber 1298, er selbst sei vom Himmel dazu auserkoren, die schuldigen Juden umzubringen. Nachdem sie den Röttinger Juden den Garaus gemacht hatten, zogen die Rindfleischanhänger mehrere Monate lang durch fränkische und bayerische Städte. Etwa fünftausend Juden sollen sie nach den jüdischen Memorbüchern umgebracht haben, in Würzburg 941, in Nürnberg 715 und in Rothenburg 470. Im bayerischen Deggendorf wurden nach 1338 Überreste ei-

ner angeblich von Juden durchstochenen Hostie als Reliquie in einer eigens er-
bauten Kirche aufbewahrt. Ähnlich Grausames geschah während der sogenannten Armleder-Verfolgungen in den dreißiger Jahren des 14. Jahrhunderts.

Als sogenannte Brunnenvergifter machte man die Juden auch für die Pest verantwortlich, deren Ausbruch man sich mit Gift erklärte, so 1348 in Solothurn,
Zofingen und Bern, in Stuttgart, Landsberg am Lech und in fast allen südwestdeutschen Reichsstädten. In Thüringen wurden nach einem Bericht der
Monumenta Erphesfurtensia im Februar 1349 zahlreiche Juden unter dem Vorwurf, Quellen und Brunnen zu verseuchen, erschlagen:

*Im selben Jahr, zwischen Mariä Reinigung und Fastnacht wurden die Juden in allen
Städten, Burgen und Dörfern Thüringens erschlagen, nämlich in Gotha, Eisenach, Arn-
stadt, Ilmenau, Nebra, Wiehe, Tennstedt, Herbsleben, Thamsbrück, Frankenhausen und
Weißensee, weil sie Quellen und Brunnen verseucht hatten, wie damals für sie erwie-
sen galt, weil viele Säcke voll Gift in den Brunnen gefunden worden sein sollten. Im selben Jahr, am Tag des heiligen Benedikt, der damals auf den Sonnabend vor Lätare fiel,
wurden die Juden in Erfurt entgegen dem Willen des Rates von der Bürgergemeinde erschlagen, hundert oder mehr. Die andern aber, mehr als dreitausend, haben sich, als sie
sahen, daß sie den Händen der Christen nicht entkommen konnten, aus einer Art Frömmigkeit in ihren eigenen Häusern selbst verbrannt. Nach drei Tagen wurden sie auf Last-
karren zu ihrem Friedhof vor dem Moritztor gebracht und dort begraben. Mögen sie in
der Hölle ruhn! Man sagt auch, sie hätten in Erfurt die Brunnen und die Gera [ein Fluß
in Thüringen] vergiftet und auch die Heringe, so daß niemand in den Fasten davon essen wollte und keiner der reicheren Bürger mit Wasser kochen ließ. Ob sie recht haben,
weiß ich nicht. Eher glaube ich, der Anfang ihres Unglücks war das unendlich viele Geld,
das Barone und Ritter, Bürger und Bauern ihnen schuldeten. Gott aber sei Dank, daß
er die Stadt Erfurt und die Christenheit bei soviel Brand und Mord in seiner großen
Barmherzigkeit gnädig bewahrt hat. Im selben Jahr und am selben Tag wurden die Juden in Mühlhausen auf gleiche Weise wie in Erfurt getötet und sind fast in ganz
Deutschland umgebracht worden oder haben sich selbst verbrannt.*

Ende 1350 waren über einhundert jüdische Gemeinden mit Tod und Vernichtung überzogen worden. Der Universalgelehrte Konrad von Megenberg
(um 1309–1374) schreibt kritisch:

*Man fand in zahlreichen Brunnen mit Gift gefüllt Säckchen. Deshalb wurde eine
nicht festzustellende Zahl von Juden im Rheinland, in Franken und in allen deut-*

schen Landen ermordet. Dabei weiß ich wahrhaftig nicht, ob dies einige Juden überhaupt getan haben. Wäre dies so gewesen, so hätte dies gewiß das Unheil verschlimmert. Andererseits weiß ich aber sehr wohl, daß keine andere Stadt mehr Juden zählte als Wien. Dort waren aber unter den Juden die der Seuche erliegenden Opfer so zahlreich, daß sie ihren Friedhof in großem Umfange erweiterten und zwei Grundstücke kaufen mußten. Sie wären also recht dumm gewesen, sich selbst zu vergiften.

Immer wieder mußten Juden als Sündenböcke herhalten. Übermäßige Regenfälle vernichteten 1314/15 in Europa die Ernte und lösten große Hungersnöte aus. Die hungernden nordfranzösischen Bauern zogen nach Süden. Begleitet wurde dieser Zug der sogenannten *Pastorellen* (*Pastoureaux*) von Dominikanermönchen. Den Plünderungen der elenden Massen fielen auch viele Juden zum Opfer. Über 140 jüdische Gemeinden sollen 1320/21 zerstört worden sein. Allein in Chinon wurden über 160 Juden verbrannt. Die Juden boten sich als Opfer geradezu an, denn da ihnen das Tragen von Waffen verboten war, konnten sie sich kaum wehren. Oft brachten sich die Juden lieber selber um, als von den Pastorellen erschlagen zu werden. Eine anonyme zeitgenössische Chronik berichtet über einen kollektiven Selbstmord um 1320 in Verdun-sur-Garonne:

In Verdun-sur-Garonne verteidigten sich die Juden gegen ihre Belagerer in einer heldenhaften und zugleich grausamen Weise, indem sie von einem Turm herab zahllose Steine, Balken und sogar ihre eigenen Kinder warfen. Aber ihr Widerstand nützte ihnen dennoch nichts. Die Pastoureaux töteten eine große Anzahl der belagerten Juden durch Rauch und Feuer der von ihnen in Brand gesetzten Tore des befestigten Schlosses. Als die Juden sich darüber klar wurden, daß sie lebend ihren Feinden nicht entrinnen konnten, töteten sie sich lieber selbst, als von den Unbeschnittenen ermordet zu werden. Sie wählten daher einen aus ihren Reihen aus, damit er sie erwürge. Dieser Mann tötete fast fünfhundert Menschen mit deren Zustimmung [...] [Die Pastoureaux] verschonten jedoch die Kinder, aus denen sie durch die Taufe Gläubige und Katholiken machten.

Auch als 1190 fanatisierte englische Christen das königliche Schloß in York stürmten, wo viele Juden Schutz gesucht hatten, brachten sich die 150 Juden lieber selber um. Der Yorker Rabbiner Jomtow von Joigny soll den Suizid mit folgenden Worten gepredigt haben:

Es ist offenbar der Wille des Gottes unserer Väter, daß wir für unsere heilige Lehre das Leben lassen. Schon blicken wir dem Tod ins Angesicht, und es gilt nun zu über-

legen, wie wir am würdigsten aus dem Leben scheiden sollen. Fallen wir unseren Feinden in die Hände, so wird unser Tod nicht nur furchtbar, sondern auch schmachvoll sein. Sie werden uns nicht nur martern, sondern auch Schimpf und Schande antun. Darum ist dies mein Rat: Der Schöpfer hat uns das Leben gegeben; so lasset uns es ihm mit eigener Hand zurückgeben, sind uns doch in ähnlichen Fällen schon viele edle Männer und ganze Gemeinden mit dem gleichen Beispiel vorangegangen.

Aus England wurden die Juden 1290, aus Frankreich 1306, von der Iberischen Halbinsel und aus Süditalien 1492 beziehungsweise 1496 unter allerlei Vorwänden vertrieben. Im deutschen Sprachraum zwang man die Juden vor allem vom 14. Jahrhundert an zur Abwanderung.

VERBRENNT DIE SCHRIFTEN DER HEBRÄISCHEN KETZER 1233 wurden in Montpellier unter dem Beifall orthodoxer jüdischer Gelehrter die Schriften des Moses Maimonides (1138–1204), des bedeutendsten mittelalterlichen jüdischen Gelehrten, verbrannt. 1242 loderten in Paris ebenfalls die Scheiterhaufen. Verbrannt wurden nicht Menschen, sondern 24 Wagenladungen des Talmuds, der jüdischen Diskussion der *Mischna*, der Mose von Gott überreichten mündlichen Lehre, aus Frankreich, England, Portugal und Teilen Spaniens. Der berühmte Rabbi Meir von Rothenburg (um 1215–1293), ein Augenzeuge des Geschehens, klagte:

Fragst du nicht, die einst in Flammen geglüht,
nach dem Gruß deiner trauernden Jünger,
die keinen Wunsch so sehnlich hegen,
als zu wallen und zu weilen
in deinen Höfen, in deinen Hallen;
die da lechzen und sich sehnen
nach dem Staub von deinem Boden,
und mit Schmerz und Grauen
nach der Brandstatt schauen,
in der du einst verglommen?
Sie wallen in der finsternis,
verdüstert ist das Lebenslicht;
sie hoffen auf das Licht und auf den Tag,

der aufgeben werde,

leuchten werde

über sie und über dich.

Fragst du nicht nach dem Gruße des jammernden Menschen,

der da weinet,

der da klaget,

dem das Herz bricht,

wenn er gedenket deiner Schmerzen, deiner Wehen?

Wie Strauß und Uhu in den Wüsten, in den Wäldern,

klagt und stimmt er an um dich das Trauerlied.

Das Beispiel der Bücherverbrennung fand schnell Nachahmer. Aus dem ganzen Mittelalter ist nur einziges vollständiges Exemplar des in Europa üblichen babylonischen Talmud erhalten geblieben (der Cod. hebr. 95 der Bayerischen Staatsbibliothek München, datiert auf 1343). Die Kirche zielte nicht nur auf die Vernichtung der Juden selbst hin, sondern zugleich auf die Eliminierung der ganzen jüdischen Tradition.

Wo lagen die Hintergründe dieses größten Kulturverbrechens des Mittelalters? Ein konvertierter Jude namens Nikolaus Donin aus La Rochelle hatte 1239 vor Papst Gregor IX. geklagt, seine früheren Glaubensgenossen hätten sich unter Mißachtung des in der Bibel niedergelegten mosaischen Gesetzes dem nur mündlich an Moses gegebenen Talmud verschrieben, der eine ketzerische Schrift sei. Gregor IX. ordnete daraufhin in Frankreich, England und in den Königreichen der Iberischen Halbinsel die Konfiskation aller hebräischen Bücher an. Im Juni 1240 wurde in Paris ein Prozeß geführt, wobei Nikolaus Donin den Talmud anklagte, der sich eine größere Autorität als der Bibel und den Talmudgelehrten eine größere als Gott selbst zumesse. Der Talmud, so Donin, enthalte gotteslästerliche und falsche Aussagen, sei ein Zeugnis des Hasses auf alle Christen und stecke voller Irrtümer und Schändlichkeiten. Eine einberufene Prüfungskommission, besetzt mit den geistigen Eliten der Universität Paris, beriet zwei Jahre lang, bevor sie den Talmud als ketzerisch verurteilte und seine Verbrennung anordnete. Seitdem galt der Talmudjude als Ketzer. Eine Verordnung des französischen Königs Ludwigs X. vom 18. Juli 1315 bestätigte das Talmudverbot.

DER FREMDE JUDE Die mittelalterlichen Juden wurden kollektiv als Fremde angesehen und für ihren Glauben und die damit verbundene Lebensführung haftbar gemacht. Daß das mittelalterliche Judentum dennoch in seiner physischen Existenz nicht gänzlich vernichtet wurde, hängt mit der Ambivalenz des Denkens zusammen. Einerseits wurde das Menschsein der Juden in Frage gestellt, andererseits erachteten Theologen seit Augustinus die Juden im Rahmen des göttlichen Heilsplanes als notwendig.

Als Sündenböcke für Mißernten und die Pest oder im Zusammenhang mit der Kreuzzugsbewegung konnten sie einer verängstigten beziehungsweise durch fanatisierte Prediger aufgeputschten Menge präsentiert werden: Massaker als gottgefälliges Werk. Neid und Haß auf die prosperierenden städtischen jüdischen Gemeinden etwa in den rheinischen Städten kam als weiteres Motiv hinzu. Ein Gerücht reichte aus, um das Faß zum Überlaufen zu bringen. Der Königsschutz war im Zweifel nicht viel wert und konnte sich leicht ins Gegenteil verkehren, wenn die Regenten sie als Verfügungsmasse und Faustpfand der Kreditschöpfung betrachteten. Trotz aller Vertreibungen siedelte man immer wieder Juden an, weil man sie als Kaufleute oder Kreditgeber benötigte. Der französische König Philipp II. August, der 1182 alle Juden zur Abwanderung zwang, erlaubte ihnen zum Beispiel 1198 wieder ihre Rückkehr. Geld überwindet offenbar jede Fremdheit.

Muslime – Kinder Ismaels

ABEND- UND MORGENLAND Als der aus Tausendundeine Nacht bekannte Kalif Harun ar-Rashid Karl dem Großen um 800 einen Elefanten schenkte, wurde das Tier als exotisches Wesen in Aachen zwar bestaunt, zu größeren Kontakten zwischen Europa und der Levante kam es aber noch nicht. Warum auch, standen sich doch Abend- und Morgenland im Grad ihrer kulturellen Entwicklung diametral gegenüber und hatte doch noch der Reisende und Geograph Ibn Hawqual im 10. Jahrhundert das Frankenreich eine gute Sklavenquelle genannt – darüber hinaus gebe es über dieses Reich nichts mehr zu sagen. Erst seit dem 10. Jahrhundert wurden die Handelsbeziehungen zur islamischen Welt ausgebaut. Es waren vor allem die Kaufleute der italienischen Seestädte, die mit dem Import von Luxusgütern wie Seide, Gewürzen und Elfenbein viel Geld verdienten. Aber die Handelsbilanz zwischen Abend- und Morgenland war keineswegs ausgeglichener Natur.

Die arabische Kultur blühte vor allem in den Städten und knüpfte an die klassische Antike an. In Spanien, auf Sizilien und während der Kreuzzüge kamen viele Christen unmittelbar mit der überlegenen islamischen Kultur in Berührung, sahen mit eigenen Augen die großen Bibliotheken, die ausgeklügelten Bewässerungssysteme in der Landwirtschaft und nahmen die Fortschritte in der Astronomie, Mathematik und Medizin staunend zur Kenntnis. Schmerzlich mußten Christen in den nächsten Jahrhunderten von Fremden lernen, was sie selbst nicht wußten. Auf der Iberischen Halbinsel übernahmen sie das Schöpfrad von den Arabern. Die seit dem 8. Jahrhundert in Bagdad belegte Technik der Papierherstellung gelangte mit den Mauren nach Spanien. Doch erst im 12. Jahrhundert wurde Papier auch im christlichen Katalonien geschöpft. Der französische Geistliche Geribert von Aurillac, der in der zweiten Hälfte des 10. Jahrhunderts in Katalonien studierte, lernte dort den Abakus kennen und verfaßte selbst ein Buch darüber.

Anders als im christlichen Abendland, wo die Religion die Wissenschaft beherrschte und beschränkte, trugen islamische Wissenschaftler vorurteilsfrei das antike und indische Wissen zusammen und entwickelten es weiter. Der Kalif Abdallah al-Ma'mun (ca. 786–833), Sohn von Harun ar-Raschid (ca. 763–809), gründete in Bagdad das »Haus der Weisheit« und ließ griechische Werke aus den Bereichen der Philosophie, Medizin und Naturwissenschaften übersetzen. Dazu zog er die weltbesten Kartographen seiner Zeit nach Bagdad, um die Erde neu zu vermessen. Das Ergebnis konnte sich sehen lassen. Es entstand eine Weltkarte mit Längen- und Breitengraden, der zahlreiche mathematisch-geographische Tabellen beigegeben waren. Die noch von dem griechischen Kartographen Ptolemäus (um 100–175) zu groß berechnete Länge der Ökumene wurde auf das richtige Maß reduziert. Zur selben Zeit hielten die christlichen Kartographen im Auftrag der Religion an der *Mappae-mundi*-Tradition fest und war ihnen eine mathematische Geographie gänzlich unbekannt. Der islamische Philosoph Al-Kindi (ca. 800–867) verfaßte als Berater der Kalifenfamilie in Bagdad zahlreiche wissenschaftliche Schriften und versuchte, Bezüge zwischen der aristotelischen Philosophie und der im Koran beschriebenen Offenbarung herzustellen. Der arabische Wissenschaftler al-Biruni (973–1048) lernte von den alten Indern, schrieb seine Erkenntnisse in seinem Werk *Kitab al-Hind* (»Buch von Indien«) nieder und verfaßte Texte zur Pharmakologie, Botanik und Astronomie. Seine botanischen Kenntnisse übertrafen die des bekanntesten Botanikers der Antike aus dem 1. Jahrhundert nach Christus, Pedanios Dioskurides, bei weitem.

Neben Bagdad zählten Fès und Córdoba im 10. Jahrhundert zu den bedeutendsten islamischen Bildungsstätten. Die spanische Metropole Córdoba war um die Mitte des 10. Jahrhunderts mit 400.000–500.000 Einwohnern die größte und reichste Stadt Europas – zu einer Zeit, in der mit Ausnahme Konstantinopels keine europäische Stadt mehr als 30.000 Einwohner besaß. Als Zentrum der Wissenschaften gab es in der Stadt zahlreiche Hospitäler, öffentliche Schulen, höhere Lehranstalten und Hochschulen sowie öffentliche Bibliotheken, deren Bücherbestand alles übertraf, was es in Europa sonst gab. Im Vergleich zu den über 100.000 Büchern einer dieser Bibliotheken gab es in der Klosterbibliothek von St. Gallen, eine der größten und bedeutendsten in Mitteleuropa, gerade einmal sechshundert Bücher. Zu einer Zeit, als in Europa gerade die ersten Universitäten entstanden, lehrte man in der Moschee und Hochschule Al-Azhar in Kairo bereits seit tausend Jahren. Erst als Europa in der Renaissance seine antiken Wurzeln wiederentdeckte, gelang es, sich durch die verstärkte Rezeption der griechisch-römischen Philosophie und Wissenschaften von der arabisch-islamischen Kultur abzugrenzen.

Gegenüber dem auf allen Gebieten hochentwickelten Morgenland sah es im Abendland finster aus. Um 1000 waren die meisten europäischen Ortschaften Klein- und Mittelstädte. Dazwischen lagen große Wälder. Die Infrastruktur des Römischen Imperiums war weitgehend zerstört. Die Straßen befanden sich in einem kümmerlichen Zustand. Der Grad der Bildung war gering. Lesen und Schreiben konnten nicht einmal die Könige, geschweige denn der Adel. Die wissenschaftlichen und philosophischen Schriften der Antike wurden zwar in den Klöstern abgeschrieben und so für die Nachwelt konserviert, doch außerhalb der Theologie gab es keine Wissensfortschritte. Das galt insbesondere für die Naturwissenschaften. Universitäten gab es um die Jahrtausendwende noch nicht. Erst Mitte des 12. Jahrhunderts entstand die älteste medizinische Hochschule Europas in Salerno. Um 1150 hatte die Universität Bologna drei Fakultäten, die juristische, die medizinische und die Fakultät der *Artes liberales* (Grammatik, Dialektik, Rhetorik, Arithmetik, Geometrie, Astronomie, Musik). Als vierte kam 1356 die theologische Fakultät hinzu.

So standen sich zwei Welten gegenüber: Das christliche Abendland in all seiner Rückständigkeit und das muslimische Morgenland in seiner kulturellen Blüte und Vitalität. Der *clash of cultures* war unvermeidlich. Der Islam lernte von den griechischen Philosophen und anderen Wissenschaftlern, dem Christentum blieben im wesentlichen die Kirchenväter. Papst Silvester II. (um 950–1003) und der orientalische Philosoph Avicenna (980–1037) zum Beispiel waren Zeitgenossen. Gerbert kannte die Höfe Hugo Capets und Ottos III., die rückständigen Kathedral- und Klosterschulen, Porphyrios' »Einführung in die Logik« des Aristoteles und Boethius' Übersetzungen und Summarien sowie seine Handbücher über Arithmetik, Musik, Geometrie und Astronomie, dazu einige Fragmente der alten Griechen. Das waren die Grundlagen für seine Arbeiten über Rhetorik, Arithmetik und Dialektik, für sein Planetensystem sowie eine komplizierte Uhr. Avicenna dagegen studierte im Alter von 16 Jahren Porphyrios' »Einführung in die Logik«, Euklids »Geometrie«, Ptolemäus' »Almagest«, zahlreiche Werke über griechische Heilkunde und das islamische Recht. Ihm standen Schätze zur Verfügung, von denen man im christlichen Abendland nur träumen konnte.

ZWISCHEN ABGRENZUNG UND DIALOG Der Islam machte Angst. Denn die Menschen dachten sich der christlichen *Mappae-mundi*-Tradition gemäß die größten Teile der Welt, nämlich ganz Asien und weite Teile Afrikas, als von Muslimen besetzt. Der Prozeß der Abgrenzung wurde aus dem Gefühl der Unterlegenheit in den Wissenschaften gespeist, das durch das Gefühl der Überlegenheit der eigenen Offenbarungsreligion kompensiert wurde. Christliche Autoren stellten ihre Lehre als die reine Vernunft des reifen, gebildeten und kultivierten Menschen dar und betrachteten den Islam als eine bewußte Verkehrung der Wahrheit, kritisierten seine Anhänger, betonten dessen gewaltsame expansive Komponente, unterstellten den Muslimen eine hemmungslose Genußsucht und sahen in Mohammed (um 570–632) den Antichristen.

Die Religion der Muslime selbst, ihre Absichten und Ziele blieben dagegen lange Zeit unbekannt. Weder antike Quellen noch gegenwärtige Denker wußten Genaueres. Die Muslime widerstanden den Kreuzzügen und Missionsversuchen. Selbst Gelehrten wie Petrus Venerabilis (um 1094–1156) blieb vieles unklar. Was waren das für Menschen, die offenbar den gleichen Gott hatten, aber die christliche Trinität leugneten und in Christus nur einen Propheten Gottes sahen, die die beiden Testamente zwar anerkannten, aber im Koran die höchste und letzte Autorität erblickten, die ebenso an ein Leben im himmlischen Paradies glaubten, welches aber Vernügungen wie die Fleischeslust als höchste Wonne versprach? Viele Elemente dieser neuen Religion erschienen als zu gefährlich, um sie anzuerkennen. Abgrenzung statt Verständnis, darum ging es den christlichen Autoritäten. Der brillante Denker Thomas von Aquin (um 1225–1274) hielt Mohammed für einen »Sektenstifter«, der die Wahrheit verdreht und durch falsche Lehren ersetzt habe, und bezeichnete seine Anhänger als in religiösen Dingen nicht bewanderte Menschen und *bestiales*, die in der Wüste lebten (Summa contra Gentiles, Buch I, Kap. 6). In der Auseinandersetzung mit dem Islam ging es Thomas um die Verteidigung des christlichen Glaubens auf der Grundlage der Vernunft gegen jede Kritik. Das deutsche »Rolandslied« und einige Lieder der *Carmina Burana* nennen die Muslime »Kinder des Teufels«, »Gottlose« und »von Gott verdammte Heiden«.

Viele Muslime waren Araber. Die Ablehnung der Araber aber hatte eine lange Tradition. Bereits der römische Historiker Ammianus Marcellinus hatte im 4. Jahrhundert nach Christus in den arabischen Nomaden ein zerstörerisches Volk gesehen, einem Raubtiere gleich, und ihre andersartige Kultur abgelehnt (Res Gestae, XIV, 4):

Niemand nimmt je einen Pflug zur Hand oder erntet Früchte eines Baums, niemand bebaut den Boden, doch sie ziehen entlang ferner Routen ohne eigenes Heim, ohne feste Häuser und Gesetze [...] Sie wandern so weit, daß eine Frau an einem Ort heiratet, an einem zweiten ein Kind gebiert und es an einem weit entfernten Ort aufzieht [...] Ohne Kenntnis von Getreide und Wein ernähren sie sich von wilden Tieren, Milch und unterschiedlichen Pflanzen.

Auch der heilige Hieronymus, der von 386 bis 420 nach Christus in Bethlehem lebte und es eigentlich hätte besser wissen müssen, betrachtete die Araber als Kinder Ismaels, von dem es in der Genesis heißt (1 Mos 16,12):

Er wird ein wilder Mensch sein; seine Hand wider jedermann und jedermanns Hand wider ihn, und er wird wohnen all seinen Brüdern zum Trotz.

Bischof Isidor von Sevilla (um 560–636), ein Zeitgenosse Mohammeds, ließ dann auch kein gutes Haar an den »Sarazenen« (Etymologien, IX, 57): *Die Sarazenen leben in der Wüste. Man nennt sie auch Ismaeliten, wie das Buch Genesis lehrt, da sie von Ismael* [dem Sohn des Abraham] *abstammen. Man nennt sie auch Hagarenen, da sie von Hagar* [Abrahams Nebenfrau, Ismaels Mutter] *abstammen. Sie selbst bezeichnen sich, wie wir bereits erwähnt haben, auf widernatürliche Weise ebenfalls als Sarazenen, denn sie behaupten fälschlich, von Sara* [Abrahams legitimer Ehefrau] *abzustammen.*

Die Bibel, so die gängige christliche Überzeugung des Mittelalters, hatte die Araber beziehungsweise Sarazenen zu Außenseitern minderwertiger Herkunft stilisiert. Hagar sprachen Theologen wie Beda Venerabilis (um 673–735) unter Berufung auf Gal 4,21–31 ihre heilsgeschichtliche Bedeutung ab und ihre Abkommen wurden daher diskriminiert. Der spätantike Völker- und Stammesname leitet sich wahrscheinlich statt von Sara aus dem arabischen Wort *scharqi* (»östlich, orientalisch, Orientale«) oder dem Wort *sariq* (Plural *sariqin* = »Plünderer«) ab.

Die Propagierung des Islam als einer Religion der Gewalt und des Schwertes findet sich immer wieder bei christlichen Autoren. Der spanische Theologe Pedro de Alfonso (um 1076–1140) behauptete, daß die Religion der Sarazenen auch das Gebot kenne, *die Widersacher Gottes und seines Propheten zu berauben, gefangenzunehmen und zu töten und sie auf jede Weise zu verfolgen und zu vernichten.* Der Dominikaner Humbert von Romans (um 1200–1277) sagte: *So sehr eifern sie um ihre Religion, daß sie überall, wo sie die Macht haben, unbarmherzig jeden Menschen köpfen, der gegen ihren Glauben predigt.* Vor die Wahl des Übertrittes zum Islam oder der Hinrichtung durch das Schwert wurden jedoch allenfalls die »Götzenanbeter« gestellt, während die Juden und Christen als »Völker des Buches« anerkannt wurden. Denn wer die Kopfsteuer zahlte und sich nicht gegen die islamischen Machthaber auflehnte, konnte seinen alltäglichen Geschäften und seiner Religion nachgehen. Johannes, Bischof von Córdoba, beschrieb im Jahr 953, wie die Christen in Spanien überlebten (Vita Iohannis abbatis Gorziensis, Kap. 122f.): *Bedenke, unter welchen Bedingungen wir leben. Wir wurden durch unsere Sünden dazu getrieben, uns von den Heiden regieren zu lassen. Es ist uns durch die Worte des Apostels verboten, dieser Macht gegenüber Widerstand zu leisten. Nur ein Trost ist uns geblieben, daß uns trotz dieser furchtbaren Katastrophe nicht verboten wird, unseren Glauben zu praktizieren [...] Wir haben uns beraten und beschlossen, fürs Erste Folgendes zu tun: Solange unsere Religion nicht beschädigt wird, gehorchen wir ihnen in allen Bereichen, und wir führen alle Befehle aus, die nicht im Widerspruch zu unserem Glauben stehen.*

Dem verzerrten Bild vom Islam als Religion der Gewalt stellten Theologen – ungeachtet aller Kreuzzüge – das Gegenbild vom Christentum als Religion des Friedens gegenüber.

Die Muslime hatten aber nach christlicher Überzeugung nicht nur den falschen Glauben, sondern sie waren zu allem Überfluß auch noch genußsüchtig. Thomas von Aquin (ca. 1225–1274) betrachtete in bewußter Gegenüberstellung zum Islam das Christentum als eine Religion des Friedens und der Askese, die alle fleischlichen Gelüste abtöte. Christliche Autoren sahen die Vielehe als Hurerei an und malten sich alle unnatürlichen Formen des Geschlechtsverkehrs aus. Unverhohlen stellte man auf Kragsteinen, hervorstehenden Mauersteinen für die Auflast eines Bogens, und Portalen namentlich in spanischen Kirchen das Liebesleben der Muslime in allen im christlichen Europa als sodomitisch verschrieenen Positionen dar. Ein Apsidenkragstein der Kirche San Pedro in Cervatos (Kantabrien) aus dem 12. Jahrhundert zeigt ebenso wie ein Relief an der Unterseite eines Klappsitzes (Misericordie) im Chor der Kathedrale von Astorga aus dem 13. Jahrhundert die wechselseitige Liebesposition Cunnilingus und Fellatio, auf die in Europa die Todesstrafe stand. Der ebenfalls aus dem 12. Jahrhundert stammende Portalumlauf der Kirche Santa Maria in Uncastillo (Aragonien) stellt islamische Kurtisanen dar. Selbst die Konsolfiguren am Kölner Rathaus aus dem 14. Jahrhundert geben die antiislamische Bildsprache wieder: ein Mann, der sich selbst mit dem Mund befriedigt und drei Affen mit Trommeln als Symbol für Arabermusik mit sich führt. Als Zeichen der muslimischen Genußsucht galten aber auch die prachtvollen Gärten der muslimischen Paläste wie der weltbekannten Alhambra, die sich von den Kräutergärtlein der Klöster oder den Krautgärten der Bauern und Ritter in jeder Hinsicht abhoben.

Der Islam war in den Augen der mittelalterlichen Islamkundler aber nicht nur die falsche Religion, sondern Mohammed wurde auch als Sohn Satans und als

Antichrist schlechthin dargestellt. Petrus Venerabilis (um 1094–1156), der berühmte Abt von Cluny, griff die Überlegungen griechischer Theologen auf, wonach der Islam eine christliche Häresie sei und Muslime Heiden seien. Petrus Venerabilis ließ im Rahmen seiner Auseinandersetzung mit dem Islam 1142 den Koran und andere islamische Texte in Spanien aus dem Arabischen ins Lateinische übersetzen und verfaßte selbst eine Darstellung der islamischen Lehre, die *Summa totius haeresis saracenorum*, sowie eine Widerlegung mit dem Titel *Liber contra sectem sive haeresim saracenorum*. Diese Schriften gelten zusammen mit den Übersetzungen als die ersten wissenschaftlichen Arbeiten über den Islam. Petrus betrachtete die Muslime zwar als Häretiker, wollte sie aber nicht abgeschlachtet sehen, wie es auf den Kreuzzügen geschah, sondern trat für deren Missionierung ein. Er stellte dem Christentum den Islam als negative Kehrseite gegenüber. Der berühmte Theologe Joachim von Fiore (um 1130–1202) rechnete die Sarazenen zu den letzten drei Geißeln der Menschheit vor dem Jüngsten Gericht. Guibert von Nogent (um 1053–1124) schreibt in seiner Geschichte des Ersten Kreuzzuges (*Gesta Dei per Francos*) über Mohammed: *Man kann ruhig schlecht über jemanden reden, dessen Bosheit alles übertrifft, was je an Schlechtem geredet werden kann.* Damit waren jeder volkstümlichen Phantasie Tür und Tor geöffnet. Bischof Wilhelm von Tyrus (um 1130–1186) bezeichnet in seiner »Geschichte der Kreuzzüge und des Königreichs Jerusalem« (*Historia rerum in partibus transmarinis gestarum*) Mohammed als Satans Sohn (Buch I, 1):

Die alten Geschichtsbücher wie die Überlieferungen der Morgenländer berichten uns, daß zu der Zeit, als der Kaiser Heraklius das Römische Reich regierte, die verderbliche Lehre Mohammeds, des Erstgeborenen des Satans, der mit seiner Lüge, daß er ein gottgesandter Prophet sei, die Morgenlande und hauptsächlich Arabien verführte, solche Kraft gewonnen hatte, in sämtlichen Provinzen aber zugleich eine solche Schlaffheit herrschte, daß die Nachfolger des falschen Propheten sich nicht mehr die Mühe nahmen, durch Predigt und Ermahnung zu überzeugen, sondern die Völker mit der Gewalt des Schwertes zum Irrtum zwangen.

Dante Alighieri (1265–1321) verbannte Mohammed (um 570–632) in seiner »Göttlichen Komödie« in die Hölle und die arabischen Philosophen Avicenna (980–1037) und Averroes (1126–1198) in das Fegefeuer. Im neunten Graben der Hölle schlägt ein Teufel Mohammend und seinem Schwiegersohn unablässig die Glieder ab: *Die waren Stifter von Gezänk und Zwietracht / Im Leben, darum sind sie so zerspalten*, schreibt Dante. Auf der Grabinschrift Isabellas I. von Kastilien (1451–1504) und Ferdinands II. von Aragon (1452–1516) in der Kathedrale von Granada, das 1492 als letzte muslimische Bastion in Spanien an die christlichen Eroberer fiel, heißt es:

Mohameticae sectae prostatores et heretice pervicacie extinctorest, Ferdinandus Aragonorum et Helisabetha Castelle, vir et uxor unanimes, Catolice appellati, marmoreo clauduntur hoc tumulo.

(Die Vernichter der Mohammedanischen Sekte und Auslöscher der ketzerischen Falschheit, Ferdinand von Aragon und Isabella von Kastilien, Gemahl und Gemahlin, allerseits die Katholischen geheißen, umschließt dieses marmorne Grab.)

Die Folgen des Sieges waren dramatisch, auch für die Eroberer selbst. Die Bewässerungskanäle verfielen, die Ackerböden veröderten. Die Universitäten bluteten aus, und die Städte verarmten. 1499 ließ der spanische Großinquisitor Kardinal Ximénez auf dem Marktplatz von Granada hunderttausende Bücher aus den islamischen Bibliotheken verbrennen. Die letzten Muslime wurden gezwungen, entweder den christlichen Glauben anzunehmen oder das Land zu verlassen, während ihr Eigentum an die Kirche fallen sollte. Die zwangsbekehrten Muslime (*Moriscos*) und die getauften Juden (*Conversos*) durften das Land nicht mehr verlassen. Die Moriscos waren dennoch nicht sicher. Philipp III. von Spanien faßte 1609 den Beschluß, alle *Moriscos* des Landes zu verweisen. 1611 waren die Ausweisungen abgeschlossen. Inmitten der Moschee von Córdoba, der sogenannten Mezquita, entstand eine christliche Kirche.

Als in der Renaissance Europa seine griechisch-römischen Wurzeln wiederentdeckte, vergaß man nur zu gerne, daß ohne die Leistungen der Araber vieles antike Gedankengut rettungslos verloren gewesen wäre. Der italienische Gelehrte Pico della Mirandola (1463–1494), der selbst Arabisch beherrschte, ereiferte sich in einem seiner Werke mit den Worten:

Laßt uns um Himmels willen Pythagoras, Platon und Aristoteles, und behaltet euren Omar für euch, euren Alchabiatius, euren Abenzoar, euren Abenragel.

Im 13. und 14. Jahrhundert hatte es in Salamanca, in Oxford, Bologna, Paris und Rom sogar Lehrstühle für Arabisch gegeben. Als aber 1532 ein niederländischer Gelehrter an der Universität von Salamanca Arabisch lernen wollte, erhielt er zur Antwort:

Was habt Ihr mit Arabisch zu schaffen, dieser barbarischen Sprache? Es genügt, La-
teinisch und Griechisch zu können. In meiner Jugend war ich genauso töricht wie
Ihr und habe Hebräisch und Arabisch betrieben; aber beides habe ich seit langem
aufgegeben, und jetzt widme ich mich allein dem Griechischen. Laßt euch raten,
haltet es ebenso!

Dennoch gab es Ausnahmen, in denen es über alle Fremdheit hinweg zu einem Dialog zwischen den Religionen kam, wie im Toledo des 12. Jahrhunderts.
Als die kastilische Stadt im Zuge der Reconquista 1085 in christliche Hand
gefallen war, hatte sich der Eroberer Alfons VI. (1040–1109) zum »Kaiser der
zwei Religionen« ausrufen lassen und Muslimen wie Juden kein Haar gekrümmt. Die tolerante Politik gegenüber den Andersgläubigen wurde auch
von seinen beiden Nachfolgern fortgesetzt. In diesem Klima konnte sich an
der Übersetzerschule von Toledo ein reger Gedankenaustausch zwischen dem
jüdischen Geschichtsschreiber und Philosophen Abraham Ibn Daud (um
1110–1180) und dem christlichen Übersetzer und Scholastiker Dominicus
Gundissalinus entfalten. Abraham kannte die jüdische Tradition, die griechische, arabische und jüdische Philosophie, die Astronomie, den Koran und das
Neue Testament. In Toledo übertrug er zusammen mit Dominicus arabische
wissenschaftliche und philosophische Werke ins Lateinische und trat für einen Dialog der Religionen ein:

Ich sah nämlich, daß die Verwirrung und das Fehlgreifen der Denker heutigen Tages
in vorliegender und in ähnlichen Fragen daher komme, weil sie die treffliche Über-
einstimmung nicht aufsuchen, die zwischen demselben und der wahren Philosophie
besteht, schrieb der Wissenschaftler in seinem um 1160 entstandenen reli-
gionsphilosophischen Werk »Der erhabene Glaube« (*Al-aqida al-rafi'a*), in
dem er den Nachweis einer Vereinbarkeit des Glaubens mit dem arabischen
Aristotelismus versuchte. Ein enormer Fortschritt war es auch, als der englische Kirchenreformer John Wycliff (um 1330–1384) zur Erkenntnis gelangte,
daß grundsätzlich alle Menschen in- und außerhalb der Kirche Erlösung finden
können (De fide Catholica, Opera minora, 112):

Ebenso wie einige, die in der Kirche sind, verdammt werden, werden andere außerhalb
der Kirche erlöst. Wenn ihr dagegenhaltet, daß wir, wenn dem so ist, die Juden nicht
Ungläubige, die Sarazenen nicht Ketzer, die Griechen nicht Schismatiker usw. nen-
nen dürfen, entgegne ich: »Der Mensch kann aus jeder Sekte kommend erlöst werden,

selbst wenn er aus den Reihen der Sarazenen kommt, wenn er nur kein Hindernis in den Weg des Heils stellt. Wer vom Islam und anderen Sekten im Augenblick des Todes an den Herrn Jesus Christus glaubt, wird als echter Christ gerichtet werden.«

TÖTEN IM NAMEN DES HERRN Kriege gegen die Muslime wurden in Form von Heiligen Kriegen und Kreuzzügen geführt und stellten an Grausamkeiten alles bis dahin Gekannte in den Schatten. Hauptakteure waren die in Orden organisierten christlichen Ritter:

Es ist die besondere Sache der Ritter, ihren Herren ergeben zu sein, nicht nach Beute zu streben, zum Schutz des Lebens ihrer Herren das eigene Leben nicht zu schonen, für das Wohl der Res publica bis zum Tode zu kämpfen, Schismatiker und Ketzer zu bekriegen, Arme, Witwen und Waisen zu verteidigen, die gelobte Treue nicht zu brechen und ihren Herren nicht meineidig zu werden, betonte Bischof Bonizo von Sutri (gest. um 1090) Ende des 11. Jahrhunderts (Liber de vita christiana, VII 28, S. 248 f.). Die Ermordung Andersgläubiger wird in einem Atemzug mit dem Schutz von (christlichen) Witwen und Waisen genannt. Die Kirche unterstellte sich das Rittertum als *militia s. Petri* und rief zu »Heiligen Kriegen« auf. Diese wurden der Idee nach von der christlichen Gemeinschaft als Ganzem zur Ausbreitung des eigenen Glaubens oder zur »Verteidigung« gegen äußere und innere Feinde des Christentums geführt. Heilige Kriege waren Vernichtungskriege. Prediger schürten zur Erreichung dieses Zieles den kollektiven Haß auf die Fremdgläubigen und stellten die Beteiligung am Heiligen Krieg als Christenpflicht dar. Die Führung übernahm Gott selbst beziehungsweise der Papst als Stellvertreter Gottes auf Erden. Papst Alexander II. gewährte 1063/64 den Teilnehmern am Heiligen Krieg gegen die Muslime in Spanien einen Ablaß. Papst Gregor VII. warb eigene Ritter an und brach am 9. Mai 1074 nach Osten auf, um dem von den islamischen Seldschuken bedrohten byzantinischen Kaiser zur Hilfe zu kommen. Jedoch zwangen ihn innere Konflikte im Heer zum Rückzug. 1089 beziehungsweise 1096 erließ Papst Urban II. einen an den katalanischen Klerus gerichteten Aufruf zur Befreiung der spanischen Stadt Tarragona.

Die Idee des Heiligen Krieges, erweitert um die alte Tradition der Wallfahrt, führte zum Kreuzzug, der in den zeitgenössischen Quellen als Pilgerfahrt (*pe-*

regrinatio), Heiliger Krieg (*bellum sacrum, guerre sainte*), Reise (*passagium generale*), Expedition des Kreuzes (*expeditio crucis*), Auftrag Jesu Christi (*negotium Jesu Christi*) und Kreuzfahrt (*croiserie*) begegnet. Kreuzzüge gegen Muslime wurden im Heiligen Land ebenso wie auf der Iberischen Halbinsel geführt. Dort nannte man sie Reconquista.

Den ersten formellen Kreuzzugsaufruf erließ Papst Urban II. am 27. November 1095 auf der Synode in Clermont-Ferrand. Mehrere Chronisten überliefern die propagandistische Rede des Papstes: Fulbert von Chartres (Historia Hierosolymitana, Buch I, Kap. 3), Robert von Reims (Historia Iherosolimitana, Buch I, Kap. 1f.), Balderich von Bourgueil (Historia Jerosolimitana, Buch I, Kap. 4), Guibert von Nogent (Gesta Dei per Francos, Buch II, Kap. 4), Wilhelm von Malmesbury (Gesta regnum Anglorum, Buch IV, § 347) und Wilhelm von Tyrus (Historia rerum in partibus transmarinis gestarum, Buch I, XIVf.). Keine Kreuzzugspredigt war je wieder so erfolgreich wie diese. Urbans Worte gingen als Musterbeispiel für einen Kriegsaufruf in die Geschichte ein. Geschickt wies der Papst nach Wilhelm von Tyrus (um 1130–1186) zunächst auf die Bedeutung des irdischen und himmlischen Jerusalem als Zentrum der Christenheit hin (Historia rerum in partibus transmarinis gestarum, Buch I, XV):

Ihr wißt, geliebte Brüder, und es frommt Euer Liebe wohl zu wissen, wie der Erlöser der Menschheit, als er uns zum Heile menschliche Gestalt angenommen hatte und als ein Mensch unter Menschen wandelte, das Land der Verheißung, das er vor langem den Vätern verheißen hatte, mit seiner Gegenwart verherrlichte und durch seine vielen Wunder und durch das Erlösungswerk, das er hier vollbrachte, noch besonders denkwürdig machte. Das sagen uns das Alte und das Neue Testament auf jeder Seite. Es ist gewiß, daß der Herr für dieses Land eine gewisse Vorliebe gehabt hat, er hat diesen kleinen Teil der Welt sein Erbe zu nennen gewürdigt, während doch die ganze Welt sein ist und von ihm erfüllt. Er sagt bei Jesaja: »Israel, mein Erbe!« und weiter: »Des Herrn Zebaoth Weinberg aber ist das Haus Israel.« Und hatte er sich das ganze Land von Anfang an ausersehen, so hatte er noch eine besondere Liebe für die Heilige Stadt, wie uns der Prophet bezeugt, wenn er sagt: »Der Herr liebt die Tore Zions mehr als alle Wohnungen in Jakob.« Zu ihrem Ruhm ist zu sagen, daß in ihr der Herr zum Heil der Welt gelehrt und gelitten hat, daß er in ihr auferstanden ist, und seit Jahrhunderten war sie zur Zeugin so großer Dinge und zur Stätte dieser Mysterien erlesen. Erlesen, denn er selbst, der sie erlesen hat, bezeugt es in den Worten: »Und von meiner auserwählten Stadt Jerusalem wird uns der Heiland kommen.«

Der Besitz dieser Stadt war nach der Überzeugung Urbans im Hinblick auf die eschatologische Heilserwartung des Christentums wichtig. Als Nächstes erläutert Urban die Ursachen für den Verlust Jerusalems an die »Ungläubigen« (Historia rerum in partibus transmarinis gestarum, Buch I, XV):

Hat nun der Herr gleichwohl, der Sünden ihrer Bewohner halber, durch gerechtes Urteil zugelassen, daß sie mehrmals in die Hände der Ungläubigen geriet, hat er sie gleichwohl eine Zeitlang das schwere Joch der Knechtschaft tragen lassen, so dürfen wir darum doch nicht glauben, daß er sie verschmäht und verworfen habe. Es steht ja geschrieben: »Wen der Herr liebhat, den züchtigt er«, dem aber häuft er seinen Zorn zur Gnade, dem er sagt: »Mein Zorn ist von Dir gewichen, ich will Dir fürder nimmer zürnen«. […]

Viel Zeit verwendet Urban nun darauf, den »Sarazenen« alle möglichen schlechten Eigenschaften anzudichten, um das Feuer des Hasses zu entfachen (Historia rerum in partibus transmarinis gestarum, Buch I, XV):

Die Wiege unseres Heils nun, das Vaterland des Herrn, das Mutterland der Religion, hat ein gottloses Volk in seiner Gewalt, der Sohn der ägyptischen Magd, er hält die Kinder der freien Mutter gefangen und hält sie unter einem Druck, den umgekehrt er selbst erdulden sollte. Aber was steht geschrieben? »Treibe diese Magd aus mit ihrem Sohn«. Das gottlose Volk der Sarazenen, das weltlichen Lehren anhängt, drückt die heiligen Orte, die die Füße des Herrn betreten haben, schon seit langer Zeit mit seiner Tyrannei und hält die Gläubigen in Knechtschaft und Unterwerfung. Die Hunde sind ins Heiligtum gekommen, und das Allerheiligste ist entweiht, das Volk, das den wahren Gott verehrt, ist erniedrigt, das auserwählte Volk muß unwürdige Bedrückung leiden. Das königliche Priestertum muß als Sklave Ziegel brennen, die Fürstin der Länder, die Stadt Gottes, muß Tribut zahlen. Will einem nicht die Seele darüber zergehen, will einem nicht darüber das Herz zerfließen? Liebe Brüder, wer kann das mit trockenen Augen anhören? Der Tempel des Herrn, aus dem er in seinem Eifer die Käufer und Verkäufer hinausgetrieben hat, daß das Haus seines Vaters nicht eine Mördergrube werde, ist nun ein Sitz der Teufel geworden. Das ist es, was den großen Priester Mattatias, den Erzeuger der heiligen Makkabäer, zu seinem rühmlichen Eifer entzündet hat, wie er selbst bezeugt, wenn er sagt: »Der Tempel Gottes ist wie ein Mensch, dem die Ehre genommen ist, seine kostbaren Geräte hat man weggeführt.«

Die Stadt des Königs aller Könige, die den andern die Gesetze des unverfälschten Glaubens gegeben hat, muß heidnischem Aberglauben dienstbar sein. Die Kirche zur heiligen Auferstehung, die Schlummerstätte des Herrn, steht unter der Herrschaft derer, die an der Auferstehung keinen Teil haben, sondern als Stoppeln zur Erhaltung des ewigen höllischen Feuers werden dienen müssen, und wird durch ihre Unflätigkeit entweiht. Die ehrwürdigen Orte, zu Stätten göttlicher Geheimnisse gewürdigt, die den Herrn, solange er im fleische weilte, als Gast aufnahmen, die beglaubigte Zeugen seiner Zeichen und Wunder waren, sind in Schafkrippen und Viehställe verwandelt. Das preiswürdige Volk, das der Herr der Heerscharen gesegnet hat, seufzt ermattet unter der Last der schmählichen Zumutungen, ihre Söhne, die teuren Pfänder der Mutterkirche, werden ihnen entrissen und gezwungen, heidnischer Unreinheit dienstbar zu werden und den Namen des lebendigen Gottes zu verleugnen oder mit lasterhaftem Munde zu schmähen, und wenn sie sich den gottlosen Befehlen widersetzen, so werden sie wie das Vieh hingeschlachtet, Genossen der heiligen Märtyrer. Den Tempelschändern gilt jeder Ort, jede Person gleich, sie morden Priester und Leviten im Heiligtum, sie zwingen die Jungfrauen zur Unzucht und töten sie, wenn sie sich weigern. Ja sogar den Frauen hilft ihr reiferes Alter nicht gegen solche Schändlichkeiten.

Urban weist danach auf die verzweifelten Hilfeschreie der Einwohner Jerusalems hin und ruft in den nächsten Sätzen dazu auf, im Namen Gottes zu den Waffen zu greifen und den bedrohten Einwohnern Jerusalems zu Hilfe zu eilen (Historia rerum in partibus transmarinis gestarum, Buch I, XV.):

Bewaffnet Euch mit dem Eifer Gottes, liebe Brüder, gürtet Eure Schwerter an Eure Seiten, rüstet Euch und seid Söhne des Gewaltigen. Besser ist es, im Kampfe sterben, als unser Volk und die Heiligen leiden sehen. Wer einen Eifer hat für das Gesetz Gottes, der schließe sich uns an. Wir wollen unseren Brüdern zu Hilfe kommen. »Lasset uns zerreißen ihre Bande und von uns werfen ihre Stricke!« Zieht aus, und der Herr wird mit Euch sein. Wendet die Waffen, mit welchen ihr sträflicherweise Bruderblut vergießt, gegen die Feinde des christlichen Namens und Glaubens. Die Diebe, Räuber, Brandstifter und Mörder werden das Reich Gottes nicht besitzen, erkauft Euch mit wohlgefälligem Gehorsam die Gnade Gottes, daß er Euch Eure Sünden, mit denen Ihr seinen Zorn erweckt habt, um solcher frommen Werke und der vereinigten Fürbitten der Heiligen willen schnell vergebe. Wir ermahnen Euch also in dem Herrn und binden es Euch aufs Herz, bei Vergebung Eurer Sünden, daß Ihr Euren Brüdern und Miterben des Himmelreichs (denn wir sind alle Glieder eines Leibes, Gottes Er-

ben und Miterben Christi), die in Jerusalem und seinen Grenzen wohnen, in ihrer Not und Bedrängnis zu Hilfe kommt und den Stolz der Ungläubigen, die sich Königreiche, Fürstentümer und Herrschaften zu unterwerfen streben, gebührend beugt und bestraft und ihnen, die sich den christlichen Namen auszutilgen vorgesetzt haben, mit ganzer Kraft entgegentretet. Sonst wird es der Kirche geschehen, daß sie in kurzer Zeit das Joch einer unverdienten Knechtschaft tragen muß, daß der Glaube von ihr genommen wird und der Aberglaube der Heiden den Sieg gewinnt. Denn in welcher Bedrängnis sie sind, das wissen einige von Euch durch den Augenschein, es meldet es gegenwärtiger Brief, den wir durch Peter, den ehrwürdigen Mann, der hier unter uns anwesend ist, empfangen haben. Wir aber überlassen durch die Barmherzigkeit Gottes und gestützt auf die Autorität der heiligen Apostel Petrus und Paulus allen gläubigen Christen, die gegen sie die Waffen nehmen und sich der Last dieses Pilgerzuges unterziehen, alle die Strafen, die die Kirche für ihre Sünden über sie verhängt hat. Und wenn einer dort in wahrer Buße aus dem Leben kommt, so darf er fest glauben, daß ihm Vergebung seiner Sünden und die Frucht ewigen Lohnes zuteil werden wird. Unterdessen aber betrachten wir die, welche im Glaubenseifer die Arbeit jenes Kampfes auf sich zu nehmen entschlossen sind, als Kinder des wahren Gehorsams und stellen sie unter den Schutz der Kirche und der heiligen Apostel Petrus und Paulus. Und sollen sie vor jeder Beunruhigung, betreffe sie ihr Eigentum oder ihre Person, gesichert sein. Sollte aber einer so frech sein, sie inzwischen zu belästigen, so soll er durch den Bischof des Orts mit der Exkommunikation bestraft werden, und dieser Spruch soll so lange Kraft haben, bis er das Geraubte zurückgegeben und den Schaden, den er angerichtet, gehörig gutgemacht hat. Die Bischöfe aber und Priester, die solchem Unrecht nicht kräftig Widerstand leisten, sollen ihrer Würde entsetzt werden, bis sie sich das Erbarmen des Apostolischen Stuhls wieder erworben haben.

Ein unerhörter Jubel brach aus. Die zahlreichen Zuhörer hefteten sich mit dem Ruf *Deus lo volt* (»Gott will es«) die vorbereiteten Stoffkreuze an. Der Fremdenhaß und die Massaker im Namen Gottes stellten auf dem Ersten Kreuzzug (1096–1099) alles in den Schatten, was die Welt bis dahin gesehen hatte und gipfelten 1099 in dem tausendfachen Mord an den Einwohnern Jerusalems, an Muslimen, Juden und orthodoxen Christen, an Männern, Frauen und Kindern. Der Chronist Wilhelm von Tyrus schreibt darüber in seiner »Geschichte des Königreichs Jerusalem« (Historia rerum in partibus transmarinis gestarum, Buch 8, XIX):

Sofort durchzogen der Herzog und die Seinen in geschlossenen Gliedern, die Schwer-
ter zückend und mit Schildern und Helmen gedeckt, die Straßen und Plätze der Stadt;
alle Feinde, die sie finden konnten, streckten sie mit der Schärfe des Schwertes nieder,
ohne auf Alter oder Rang Rücksicht zu nehmen. Und es lagen überall so viele Er-
schlagene und solche Haufen abgehauener Köpfe umher, daß man keinen andern Weg
oder Durchgang mehr finden konnte als über Leichen. Und unsere Fürsten waren mit
einer unermeßlichen Menge Volkes, das, ohnedies mordlustig, nach dem Blute der Un-
gläubigen besonders dürstete, auf verschiedenen Wegen, Unzählige niedermetzelnd,
schon beinahe bis zur Mitte der Stadt gelangt, als der Graf von Toulouse und die übri-
gen Fürsten, die bei ihm waren, noch immer den Streit am Berge Zion fortsetzten und
nichts davon wußten, daß die Stadt erobert und der Sieg in den Händen der Unsern
sei. Endlich machten das furchtbare Getöse und das große Geschrei, welches sich von
dem Eindringen der Unsern und dem Niedermetzeln der Feinde erhob, die Stadtbe-
wohner, welche hier Widerstand leisteten, aufmerksam. Sie fragten sich verwundert,
was das ungewöhnliche Geschrei und der Tumult des lärmenden Volkes zu bedeuten
habe, und erfuhren nun, daß unser Heer bereits in der Stadt sei, worauf sie die Türme
und die Mauer verließen und sich nach verschiedenen Orten flüchteten, um ihr Leben
zu retten. Da die Stadtburg in der Nähe stand, begaben sie sich größtenteils dorthin;
nun drang das Heer über die Brücke, die es ohne Schwierigkeiten nach der Mauer hin-
überlegen konnte, und auf Leitern um die Wette in die Stadt, wo niemand mehr
Widerstand leistete. Sobald diese Leute in der Stadt waren, öffneten sie das Südtor, das
ihnen zunächst lag, damit das übrige Volk ohne Schwierigkeit hereinkommen könne.
Es drangen also in die Stadt der hervorragende und entschlossene Graf von Toulouse,
Isoard Graf von Die', Raimund und Pelet, Wilhelm von Sabran, der Bischof von Al-
bara und viele andere Edle, deren Namen und Anzahl uns nicht überliefert worden
sind. Diese alle zogen einmütig, bis an die Zähne bewaffnet, in geschlossenen Gliedern
durch die Stadt und richteten ein furchtbares Blutbad an. Diejenigen Feinde, welche
dem Herzog und den Seinen entkommen waren und dem Tod entfliehen zu können
meinten, wenn sie sich nach andern Seiten der Stadt wendeten, fielen nun diesen in die
Hände und gerieten so aus den Strudeln der Charybdis in die der Scylla. Es wurden
aber in der Stadt so viele Feinde erschlagen und so viel Blut vergossen, daß die Sieger
selber mit Ekel und Schrecken erfüllt werden mußten.

Der größte Teil der Bevölkerung hatte sich nach dem Tempelhof geflüchtet, weil dieser
in einem entfernten Teil der Stadt lag, auch mit einer Mauer, mit Türmen und star-

ken Toren verwahrt war. Diese Flucht brachte den Leuten wahrlich keine Rettung; denn sogleich begab sich Herr Tankred mit dem größten Teil des Heeres dorthin. Er brach mit Gewalt in den Tempel ein und machte Unzählige nieder. Er soll auch eine unermeßliche Menge von Gold, Silber und Edelsteinen weggenommen, nachher jedoch, als das Getümmel sich gelegt hatte, alles an den alten Platz zurückgebracht haben. Sofort gingen auch die übrigen Fürsten, nachdem sie niedergemacht hatten, was ihnen in den andern Stadtteilen unter die Hände gekommen war, nach dem Tempel, hinter dessen Einfriedigung sich die Bevölkerung, wie sie gehört, geflüchtet hatte. Sie drangen mit einer Menge von Reitern und Fußgängern hinein und stießen, was sie dort fanden, mit den Schwertern nieder, ohne jemanden zu schonen, und erfüllten alles mit Blut. Es geschah sicherlich nach gerechtem Urteil Gottes, daß die, welche das Heiligtum des Herrn mit ihren abergläubischen Gebräuchen entweiht und dem gläubigen Volk entzogen hatten, es mit ihrem eigenen Blut reinigen und den Frevel mit ihrem Tode sühnen mußten […] Im Tempelbezirk sollen an die zehntausend Feinde umgekommen sein, wobei also die, welche da und dort in der Stadt niedergemacht wurden und deren Leichen in den Straßen und auf den Plätzen umherlagen, noch nicht gerechnet sind, denn ihre Zahl soll nicht geringer gewesen sein. Der übrige Teil des Heeres zerstreute sich in der Stadt, zog diejenigen, welche sich in engen und verborgenen Gassen versteckt hatten, um dem Tode zu entrinnen, wie das Vieh hervor und stieß sie nieder. Andere taten sich in Scharen zusammen und gingen in die Häuser, wo sie die Familienväter mit Frauen und Kindern und dem ganzen Gesinde herausrissen und entweder mit Schwertern durchbohrten oder von den Dächern herabstürzten, daß sie sich den Hals brachen.

Nachdem die Stadt völlig erobert war, trafen die Führer des Kreuzfahrerheeres die nötigen Sicherungsmaßnahmen. Jetzt, da der Kampf mit der Vernichtung der Garnison geendet hatte, zeigten sich die schonungslosen Kämpfer als fromme und demütige Christen, deren Inneres tief ergriffen war vom Erlebnis der Eroberung des heiligen Jerusalem. Als endlich auf diese Weise die Ordnung in der Stadt hergestellt war, legten sie die Waffen nieder, wuschen sich die Hände, zogen reine Kleider an und gingen dann demütigen und zerknirschten Herzens, unter Seufzen und Weinen, mit bloßen Füßen, an den ehrwürdigen Orten umher, welche der Erlöser durch seine Gegenwart heiligen und verherrlichen mochte, und küßten sie in größter Andacht. Bei der Kirche zu dem Leiden und der Auferstehung des Herrn kamen ihnen sodann das gläubige Volk der Stadt und der Klerus, welche beide seit so vielen Jahren ein unverschuldetes Joch getragen hatten, voll Dankes gegen ihren Erlöser, der ihnen wieder die

Freiheit geschenkt, entgegen und geleiteten sie unter Lobliedern und geistlichen Ge-
sängen nach der vorgenannten Kirche.

Nach ihrem blutigen Werk hielten die Kreuzfahrer einen Dankgottesdienst
in der Heiliggrabeskirche ab. Mit der Ernennung Gottfrieds von Bouillon
am 22. Juli zum Schutzherrn des Heiligen Grabes war das Ziel des Ersten
Kreuzzuges erreicht. Sogleich gingen verschiedene Chronisten wie Gunther
von Paris 1099 daran, das von den Kreuzfahrern an den Einwohnern Jerusalems verübte Massaker zu rechtfertigen (De expugnatione urbis Constanti-
nopolitane I, MPL CCXII):

Wer denn unser Büchlein hier zur Hand nimmt oder vor Augen, daß er's läse, der
wende sich auch mit Eifer seines Herzens daran, gar fein und gründlich alles zu be-
trachten, von dem hier gehandelt wird. Er wird darin große und glänzende Dinge
finden, wie sie sich einzig und allein auf göttliches Geheiß haben zutragen können
und ereignen. Daher wir denn den Leser auch ermahnt wissen wollen, er möge, wenn
es ihm so scheint, als sei auch von unserem Volke etliches wieder die Frömmigkeit ge-
tan worden, doch nie daran zweifeln, daß auch dieses nach göttlichem Willen geschah,
welcher ja stets und unbedingt gerecht ist.

Die andauernden gewalttätigen Aktionen der Kreuzfahrer einigten schließlich die islamische Welt, und spätestens seit der Schlacht von Hattin 1187, in
der das Heer des Königsreiches Jerusalem vollkommen vernichtet wurde, waren die hundert Jahre zuvor im Heiligen Land gegründeten Kreuzfahrersta-
ten nicht mehr zu halten. Das verzerrte Bild des Islam und die Kreuzzüge spal-
teten Europa und die islamische Welt – bis heute.

Dennoch waren die Kreuzzüge zu ihrer Zeit für viele mittelalterliche Muslime eher ein Randereignis. Der große Historiker Ibn Haldūn (1332–1406)
widmet ihnen in seiner langatmigen *Muqaddima* (»Einführung in die Geschichte«) nur ein paar Absätze, die sich vor allem mit der Seeherrschaft auf
dem Mittelmeer und den Sakralbauten in Jerusalem befassen. Für die Christen aber, die eigentlichen Aggressoren, waren die Kreuzzüge das wahrscheinlich größte Trauma ihrer Zeit – mit Langzeitwirkung.

Häretiker und Schismatiker
Fremde Christen

Das Gleichnis vom Weinstock und den Reben

....

Ich bin der Weinstock, ihr seid die Reben. Wer in mir bleibt und in wem ich bleibe, der bringt reiche Frucht; denn getrennt von mir könnt ihr nichts vollbringen. Wer nicht in mir bleibt, wird wie eine Rebe weggeworfen, und der verdorrt. Man sammelt die Reben, wirft sie ins Feuer und sie verbrennen, läßt Johannes Jesus sagen (Joh 15,5–16). Mittelalterliche Theologen übertrugen dieses Gleichnis auf Häretiker (Ketzer) und Schismatiker (Kirchenspalter). Häresie und Schisma definiert der moderne Katechismus der katholischen Kirche wie folgt (CIC, can. 751):

Häresie nennt man die nach Empfang der Taufe erfolgte beharrliche Leugnung einer mit göttlichem und katholischem Glauben zu glaubenden Wahrheit oder einen beharrlichen Zweifel an einer solchen Glaubenswahrheit; Apostasie nennt man die Ablehnung des christlichen Glaubens im Ganzen; Schisma nennt man die Verweigerung der Unterordnung unter den Papst oder die Gemeinschaft mit den diesem untergebenen Gliedern der Kirche.

Das aus dem Griechischen stammende Wort *hairesis* kann mit »Wahl« oder »Auswahl« übersetzt werden. Juden wie Christen verstehen darunter die »falsche Lehre«. Paulus meint damit den »Abfall vom rechten Glauben« (1 Kor 11,19; Gal 5,20; Tit 3,10). Die Apostelgeschichte bezeichnet die Pharisäer mehrfach als *hairesis* (Apg 5,17; 15,5; 26,5), während die Juden in Christus einen Gotteslästerer sehen (Mk 14,63; Joh 10,33; Apg 7,55–60) und Paulus für die Juden ein Anhänger des häretischen Nazareners ist (Apg 24,14; 28,22). Da sich ein verbindlicher Lehrkanon erst in den ersten drei nachchristlichen Jahrhunderten herausbildete, gab es unterschiedliche Ansichten über den Häresiebegriff in der Urkirche. Paulus mußte sich im Galaterbrief gegen Vorwürfe der sogenannten Judenchristen, der Anhänger des Petrus, zur Wehr setzen. Streitpunkte zwischen diesen und den Anhängern des Paulus (Heidenchristen) waren die Beschneidung, die Einhaltung der Thoragesetze und Teile der jüdischen Tradition (Gal 4,21; 5,2–4; 6,12–13). Die Kirchenväter Justin, Tertullian und Cyprian bestimmten im 3. Jahrhundert Kriterien für Häresien. Mit der Erhebung der katholischen Richtung des Christentums zur Staatskirche 380 nach Christus stellte sich in den folgenden Jahrhunderten das Problem des Ausbaus eines systematischen Lehrgebäudes und der Auseinandersetzung mit den anderen Richtungen des Christentums wie den Gnostikern, Donatisten, Arianern und Monophysitisten immer dringender.

Die Gnostiker der alten Kirche besaßen ein materie- und leibfeindliches Weltbild. Sie glaubten an einen Geistchristus und lehnten die körperliche und seelische Identität Jesu (1 Kor 12,3) ebenso wie die Auferstehung der Toten ab (1 Kor 15,12). Die Gnostiker betonten den hohen Stellenwert der Sakramente, die übernatürliche Kräfte verhießen (1 Kor 10,1–6).

Die Donatisten hatten sich im 4. Jahrhundert in Nordafrika von der römisch-katholischen Kirche abgespalten. Der Name leitet sich von Donatus, einem der Anhänger des Gegenkandidaten des von Donatisten 312 abgesetzten Bischofs Caecilianus, ab. Für die Donatisten gab es in der als Gemeinschaft der Heiligen begriffenen Kirche keinen Raum für Sünder, auch nicht für Abtrünnige, die vorübergehend von der Kirche abgefallen waren. Augustinus (um 354–430) setzte sich als Bischof von Hippo in seinen Schriften und Predigten mit den Donatisten auseinander. 415 wurden die Versammlungen der Donatisten unter Todesstrafe verboten. Im 5. Jahrhundert war der Donatismus nur mehr Geschichte.

Der Arianismus hingegen geht auf den Priester Arius zurück, der die Trinitätslehre (Gott Vater, Sohn und Heiliger Geist) ablehnte. Für die Arianer gab es nur einen Gott, der die Welt durch einen Mittler, den *Logos* (= »das Wort«) erschaffen hat. Jesus wurde nach dem Glauben der Arianer als Zwischenwesen zwischen Gott und der Welt angesehen, galt daher nicht als ewig und war nur mit begrenzter Macht und Weisheit ausgestattet. Die Arianer beriefen sich neben Tertullian auf Origenes (185–254) (Kommentar zu Johannes 2,3): *Nun ist es möglich, daß manche nicht schätzen, was wir sagten, indem wir den Va-*

Die Folter des Angeklagten gehörte zu den Methoden
mittelalterlicher »Wahrheitsfindung«

ter als den einen wahren Gott hinstellten und zugaben, daß andere Wesen neben dem wahren Gott Götter werden konnten, indem sie an Gott teilhatten.

Der radikale Arianer Eunomius (gest. um 395) behauptete sogar, er kenne Gottvater besser als dieser sich selbst. Zwischen dem ersten Konzil von Nicäa 325 und dem ersten Konzil von Konstantinopel 381 gab es Auseinandersetzungen innerhalb der arianischen Kirche über die wahre Natur Christi. Der Kaiser ließ nach dem Konzil von Konstantinopel alles Eigentum derjenigen Kirchen einziehen, die nicht an die Göttlichkeit von Vater, Sohn und Heiligem Geist glaubten. Dennoch ließ sich die Ausbreitung des Arianismus kaum verhindern. Viele germanische Stämme wurden von Arianern missioniert. In Spanien ging der Arianismus erst mit dem Zusammenbruch des Westgotenreiches im Zuge der islamischen Expansion unter. Doch auch die Konzilien von Nicäa und Konstantinopel konnten weitere Schismen nicht verhindern.

Das Konzil von Chalkedon 451 führte zu einer ganzen Reihe von Kirchenabspaltungen, die unter dem Begriff *Monophysitismus* zusammengefasst werden, zu der auch die koptische Kirche in Ägypten gehört. Nach der Überzeugung der Monophysiten (griech. *monos* = »einzig«; griech. *physis* = »Natur«) sei Christus vollkommen göttlich und vollkommen menschlich, habe aber nur eine Natur, nämlich eine gott-menschliche.

Hatten die Kirchenspaltungen der alten Kirche noch einen theologischen Hintergrund, so geht das bis heute andauernde große Schisma von 1054 zwischen der römisch-lateinischen und griechisch-orthodoxen Kirche primär auf einen machtpolitischen Konflikt zwischen dem Bischof von Rom, dem Papst, und dem Patriarchen von Konstantinopel zurück. In der Bulle *Unam sanctam* vom 18. November 1302 betonte Papst Bonifaz VIII. die Einheit und Einzigkeit der Kirche und erklärte die Anhänger des griechisch-orthodoxen Glaubens zu Schismatikern. Er deutete die Zweischwerterlehre, nach der sich, basierend auf Lk 22,38, Papst und Kaiser die Herrschaft über die Erde teilen sollten, im apostolischen Sinne um und verlangte die Unterordnung aller geistlichen und weltlichen Würdenträger unter den päpstlichen Primat.

Die lateinischen Theologen des Mittelalters griffen in ihren Auseinandersetzungen mit Schismatikern und Häretikern vor allem auf die Schriften der Kirchenväter, auf Ignatius von Antiochien (gest. vor 117), Justin den Märtyrer (gest. um 165), Tertullian (gest. um 230) und Augustinus (um 354–430) zurück. Nach Ignatius von Antiochien findet kein Ketzer Erlösung, da das Fernbleiben von der Eucharistie (Abendmahl) einen Anteil an den Auferstehungskräften, das heißt an der Verheißung Christi, verhindere. Justin der Märtyrer sah den Ursprung der Ketzerei in den Dämonen und dem Satan. Gläubige Christen sollten daher den Umgang mit Ketzern meiden. Tertullian lehnte Disputationen zwischen Gemeindemitgliedern und Ketzern ab, weil erstere wohl oft unterlagen und solche Diskussionen seiner Ansicht nach nicht mit der apostolischen Tradition übereinstimmten. Origenes (185–254) ging der Frage nach, wie die Kirche der Ketzerei verfallene Christen zurückgewinnen könnte und schlug ein Bußverfahren für Ketzer vor, an das sich eine Wiederaufnahme in die Gemeinde anschloß. Augustinus, selbst ehemaliger Anhänger des als Ketzerei eingestuften Manichäismus, forderte im Interesse des Seelenheils der Häretiker, diese zwar zu bestrafen, aber nicht hinzurichten. Halten wir fest: In den Schriften der frühchristlichen Kirchenväter ist noch keine Rede von Exkommunikation und Feuertod. In der Existenz von Häresien sah die alte Kirche nicht nur eine Gefahr für die Glaubenseinheit, sondern auch eine Herausforderung, getreu dem Grundsatz (1 Kor 11,19):

Denn es muß Parteiungen geben unter euch; nur so wird sichtbar, wer unter euch treu und zuverlässig ist.

Im Verlauf des Mittelalters verschärfte sich der Häresiebegriff jedoch. Nach Petrus Damianus (um 1006–1072) mache man sich bereits der Häresie schuldig, wenn man die Dekrete des Papstes ablehne. Eine Begründung aus der Bibel war schnell bei der Hand (Mt 16,18f.):

Ich aber sage dir: Du bist Petrus, und auf diesen Fels werde ich meine Kirche bauen [...]. Ich werde dir die Schlüssel des Himmelreichs geben; was du auf Erden binden wirst, das wird auch im Himmel gebunden sein, und was du auf Erden lösen wirst, das wird auch im Himmel gelöst sein.

Nach Thomas von Aquin (um 1225–1274) dienten die Irrlehren zur besseren Erkennung der Wahrheit, und er sah in dem Auftreten von Häresien die Erfüllung von Weissagungen der Bibel (1 Joh 2,18; 4,2f.; 2 Petr 2,1;3,18; 1 Tim 1,3–11; 4,1–11; 2 Tim 2,14–26; 4,1–5; Tit 1,10–16; 3,9–11). Für die mittelalterliche Amtskirche galten Häretiker per se als eine Minderheit und Ketzer von Natur aus als schlechte, da gottferne Menschen. Seit dem 11. Jahrhundert faßte die Kirche den Begriff der Häresie zunehmend weiter und brachte Magie, Zauberei, Hexerei, bestimmte Formen des Wahnsinns und der Unsittlichkeit mit Ketzerei in Verbindung. Waren die Häretiker der alten Kirche noch vorwiegend Theologen und Geistliche, so bestand die Mehrheit der mittelalterlichen Häretiker aus Laien. Mittelalterliche Ketzer kritisierten die verkrusteten Formen der reichen Amtskirche wie die Simonie (Ämterkauf) oder die Erhebung von Gebühren beim Spenden von Sakramenten. Sie erhielten starken Zulauf aus der seit dem 12. Jahrhundert um sich greifenden Armutsbewegung. Katharer, Waldenser und radikale Franziskaner wollten neue, am christlichen Armutsideal entwickelte Lebens- und Glaubensformen durchsetzen.

Jede Form der Abweichung vom Glauben war ein Sakrileg, die Häresie daher ein Majestätsverbrechen, wie aus der am 25. März 1199 von Innozenz III. erlassenen Dekretale *Vergentis in senium* an die Adresse der Kleriker, Konsuln und der Leute in Viterbo hervorgeht (Die Register Innocenz' III., Bd. 2,1:Vergentis, X 5.7.10):

In den Gebieten, die unserer weltlichen Rechtsprechung unterworfen sind, ordnen wir die Konfiskation der Güter der Begünstiger, Beherberger, Verteidiger und Anhänger [von Ketzern] *an* [...] *Auf diese Weise führt die weltliche Strafe sie zurück, die die kirchliche Disziplin nicht zur Vernunft bringt* [...] *um wieviel mehr müssen dann diejenigen ihrer weltlichen Güter beraubt werden, die durch den Abfall vom rechten Glauben Gottes Sohn Jesus Christus beleidigt haben und* [daher] *vom Haupt unserer Kirche, das Christus ist, durch kirchliche Strenge getrennt werden.*

Dies war die Strafe dafür, daß Viterbo 1198 dem Tuskenbund beigetreten war und sich 1199 dem Kampf gegen Rom anschloß. Ein Jahr später wurde die Stadt exkommuniziert und das Interdikt über sie verhängt. Die Dekratale *Vergentis in senium* sah den Verlust des Bürgerrechts und des aktiven und passiven Wahlrechts für Ketzer vor, verbot Häretikern die Übernahme öffentlicher Ämter und bestimmte den Einzug ihres Vermögens. Unter dem Vorwand der Ketzerverfolgung konnte die Kiche gegen autonome Bestrebungen von Kommunen einschreiten und schaltete zu diesem Zweck auch die weltliche Macht mit ein.

Papst Leo I. (440–461) leitete von der Schlüsselgewalt, die auf Petrus und damit ebenfalls auf alle seine Nachfolger übertragen worden war, die Aufgabe des Papstes als höchsten Richters über die gesamte Christenheit ab. Geistliche und weltliche Gewalt arbeiteten bei der Verfolgung der Häresien Arm in Arm. Auf der Synode von Verona 1184, die unter dem doppelten Vorsitz von Friedrich I.

Eine Gruppe von Ketzern wird 1277 gemeinsam
auf dem Scheiterhaufen verbrannt.

> SPIEZER SCHILLING, ANFANG DES 16. JAHRHUNDERTS <

Barbarossa (um 1122–1190) und Papst Lucius III. (um 1110–1185) stattfand, einigten sich das weltliche und das geistliche Oberhaupt der Christenheit auf ein verschärftes Vorgehen gegen ganze Ketzergruppen, die zum größten Teil aus der Armutsbewegung gespeist wurden. Die Katharer, Patarener, die Armen von Lyon, später auch Humiliaten genannt, Passaginer, Josephiner und Arnoldisten traf der Kirchenbann und ein Predigtverbot. Die Vollstreckung von Strafen, insbesondere Todesstrafen, war Sache der weltlichen Gewalt. Der Kaiser bedrohte die Häretiker zusätzlich mit der Reichsacht.

Die geistliche und weltliche Macht verfolgte Häretiker nicht mehr als Abweichler, sondern als Vertreter der Welt Satans, den es mit allen Mitteln zu vernichten galt: angefangen von der Überwachung und Bekehrung bis hin zur Unterdrückung und Vernichtung durch Kreuzzüge und Inquisition. Der heilige Dominikus (um 1170–1221) predigte gegen die Katharer im südfranzösischen Languedoc und erreichte 1216 die päpstliche Anerkennung der Ordensregel für die nach ihm benannten Dominikaner. Das dritte Laterankonzil von 1179 faßte unter Papst Alexander III. (um 1105–1181) den Beschluß zum Ketzerkreuzzug gegen die Katharer (beziehungsweise Albigenser) in Südfrankreich. Papst Innozenz III. (um 1160–1216) entfesselte dann die verheerenden Albigenserkriege (1209–1229), von denen im folgenden die Rede sein soll, und erklärte die Häresie zum »Hochverrat«. Sein Nachfolger Honorius III. (vor 1160–1227) vollendete in Südfrankreich das Zerstörungswerk seiner Amtsvorgänger. Verbrannt wurden nicht nur die Häretiker selbst, sondern auch ihre Schriften. Erhalten blieben daher nur die Akten aus Ketzerprozessen, die allerdings ein sehr einseitiges Bild aus dem Blickwinkel der Verfolger vermitteln.

Glaube und Untergang der Katharer

....

Die Katharer sagen, daß den Dingen zwei Prinzipien innewohnen: das Prinzip des Lichtes und das Prinzip der Finsternis, schreibt Alanus ab Insulis um 1200. Aber der französische Scholastiker und Zisterzienser weiß noch mehr. Die Katharer, behauptete er, würden den Teufel anbeten und bei ihren Versammlungen das Hinterteil einer Katze (lat. *catus*) küssen, daher komme ihr Name. Das war blanker Unfug. Denn in Wahrheit stammt das Wort Katharer aus dem Griechischen und heißt übersetzt »die Reinen« (*katharós* = »rein«).

Die Katharer sind erstmals 1143 in Köln belegt und verbreiteten sich zwischen 1167 und 1215 rasant in Südfrankreich (Albigenser) und in Oberitalien (Patarener). Bis 1172 hatten sie sich im südfranzösischen Languedoc als regelrechte Kirche etabliert und eigene Bistümer in Albi, Toulouse, Carcassone und Agen gegründet.

Der Glaube der Katharer läßt sich vor allem aus den Schriften der Inquisitoren des 13. und 14. Jahrhunderts rekonstruieren, da die meisten authentischen Selbstzeugnisse verbrannt wurden. In der »Systematischen Darstellung der Katharer und der Armen von Lyon« (*Summa de Catharis et Pauperibus de Lugduno*) des Dominikaners Rainierius Sacconi etwa lesen wir um 1250 Folgendes über die allgemeinen Lehrer der Katharer:

Die allgemeinen Lehren der Katharer sind folgende: Der Teufel hat diese Welt und alles, was darauf ist, erschaffen. Alle Sakramente der Kirche, nämlich das Sakrament der Wassertaufe und die übrigen Sakramente, sind für das Heil nutzlos. Sie sind keine wahren Sakramente Christi oder seiner Kirche, sondern betrügerisch und teuflisch. Es sind die Sakramente der Kirche der Bösen. [...] Ferner ist es die übereinstimmende Meinung aller Ketzer, daß die fleischliche Ehe immer eine Todsünde war und daß niemand wegen Ehebruchs oder Blutschande dereinst schwerer bestraft werden wird als wegen seiner gesetzlichen Ehe. Auch unter ihnen würde deshalb niemand schwerer bestraft werden. Ferner leugnen die Katharer die künftige Auferstehung des Fleisches. Ferner glauben sie, daß es sogar in drängender Not eine Todsünde sei, Fleisch, Eier oder Käse zu essen, und zwar deshalb, weil dies geschlechtlichem Verkehr entstammt. Ferner ist es in keinem Fall erlaubt zu schwören; ein Schwur ist also eine Todsünde. Ferner begehen die weltlichen Machthaber eine Todsünde, wenn sie Übeltäter oder Ketzer bestrafen. Ferner kann niemand außer in ihrer Sekte gerettet werden. Ferner werden alle kleinen Kinder, auch wenn sie getauft wurden, keine leichtere ewige Strafe erhalten als Räuber und Mörder. [...] Ferner leugnen alle das Fegefeuer.

Die Katharer glaubten als Dualisten an zwei Götter, den guten Gott der geistlichen Welt und den satanischen Gott als Schöpfer der materiellen Welt. Daher hielten sie sich von allen irdischen Gütern fern und lehnten die Ehe, den Geschlechtsverkehr, den Genuß von Fleisch, Geld, Besitz und Krieg ab. Die Katharer nannten sich selbst die »Armen Christi«. Sie erwählten aus den Reihen der gewöhnlichen Gläubigen (*credentes*) Vorsteher und Auserwählte (*perfecti*), die in einem festen Ritus (*consolamentum* = »Geisttaufe«) geweiht wurden. Die *perfecti* erteilten auch das *Krankenconsolamentum* auf dem Sterbebett, wovon allein Schwangere ausgenommen waren. Zum katharischen Glauben zählte das *Apparellamentum*, das heißt das allgemeine Sündenbekenntnis, und das Brotbrechen, das *Melioramentum*, die Ehrbezeugung gegenüber den »guten Christen«, und die *Endura*, das strenge Fasten.

In den Ketzerkreuzzügen wurden die Katharer zu Tausenden umgebracht. Insbesondere das von den Kreuzfahrern am 22. Juli 1209 an den Einwohnern der Katharerhochburg Béziers verübte Massaker wurde unter anderem vom deutschen Zisterziensermönch Caesarius von Heisterbach in seinem zwischen 1219 und 1223 verfaßten *Dialogus miraculorum* überliefert (Caesarii Heisterbacensis monachi Ordinis Cisterciensis Dialogus Miraculorum, Dist. V, 21, 22):

[…] *Sie kamen zu der großen Stadt Béziers, in der sich mehr als 100.000 Menschen befunden haben sollen, und belagerten sie. Bei ihrem Anblick pinkelten die Ketzer auf das heilige Evangelienbuch, warfen es dann von der Mauer auf die Christen hinunter, schossen mit Pfeilen hinterher und schrien: »Seht! Das ist euer Gesetz, ihr Narren!«*

Caesarius sieht in den Ketzern gotteslästernde und schlechte Menschen, die die gerechte Strafe ereilt.

Christus aber, der Schöpfer des Evangeliums, ließ das ihm angetane Unrecht nicht ungestraft. Denn einige Leibwächter, glühend vor Glaubenseifer, Löwen vergleichbar, legten Leitern an […] und stiegen furchtlos die Mauern empor. Sie öffneten den Nachfolgenden die Tore, da die Ketzer durch göttliches Eingreifen in Schrecken versetzt waren und zurückwichen, und nahmen die Stadt ein.

Bedenken zerstreut Caesarius mit den Worten:

Als sie an den Bekenntnissen der Bewohner merkten, daß Katholiken und Ketzer vermischt waren, sagten sie zum Abt [Arnaud, Abt von Citeaux, päpstlicher Nuntius und Leiter des Kreuzzuges]: *»Was sollen wir tun, Herr? Wir können zwischen Guten und Bösen nicht unterscheiden!« Da der Abt ebenso wie die übrigen befürchtete, daß sie sich nur aus Todesfurcht als Katholiken ausgeben und nach ihrem Abzug sich wieder ihrem Unglauben zuwenden würden, soll er gesagt haben: »Erschlagt sie* [alle!] *Denn Gott kennt die Seinen!« Und so wurden in dieser Stadt Unzählige getötet.*

An die 20.000 Einwohner sollen hingemetzelt worden sein. Wer die Massaker der Albigenserkreuzzüge überlebt hatte, fiel nach 1232 der päpstlich autorisierten Inquisition zum Opfer. 1321 starb der letzte südfranzösische Katharer auf dem Scheiterhaufen.

Der Kreuzzug gegen die griechischen Schismatiker

Unschuldig blickt die Quadriga auf der Markuskirche in Venedig noch heute auf die Besucher der Lagunenstadt herab und erinnert doch an eines der größten Kulturverbrechen im Zeitalter der Kreuzzüge: die Eroberung und Plünderung Konstantinopels 1204 auf Betreiben Venedigs. Wie war es dazu gekommen? Die reiche Metropole mit ihren über 500.000 Einwohnern am Bosporus war der größte Handelskonkurrent der aufstrebenden Lagunenstadt im östlichen Mittelmeerraum. Zahlreiche Händler aus den italienischen Seestädten Amalfi, Genua, Pisa und Venedig hielten sich dauerhaft in Byzanz auf. Ihre wirtschaftlichen Privilegien hatten 1171 zu Ausschreitungen geführt, in deren Zuge das Viertel der genuesischen Kaufleute zerstört worden war. Kaiser Manuel I. Komnenos machte die Venezianer für diese Tat verantwortlich, ließ diese gefangennehmen und ihren Besitz konfiszieren. Seitdem war das Verhältnis zwischen Byzanz und Venedig stark angespannt. Im Zuge der Friedensverhandlungen zwischen den verfeindeten Mächten war der venezianische Gesandte Enrico Dandolo wahrscheinlich von den Byzantinern geblendet worden. Doch die Zeit für Dandolos Rache war gekommen, als Papst Innozenz III. im August 1198 zu einem erneuten Kreuzzug aufrief. Der alte Doge ließ den Kreuzfahrern durch seine Gesandten folgendes Angebot unterbreiten, worüber Gottfried von Villehardouin, Marschall der Champagne und Augenzeuge des Geschehens in seiner »Chronik über die Eroberung Konstantinopels« (*Histoire de la conquête de Constantinople*) berichtet (XXI–XXII):

Wir werden Lastschiffe bauen, um vierhunderttausend Pferde und neuntausend Knappen zu transportieren, und, in den Transportschiffen, viertausendfünfhundert Ritter und zwanzigtausend Soldaten zu Fuß. Und für alle diese Pferde und Leute, so lautet die Abmachung, werden sie Vorräte für neun Monate mitführen. Nun, das ist das Mindeste, was wir für Euch tun werden, unter der Voraussetzung, daß man uns für vier Mark für jedes Pferd und zwei Mark für jeden Mann gibt. [...]

Und alle diese Bestimmungen, die wir euch genannt haben, werden wir ein Jahr lang halten, beginnend mit dem Tag, an dem wir den Hafen von Venedig verlassen, um den Dienst Gottes und der Christenheit zu verrichten, wo immer es auch sein möge. Die Gesamtsumme für dieses zuvor angeführte Vorhaben beläuft sich auf vierhundertneunzigtausend Mark.

Als die Kreuzfahrer, wie von Dandolo erwartet, die erforderliche Summe nicht aufbringen konnten, berieten die Venezianer nach Gottfried von Villehardouin darüber, was nun zu tun sei (Über die Eroberung Konstantinopels, LXIII):

Der König von Ungarn hat uns die Stadt Zara [Zadar] in Slowenien entrissen, die eine der fettesten Städte der Welt ist, und niemals werden wir sie mit all unserer Macht zurückgewinnen, außer mit Hilfe dieser Leute. Und wir wollen ihnen [den Kreuzfahrern] vorschlagen, uns dabei zu helfen, sie zu erobern; und wir werden ihnen einen Aufschub für die 400.000 Mark Silber gewähren, die sie uns noch schulden, bis Gott sie uns erobern läßt, wir und ihr zusammen.

Zur Hilfe kam den in Verona lagernden Kreuzfahrern ein byzantinischer Thronstreit, worüber Gottfried berichtet (Über die Eroberung Konstantinopels, LXX–LXXII):

Nun sollt ihr eine der erstaunlichsten und größten Sachen und eines der größten Ereignisse hören, die ihr jemals gehört habt. Zu dieser Zeit gab es in Konstantinopel einen Kaiser, der Isaak mit Namen hieß. Und er hatte einen Bruder, der mit Namen Alexios hieß und den er aus der Gefangenschaft der Türkei errettet hatte. Dieser Alexios ergriff seinen Bruder, den Kaiser, und riß ihm die Augen aus dem Kopf und machte sich durch Verrat zum Kaiser [Alexios II.] , wie ihr gehört habt. Er hielt ihn so lange im Gefängnis und auch seinen Sohn, der mit Namen Alexios hieß. Dieser Sohn entkam aus dem Gefängnis und floh in einem Schiff zu einer Stadt am Meer, die Ancona heißt. Dann begab er sich zu dem König Philipp von Deutschland, der seine Schwester zur Gemahlin hatte. Und er kam nach Verona in der Lombardei und verweilte in der Stadt und traf auf viele Kreuzfahrer, die sich zum Heer begaben.

Und diejenigen, die ihm geholfen hatten, zu entkommen und bei ihm waren, sagten zu ihm: »Herr, da ist nahe bei uns in Venedig ein Heer der besten Leute und Ritter der Welt, die nach jenseits des Meeres gehen. Bittet sie doch, Erbarmen mit Euch und Eurem Vater zu haben, der in so ungerechter Weise beraubt worden ist. Und wenn sie Euch helfen wollen, werdet ihr alles tun, was sie Euch mit Worten sagen. Viel-

leicht wird sie das Mitleid ergreifen.« Und er sagte, daß er das gerne tun werde und
daß dieser Ratschlag sehr gut sei.

Dann nahm er Boten und schickte sie zu dem Markgrafen Bonifaz von Montferrat, wel-
cher der Anführer des Heeres war, und zu den anderen Baronen. Als die Barone sie sa-
hen, waren sie sehr erstaunt und antworteten den Boten. »Wir hören wohl, was Ihr uns
sagt. Wir werden Boten zusammen mit ihm zu König Philipp schicken, dahin wo er hin-
geht. Wenn er uns helfen will, das Land jenseits des Meeres zurückzuerlangen, werden
wir ihm helfen, das seinige wiederzuerobern, denn wir wissen, daß es ihm und seinen Va-
ter zu Unrecht entrissen worden ist.« So wurden Boten nach Deutschland zu dem jun-
gen Prinzen von Konstantinopel und zu dem König Philipp von Deutschland geschickt.

Zunächst wurde auf Betreiben Venedigs die christliche Stadt Zara in Dalma-
tien erobert, wo die Kreuzfahrer eine Gesandtschaft des deutschen Königs
Philipp von Schwaben erreichte, zu der auch der byzantinische Kaisersohn
Alexios Angelos gehörte, und den Kreuzfahrern das verlockende Angebot
überbrachte, statt Jerusalem doch lieber Konstantinopel für Alexios einzu-
nehmen. Die wichtigsten Anführer, darunter Bonifatius von Montferrat, Ludwig von Blois, Balduin von Flandern und Hennegau sowie Hugo von St. Pol,
stimmten für die Eroberung der Metropole am Bosporus. Die meisten Kreuzfahrer schloßen sich ihnen an. Die Venezianer waren ohnehin dafür. Allein der
Papst war dagegen. Innozenz III. verbot den Kreuzfahreren ausdrücklich den
Krieg gegen Christen, selbst wenn diese Schismatiker waren, und exkommu-
nizierte die Venezianer. Doch der von den Führern des Kreuzzuges abgefan-
gene Brief erreichte die Kreuzfahrer nicht, die im April 1202 nach Konstantinopel aufbrachen und die Stadt nach langer Belagerung und Kämpfen ein Jahr
später brandschatzten. Gottfried von Villehardouin schreibt (Über die Eroberung Konstantinopels, CCLIV):

Das Geld und die Beute wurden zusammengetragen. Und ihr müßt wissen, daß nicht
alles herbeigetragen wurde, denn es gab viele von denen, die etwas zurückbehielten,
trotz der Exkommunikation durch den Papst. Das, was in die Kirchen hineingetra-
gen wurde, wurde zusammengebracht und jeweils zur Hälfte unter den Franzosen
und den Venezianern aufgeteilt, so wie es in ihrer Abmachung beschworen worden
war. Ihr sollt wissen, daß sie [die Kreuzfahrer], nachdem geteilt worden war, ihrer-
seits den Venezianern fünfzigtausend Mark Silber zahlten; und sie verteilten an die
einhunderttausend unter sich an ihre Leute. [...]

Die Habgier der Kreuzfahrer und der Venezianer war grenzenlos. Eigene religiöse Ideale spielten keine Rolle mehr, eine Achtung vor den prachtvollen Reliquien und anderen fremden religiösen Symbolen der Ostkirche gab es nicht. Das meiste wurde kurz und klein geschlagen. Die besten Andenken wanderten nach Venedig. Die Wunden dieses Kulturverbrechens sind bis heute nicht vernarbt und vertieften über die Jahrhunderte hinweg die Spaltung in die römische West- und orthodoxe Ostkirche. Für die meisten Kreuzfahrer waren die Griechen ohnehin fremde Christen, Schismatiker, die wie Ketzer zu behandeln waren, ging von ihnen doch vermeintlich eine weitaus größere existentielle Bedrohung für den eigenen Glauben und die göttliche Ständegesellschaftsordnung aus als von anderen Fremden.

7

Hexen und Zauberer
Imaginäre Fremdheit

Die Hexe als imaginäres Geschöpf

Im Unterschied zu Ketzern und Juden waren Hexen imaginäre Geschöpfe, die jederzeit »erschaffen« werden konnten, wenn Sündenbocke gesucht wurden. Alles, was dazu nötig war, waren Phantasie und eine wie auch immer geartete Krise als Auslöser. Prediger und Chronisten deuteten die *großen und schrecklichen Zeichen am Himmel* als Strafe Gottes für die Sünden der Menschen. Die Menschen fragten nach den Ursachen dieser Katastrophen, die sie in abergläubischer Weise auf Schadenszauber zurückführten. Denn Hexen konnten – und davon waren bis in die Frühe Neuzeit hinein die meisten Menschen felsenfest überzeugt – Tieren wie Menschen realen Schaden zufügen. Diese Befürchtung schlug sich auch in der Narratio der Bulle *Summis desiderantes affectibus* (»In unserem sehnlichsten Wunsche«) von Papst Innozenz VIII. aus dem Jahr 1484 nieder, die mit dem berühmt berüchtigten »Hexenhammer« (*Malleus maleficarum*) von 1487 der in Deutschland tätigen Inquisitoren Heinrich Institoris und Jakob Sprenger verbreitet wurde:

[…] *daß sehr viele Personen beiderlei Geschlechts, ihr eigenes Seelenheil vergessend und vom rechten Glauben abweichend, mit männlichen und weiblichen Dämonen Mißbrauch zu treiben und durch ihre Zaubereien, Gesänge und Verschwörungen und andere gräuliche oder abergläubische Handlungen und Weissagungen, Übertretungen, Verbrechen und Delikte zu bewirken und zu verursachen, daß die Geburten der Frauen, das Werfen der Tiere, die Früchte der Erde, die Trauben der Weinstöcke und die Früchte der Bäume sowie Menschen, Frauen, Zug- und Lasttiere, Vieh und andere Tiere verschiedener Arten, auch Weinstöcke, Obstbäume, Wiesen, Weiden, Getreide, Korn und andere Nutzpflanzen der Erde zugrunde gehen, erstickt und ausgelöscht werden und daß sie dieselben Männer, Frauen, Zug- und Lasttiere, Vieh und*

Tiere durch gräßliche sowohl innere als auch äußere Schmerzen und Plagen zu belä-
stigen und zu quälen und daß sie verhindern, daß dieselben Männer nicht zeugen und
die Frauen nicht empfangen und die Männer den Frauen und die Frauen den Män-
nern nicht die ehelichen Pflichten leisten können [...]

Als Opfer eigneten sich vor allem Menschen, die sozial am Rande der Gesellschaft standen, zur Randständigkeit tendierten, keine Familie besaßen oder nur
eingeschränkt durch das Recht geschützt beziehungsweise zwar rechtsfähig,
aber nicht geschäftsfähig waren, also nicht allein vor Gericht auftreten konnten.
Gefährdet waren daher bevorzugt alleinstehende Frauen sowie körperlich be-
hinderte oder durch irgendeine Auffälligkeit gekennzeichnete Menschen. Es
waren also pragmatische Gründe, die zur überproportionalen Verfolgung und
Hinrichtung von Frauen als Hexen führten. Zudem galten sie als Nachfahren
von Eva als besonders sündige und leicht verführbare Wesen. Doch Männer
wurden ebenfalls verfolgt und verbrannt, wenn auch insgesamt nicht in demselben Ausmaß. Je nach Landschaft gab es deutliche Unterschiede: In der südwestdeutschen Grafschaft Hohenberg waren nur 7,5 Prozent der Opfer Männer, während in Kärnten rund 60 Prozent Männer angeklagt wurden.

Ausmaß, Höhepunkt und Ende der Hexenverfolgungen

Der Jesuit Friedrich Spee (1591–1635) stellte 1631 in seiner anonym gegen die
Hexenprozesse gerichteten Schrift *Cautio Criminalis seu de processibus contra
Sagas Liber* (»Rechtliche Bedenken wegen der Hexenprozesse«) die Frage, *ob
es in Deutschland mehr Hexen oder Zauberer gebet als anderswo*, die er wie folgt
beantwortete (Cautio Criminalis, Dubium II = Frage 2):
*Ich antworte: Die Frage betrifft etwas, wovon ich keine Kenntnis habe. Ich will
dennoch, um nicht zu langweilen, mit einem Wort sagen, wie der Sachverhalt liegt.
Nun, dem Anschein und bloßen Glauben nach wenigstens findet man in Deutschland mehr als andernorts. Hierfür gibt es einen Grund. Es steht nämlich fest, daß
besonders überall in Deutschland alles von Scheiterhaufen qualmt, die diese Pest
vertilgen sollen. Dies ist jedenfalls ein deutlicher Beweis dafür, wie weit sich dies
alles verbreitet haben soll. So freilich, daß der deutsche Name davon in nicht ge-
ringem Maß Schaden erlitten hat bei unseren Feinden, und, wie die Schrift sagt,*

wir »unseren Atem stinkend gemacht haben vor Pharao und seinen Knechten«
(Exod.5,21).

Außerdem nähren wir diese Vorstellung über eine Vielzahl von Hexen bei uns aus
zwei Quellen, die es wert sind, genannt zu werden:

Erstens ist es die Unerfahrenheit oder der Aberglaube des Volkes, was ich so zeige:
Alle Naturwissenschaftler lehren, daß sogar das völlig natürliche Ursachen hat, welches
wiederholt von den Naturgesetzen um einiges abweicht und normalerweise als »außergewöhnlich« bezeichnet wird, wie irgendein sehr ausgiebiger Regen, ein ziemlich heftiger
Hagel, strengerer Frost, lauterer Donner u.ä. Auch lehren die Mediziner, daß sich über-
dies das Vieh nicht anders als die Menschen mit seinen Krankheiten infiziert. [...]
Das sagen jene. Zeigt sich dennoch irgendetwas solcher Art in Deutschland, besonders bei
Menschen vom Lande, [...] schon denken wir, von irgendeiner Leichtfertigkeit oder Aberglauben veranlaßt, sofort an Zauberei und schreiben die Ursache den Hexen zu. [...]
Daher ist es nicht verwunderlich, wenn innerhalb weniger Jahre das anwachsende
Gerücht uns ziemlich reich mit Hexen ausstattet; denn vor allem rühren sich hier
weder Prediger und Geistliche (sondern sie sind eher selbst genauso schuldig) noch hat
sich in Deutschland irgendeine Obrigkeit gefunden, die gegen das verderbliche Ge-
rede ihren Eifer gerichtet hätte. [...]

Zweitens sind es Neid und Mißgunst desselben Volkes, was ich folgendermaßen
beweise:

Jede andere Nation wird zugestehen, daß es immer Leute gibt, die Gott reichlicher
mit irdischen Gütern segnet [...]. Geschieht jedoch dies gleichfalls in Deutschland bei
einfachem Volk, so sind da sofort einige Nachbarn, denen das Glück zu langsam auf
die Sprünge hilft, und die stecken die Köpfe zusammen, bringen Gerüchte in Gang
und setzen Verdächtigungen hinsichtlich Zauberei in die Welt.

Diese spielen sich schließlich dann noch heftiger auf, wenn sie einen von denen, die sie
beneiden, beobachten, wie er in der Kirche etwas frömmer erscheint, den Rosenkranz
an anderem Orte als in der Kirche betet, auf dem Feld oder in der Kammer vielleicht
zu Beten niederkniet und ähnliches, wobei mir eine große Zahl an Beispielen zu Ge-
bote steht, derentwegen ich mich für uns Deutsche schäme. Unwürdig ist dies gewiß
und bei anderen Nationen völlig unbekannt. [...]

Die Forschung hat ein ganzes Bündel von Ursachen für die blutigen Exzesse
geschnürt. Mal war es ein Feldzug gegen die Frau als Ganzes, mal stellte man
die besondere Rolle der Hebammen heraus, ferner führten Historiker die He-

xenverfolgung auf gesellschaftliche Krisen oder die Entwicklung der Justiz zurück, konstruierten einen Zusammenhang zwischen der Ketzer- und der Hexenverfolgung oder machten die kleine Eiszeit in der Frühen Neuzeit für das Morden verantwortlich. Detailstudien zeigen: eine monokausale Erklärung gibt es nicht. Oft genug entfalteten erst verschiedene Faktoren ihre dramatische Wirkung im Zusammenspiel.

Während in Frankreich und in Polen Hexenverfolgungen in erster Linie auf dem Land stattfanden, wurden in Deutschland die Städte zu Verfolgungszentren. Dort gerieten vor allem unterprivilegierte Witwen, Hebammen, Bettlerinnen und Vaganten in das Blickfeld der Inquisitoren. In den Kleinstädten dagegen kamen die Angeklagten eher aus den Schichten der wohlsituierten Bürgerschaft. Überwiegend jedoch entstammten die Opfer den Unter- und Mittelschichten und entsprachen in ihrer sozialen Herkunft dem Durchschnitt der Bevölkerung. Witwen wurden bevorzugt in den großen Städten angeklagt, wo es relativ viele verwitwete Frauen gab.

Über die Gesamtzahl der Opfer herrscht Unklarheit. Ludwig von Paramo, der Inquisitor von Sizilien, berichtete 1598 in seinem Buch »Über die Entstehung und Entwicklung der heiligen Inquisition« (*De origine et progressu Officii Sanctae Inquisitionis*) von mindestens 30.000 Hexen, die von 1400 bis 1550 verbrannt worden sein sollen. 1783 verfaßte der Quedlinburger Stadtsyndikus Gottfried Christian Voigt einen Aufsatz über die Hexenprozesse in Deutschland, in dem er auf Basis von dreißig Todesurteilen wegen Hexerei in Quedlinburg in den Jahren 1569 bis 1598 eine phantastische Hochrechnung über die Opferzahl aufstellte: 9.442.994 Menschen sollen es gewesen sein, mehr ein Rechenexempel denn historische Wahrheit. Seriöse Historiker nehmen heute eine Opferzahl im Zeitraum von 1400 bis 1800 von vermutlich 40.000 bis 70.000 in Europa an, wovon 20.000 bis 40.000 allein auf Deutschland entfallen, darunter 80 Prozent Frauen. Der zeitliche Höhepunkt der Hexenverfolgung lag zwischen 1560 und 1630. Während die Hexenhinrichtungen in den protestantischen Gebieten nach 1690 nahezu überall aufhörten, dauerten sie in den rückständigeren katholischen Gebieten Deutschlands noch lange an. So fanden letzte Hexenhinrichtungen noch 1775 in der Fürstabtei Kempten, 1782 in Würzburg und im Schweizer Kanton Glarus (Anna Göldi) statt. Entscheidenden Anteil am Ende der Hexenverfolgung hatten der Schulrektor Anton Praetorius (1560–1613), der

Verschiedene Taten der Hexen: Eine Hexe geht eine Beziehung mit dem Teufel ein *(links oben)*; Dämonen reiten auf Besen zur Walpurgisnacht auf den Blocksberg *(rechts oben)*; eine Hexe reitet auf einem Wolf *(links unten)*; eine Hexe verhext einen Schuh *(rechts unten)*.

> HOLZSCHNITT, ENDE DES 15. JAHRHUNDERTS <

Jesuit Friedrich Spee (1591–1635) und der deutsche Jurist Christian Thomasius (1655–1728), die diesen Wahnsinn immer wieder in Wort und Schrift anklagten.

Rechtliche Stationen der Hexenverfolgung

In merowingischer und karolingischer Zeit erließen die Herrscher Edikte, in denen die Hexerei und der Glaube daran verboten wurden. Auch die Kirche nahm bis zum 13. Jahrhundert eine eher skeptische Haltung zum Zauber- und Hexenwesen ein, das sie als Rückfall in den heidnischen Aberglauben verstand und vorwiegend durch Predigten zu bekämpfen suchte. Den Glauben an alte, überlieferte zauberische Praktiken selbst aber hatte die Kirche nicht zu zerstören vermocht. So fiel die Hexenphobie beim einfachen Volk auf fruchtbaren Boden.

Auch die gelehrten Vertreter der Scholastik des 13. Jahrhunderts, Albertus Magnus (um 1193–1280) oder Thomas von Aquin (um 1225–1274), gingen davon aus, daß Menschen reale Pakte mit Dämonen schließen konnten. Der Generalinquisitor von Aragón, der Dominikaner Nikolaus Eymericus, behauptete in der ersten systematischen Abhandlung für Ketzerrichter 1376, daß alle Zauberer zugleich Häretiker seien. Im Zuge der gegen die Ketzer gerichteten Inquisition nahmen die Zaubereivorwürfe zu. In Carcassonne und in Toulouse, zwei Hochburgen der südfranzösischen Ketzerkirche der Katharer, klagte man im frühen 14. Jahrhundert 400 beziehungsweise 600 Personen der Zauberei an. Papst Johannes XXII. erließ 1326 die Bulle *Super illius specula*, in der die reale Möglichkeit von Teufelspakten und wirksamen Schadenszaubern ausgesprochen wurde. Auch Papst Eugen IV. forderte in seinen Enzykliken zwischen 1434 und 1445 die Inquisitoren zu strengster Verfolgung der Zauberei auf. Die Bulle Papst Innozenz' VIII. *Summis desiderantes affectibus* vom 5. Dezember 1484 hob unter den Zaubereivorwürfen besonders die Teufelsbuhlschaft, Teufelsbeschwörungen sowie Impotenz- und Wetterzauberei hervor und ermächtigte die Inquisitoren Heinrich Institoris und Jakob Sprenger zur Durchführung der Hexenverfolgung im Reich. Beide brachten 1487 den berüchtigten »Hexenhammer« (*Malleus Maleficarum*) heraus.

Die von Sprenger und Institoris gewählte Bezeichnung *maleficae* für Hexen geht auf das Wort *maleficium*, also auf den durch Zauberei angerichteten Schaden zurück – ein Tatbestand, den der weltliche Richter am Beginn der Eröffnung eines Verfahrens feststellte. Der »Hexenhammer« erörtert die Natur von Hexe und Teufel, beschreibt die schädlichen Auswirkungen der Hexen sowie die Möglichkeiten kirchlicher Gegenmittel und gibt praktische Anleitungen für die Führung von Hexenprozessen. In ihrem Machwerk nahmen Institoris und Sprenger eine neue Anordnung der Straftatbestände vor und konzentrierten diese auf Frauen. Denn Frauen, so der »Hexenhammer«, würden schneller am Glauben zweifeln, eher den Verführungskünsten des Teufels unterliegen, ein angeborenes unersättliches Interesse an sexuellen Ausschweifungen und fleischlicher Begierde besitzen sowie abergläubischer und leichtgläubiger sein.

Die Hexenverfolgung erschien auch als ein Teil des Kampfes der Kirche gegen die als fremd empfundene Sexualität in allen nicht genehmigten Formen. Sexuelles Begehren und die damit verbundenen Gefahren lastete man gerne den Frauen an. Im »Hexenhammer« lesen wir (Malleus maleficarum 1487, Erster Teil): *Alles geschieht aus fleischlicher Begierde, die bei ihnen unersättlich ist [...] Darum haben sie auch mit den Dämonen zu schaffen, um ihre Begierden zu stillen [...] Es ist kein Wunder, wenn von der Ketzerei der Hexer mehr Weiber als Männer besudelt werden. Daher ist auch folgerichtig die Ketzerei nicht zu nennen die der Hexer, sondern der Hexen.*

Der Schlußteil über die Betrachtungen über die Frau endet bei Sprenger und Institoris wie folgt:

Apokalypse 6: Ihr Name ist der Tod. Denn mag auch der Teufel Eva zur Sünde verführt haben, so hat doch Eva Adam verleitet. Und wie die Sünde der Eva uns weder leiblichen noch seelischen Tod gebracht hätte, wenn nicht in Adam die Schuld gefolgt wäre, wozu Eva und nicht der Teufel ihn verleitete, deshalb ist sie bitterer als der Tod. Nochmals bitterer als der Tod, weil der Tod des Körpers ein offener, schrecklicher Feind ist; das Weib aber ein heimlicher, schmeichelnder Feind [...]. Schließen wir: Alles geschieht aus fleischlicher Begierde, die bei Frauen unersättlich ist. Sprüche am Vorletzten: »Dreierlei ist unersättlich und das vierte, das niemals spricht: es ist genug, nämlich die Öffnung der Gebärmutter.« Darum haben sie auch mit den Dämonen zu schaffen, um ihre Begierden zu stillen. – Hier könnte noch mehr ausgeführt werden; aber den Verständigen ist hinreichende Klarheit geworden, daß es kein Wunder, wenn von der Ketzerei der Hexer mehr Weiber als Männer besudelt gefunden werden. Gepriesen sei der Höchste, der das männliche Geschlecht vor solcher Schändlichkeit bis heute so wohl bewahrte: da er in demselben für uns geboren werden konnte und leiden wollte, hat er es deshalb auch so bevorzugt.«

Neu ist im »Hexenhammer« die Tendenz, die Hexerei weniger als ketzerisches Vergehen zu betrachten, sondern sie vielmehr unter die von den weltlichen Gerichten zu verfolgenden Delikte einzureihen. Unter fadenscheinigen Vorwürfen ließ sich auf diese Weise so manches Eheproblem lösen: Viele Frauen starben auf dem Scheiterhaufen.

Auch die weltliche Gesetzgebung ging in den Volksrechten von der realen Wirksamkeit zauberischer Praktiken aus. König Heinrich VII. erklärte 1224 im »Reichslandfrieden« die Zauberei zur ermessensfreien Strafe des Richters. Der um 1235 entstandene »Sachsenspiegel«, das Rechtsbuch des Gelehrten Eike von Repgow, verfolgte Zauberei als Ketzerei und Teufelswerk und sah für Ketzer, Zauberer und Giftmischer die Todesstrafe vor. Zahlreiche Land- und Stadtrechte enthielten Artikel gegen Zauberer und Hexen: so die Augsburger Statuten 1276, die Goslaer Statuten 1350, das Berliner Schöffenrecht des 14. Jahrhunderts, das Kulmische Recht 1390 oder das Groninger Stadtbuch 1425. Die Peinliche Gerichtsordnung (*Constitutio Criminalis Carolina*) Kaiser Karls V. von 1532 verfügte im 109. Artikel unter der Überschrift *Straff der zauberey*:
So jemandt den leuten durch zauberey schaden oder nachtheyl zufügt, soll man straffen vom leben zum todt, vnnd man soll solche straff mit dem fewer thun.

Ein bloßes Gerücht reichte nunmehr aus, um »von Staats wegen« ein Verfahren anzustrengen, wozu es im Mittelalter noch einer Privatklage bedurft hatte. In der Frühen Neuzeit lief das Verfahren der Hexenprozesse nach folgendem Muster ab: Anklage, Inhaftierung, Verhör, Hexenproben, Geständnis, Befragung nach Mittätern, Verurteilung und Hinrichtung. Die Anklage wurde auf ein Gerücht oder auf eine Denunziation hin von Amts wegen erhoben, die Angeklagten dann in Türme oder Keller eingesperrt. Beim Verhör zeigten und erklärten die Folterknechte den Delinquenten zunächst die Folterinstrumente, woran sich die peinliche Befragung, also die Folter, anschloß.

Hin und wieder bestanden die Gerichte auf Hexenproben, wie der Wasser-, Feuer-, Nadel-, Tränen- oder Wiegeprobe. Bei der Wasserprobe mit kaltem Wasser (*judicium aquae frigidae*) wurde der oder die Angeklagte gefesselt und an einem Strick in einen Teich oder Fluß gelassen. Schwamm der Delinquent nicht, ging man von seiner Unschuld aus, und er wurde wieder aus dem Wasser gezogen. Hin

8 / Muslime und Kreuzritter prallen aufeinander: Muslimische Reiter
erschienen auch durch ihre leichtere Panzerung und die andersartige
Bewaffnung als fremd. >MINIATUR, 14. JAHRHUNDERT<

9 / Berner Predigerbrüder werden 1509 wegen Fälschung eines Wunders als Ketzer verurteilt. >LUZERNER SCHILLING, ANFANG DES 16. JAHRHUNDERTS<

10 | *Du salt nicht unkeuschen* – die Kirche ahndete den Ehebruch mit strengen Bußen. > DARSTELLUNG DES SECHSTEN GEBOTES, TAFELTEILSTÜCK, 1490 <

11 / Darstellung einer Bademagd: Die Badehäuser des Mittelalters boten Raum für erotische Freiheiten. >MINIATUR, ENDE DES 15. JAHRHUNDERTS<

und wieder wurde auch das Ertrinken als Zeichen der Schuld gedeutet. Bei der Feuerprobe mußte der Angeklagte barfuß über glühende Pflugscharen gehen, ein glühendes Eisen tragen oder eine Hand in ein Feuer stecken. Blieb der Delinquent unverletzt, galt er als unschuldig. Bei der seit der Frühen Neuzeit nachweisbaren Nadelprobe suchten die Folterknechte nach Hexenmalen und stachen mit einer Nadel hinein. Floß kein Blut, hatte man es mit einer Hexe zu tun, die einen Teufelspakt eingegangen war. Ausgehend von der Überlegung, daß eine Hexe nicht weinen könne, wurden verstockte Angeklagte zum Weinen aufgefordert. Ein Mangel an Tränen galt dementsprechend als Schuldbeweis. Der Wiegenprobe lag die Annahme zugrunde, daß eine Hexe nicht mehr als fünf Kilogramm wiege. Zeigte die Waage mehr an – und das war natürlich in allen Fällen so! – beschuldigte man die Frau, die Waage durch teuflische Macht verhext zu haben.

Wozu Hexenproben und »peinliche Befragung«? Das Geständnis war für die Verurteilung unverzichtbar. In der Regel fand auch eine Befragung nach Mitschuldigen, die sogenannte Besagung, statt. Zumeist lautete das Urteil auf Verbrennung.

Klimakatastrophe und Wetterzauber

Das zeitliche Zusammentreffen der kleinen Zwischeneiszeit in der Zeit zwischen 1600 und 1850 mit dem Zunehmen der Hexenprozesse zwischen 1560 und 1630 kann kein bloßer Zufall sein. Denn Ernteverluste als Folge von Wetterschäden stellten eine vitale Bedrohung für die Menschen in der vorindustriellen Zeit dar. Das Wetter aber ist jeder menschlicher Kontrolle entzogen. Ließen sich hingegen Verantwortliche für anhaltende Regenschauer, harte Fröste und Stürme finden und unschädlich machen, konnten sich die Menschen sicherer fühlen.

Die Folgen der frühneuzeitlichen Klimaverschlechterung waren in der Tat dramatisch. Die Temperatur fiel um zwei Grad Celsius. Die Winter dauerten bis zu drei Monate länger als heute. In Holland froren die Kanäle zu, Island war von Packeis umgeben. Pieter Brueghel d. Ä. (1525–1569) hat in seinem Gemälde »Die Winterlandschaft« den harten Winter eindrücklich in Szene gesetzt. Das Gemälde »Eisvergnügen« aus dem Jahre 1608 von Hendrik Avercamp zeigt Menschen auf einem zugefrorenen Kanal. Die Sommer waren so naßkalt, daß der Weizen an den Halmen verfaulte. Frostschäden und Hunger waren die unausweichliche Folge. Welche Auswirkungen eine Hungersnot haben konnte, zeigt eine französische Quelle aus dem 11. Jahrhundert (Hefele: Conciliengeschichte, Bd. 4, S. 697 ff.):

In Folge des dreijährigen Regens war in Frankreich um 1031 eine Hungersnot entstanden, wie die Geschichte kaum eine zweite kennt. Viele Tausende starben im Elend, Leichname waren Leckerbissen, und Menschen wurden von Menschen ermordet, um verspeist zu werden. [...] Leider ist die Zahl derjenigen, die andere berauben, sehr groß, tausende sterben täglich vor Hunger. Einige wollen wohl für ihre Räubereien Buße tun, aber das Geraubte nicht zurückgeben. Dies ist die schlimmste Sorte von Menschen.

Aufgrund des feuchten Klimas in der kleinen Zwischeneiszeit der Frühen Neuzeit breitete sich das Mutterkorn, ein giftiger Getreidepilz, rasant aus. Eine Mutterkornvergiftung *(Ergotismus)* kann akut wie chronisch verlaufen. Bei der akuten Form *Ergotismus gangraenosus* empfindet der Erkrankte zunächst eine Mattheit, Rückenschmerzen und geistige Benommenheit, dann durchzucken Eis- und Feuerströme Hände und Füße, während sich die Haut gelblich färbt. Die Füße nehmen bis zu den Knien eine kohlrabenschwarze Farbe an und faulen an den Gelenken ab. Die chronische Form der Mutterkornvergiftung *Ergotismus convulsivus* gleicht der Epilepsie: die Gliedmaßen krampfen sich zusammen, die Muskeln arbeiten unkoordiniert, die Hände ballen sich zu Fäusten, die Zunge ragt aus dem Mund, das gesamte Gesicht ist verzerrt und heiße wie kalte Schauder sowie Leibkrämpfe mit starkem Würgereiz überfallen den Körper. Da man sich die ganz unterschiedlichen und unheimlich wirkenden Symptome nicht erklären konnte, machte man in vielen Fällen Hexerei dafür verantwortlich.

Die erhalten gebliebenen Gerichtsakten haben die Anklagepunkte der Hexenprozesse überliefert. In aller Regel wurden die Delinquenten gleich mehrerer Delikte angeklagt. Zwischen 1463 und 1675 standen im Kanton Luzern 22 Frauen als angebliche Hexen vor Gericht. Zwölfmal lautete die Anklage auf Schadenszauber, elfmal auf Teufelsbeziehung, neunmal auf Wetterzauber, je sechsmal auf Hexensabbat und Hexenflug, je dreimal auf Liebeszauber und Tierverwandlung und zweimal auf Hostienschändung. Schaden- und Wetterzauber standen also neben dem klassischen Straftatbestand des Eingehens einer Beziehung mit dem Teufel an der Spitze und werden als Anklagepunkte oft zusammen genannt. Zwölf Frauen wurden hingerichtet, drei verbannt, drei freigelassen, eine eingemauert und in den übrigen Fällen ist das Urteil unbekannt. Eine des Schadens- oder Wetterzaubers überführte Delinquentin wurde in jedem der genannten Fälle mit dem Tode bestraft. In Horb, einer Stadt in Südwestdeutschland, lauteten die meisten Anklagepunkte in den Hexenprozessen der Frühen Neuzeit auf Herbeirufen von Hagel und Gewitter, Sturm und Kälte. In den Horber Hexenprozessen von 1559/60 hatten zum Beispiel die beiden ersten Delinquenten, Gera Leybingen und Ursula Mentzin, unter der Folter Catharina, die Frau von Hans Hohenschilt dem Alten, bezichtigt, mit ihnen zusammen am 13. Juli 1559 ein Unwetter hervorgerufen zu haben. Flugblätter berichteten von Naturkatastrophen und heizten die Stimmung zusätzlich an:

Wahrhaftige und eine erschröckliche neue Zeitung des großen Wasserguß, so den 15. Mai des laufenden 78. Jahrs in Horb geschehen, dem löblichen Haus Österreich gehörig, wie man hernach allda etlich Unholden (= Hexen) verbrannt hat, wie sie schröcklich Ding bekannt haben.

Als es 1587 in der Schwarzwaldgemeinde Eutingen noch Ende Mai Rauhreif gab, wurden am 9. Juni 1587 in Horb mehrere Frauen als Hexen hingerichtet. Oft gingen die Hexenverfolgungen von unten aus, da es in der Landbevölkerung ein starkes Bedürfnis gab, sich vor Unwetter zu schützen. Kurzfristige, aber intensive Verfolgungen lassen sich etwa in den südwestdeutschen Dörfern Hirschau (1601), Altoberndorf (1615) oder Schörzingen (1671) nachweisen. In allen Fällen waren es die Dorfbewohner selbst, die Hexen bei der Obrigkeit anzeigten. Halten wir fest: Der im Volk tief verwurzelte Aberglaube und die Angst vor den fremden und dunklen Mächten machte es den geistlichen und weltlichen Obrigkeiten verhältnismäßig leicht, imaginäre Schuldige in Gestalt von Hexen zu erschaffen, um von den wahren Problemen abzulenken und die latente Gewaltbereitschaft zu kanalisieren. Die Fiktion der imaginären Fremdheit kostete Tausenden von Menschen das Leben.

° °

° °

° °

8

Mann und Frau
Geschlechtliche Fremdheit

Der fremde Ehe- und Sexualpartner

Mann und Frau waren sich im Mittelalter weitgehend fremd. Gewiß, man ergänzte sich bei der Bewältigung der alltäglichen Aufgaben, arbeitete zusammen, wenn auch hier und da in getrennten Bereichen. Ehen wurden in aller
Regel nicht aus Liebe geschlossen, sondern dienten bei Bauern und Hand-
werkern zur Begründung einer wirtschaftlichen Überlebensgemeinschaft und
bei Bürgern und Adligen zur Versorgung von Töchtern, zur Netzwerkbildung
oder Friedenssicherung. Wirtschaftliche oder politische Gründe standen klar
im Vordergrund. Konrad von Megenberg weist daher in seiner »Ökonomik«
(*Yconomica*) um 1350 Männern und Frauen klar abgegrenzte Funktionen zu:
*Ich meine, der Mann ist das Haupt der Frau, daher muß er sie von Anfang an leiten
und seinem Willen unterwerfen [...] [Aber:] Selbst wenn die Frau ihrem Mann in
den wichtigsten und bedeutsamsten Dingen gehorcht, hat sie doch das eigentliche Sagen über das gesamte Hausgesinde und das ganze Hauswesen.*
Auch der Heiratszwang, den manche Grundherren ausübten, förderte eher die
Fremdheit der Geschlechter. So gebot der Probst von Weitenau 1344 in Baden
*jedem Gotteshausmann von 18 oder 20 Jahren an und jedem Weib von 14 Jahren
an bei Geldstrafe [...] sich zu verehelichen.* Ungenossame Eheschließungen
zwischen Angehörigen verschiedener Grundherrschaften waren ohnehin von
der Erlaubnis der Herren abhängig.
Historische Aufzeichnungen, die Rückschlüsse auf das Liebesleben von
Mann und Frau erlauben, sind selten und in der Regel klerikalen und männlichen Ursprungs. In ihnen wird die Angst der Kirche vor der geheimnisvol-
len und fremden Macht der Sexualität spürbar, wie wir weiter unten sehen
werden. Weltliche Darstellungen in der Literatur geben meist Wunschbilder

wieder oder wollen durch Übertreibung unterhalten. Die Masse der Städterinnen und Bäuerinnen bleibt unerwähnt. Die höfische Epik offenbart zudem nur einen Einblick in das Liebesleben der feudalen Oberschicht. An weiteren Quellen hat die Forschung Heiligenlegenden, Kanonisationsakten (schriftlich überlieferte Protokolle der Zeugenbefragungen, die der Anerkennung einer oder eines Heiligen durch die römische Kurie vorausgingen), Wunderberichte (*miracula*) und Bußbücher (Poenitentialien) herangezogen. Bildquellen sprechen eine beredte Sprache, sind aber oft tendenziös und frauenfeindlich.

Die theologische Absage an die Gleichwertigkeit der Geschlechter und die daraus resultierenden populären mittelalterlichen Anschauungen über das angebliche sündhafte Wesen der Frau führten zur Unterstellung der Frau unter die Munt (Herrschaft) des Mannes – bei unverheirateten Frauen unter die des Vaters oder Bruders, bei verheirateten unter die des Ehemannes.

Die rechtmäßig geschlossene Ehe bildete die Grundlage für Familie und Verwandtschaft sowie in Fragen der Vormundschaft und Erbfolge. Die Eheschließung war kein Vorgang zwischen zwei Menschen, sondern zwischen zwei Familiengruppen, als deren Exponenten Brautvater und Bräutigam erschienen. Die gebräuchlichste Eheform der patriarchalischen Muntehe kam als Rechtsgeschäft zwischen zwei Familien zustande. Die nicht geschäftsfähige Frau galt dabei als reines Vertragsobjekt. Die Übergabe der Braut erfolgte gegen bare Zahlung des zwischen beiden Parteien ausgehandelten Kaufpreises, der *dos*. Für den Adel stellte die Muntehe die Grundlage für dynastische Verbindungen dar. Um 1140 setzte das *Decretum Gratiani* die Konsensehe als einzige legitime Eheform fest. Die Zustimmung beider Brautleute und nicht wie bisher das Beilager sollte die Ehe vertraglich gültig machen. Die Frauen galten fortan als zustimmungspflichtiges Subjekt. Der Ehemann wurde ebenso wie sie zur ehelichen Treue und Monogamie verpflichtet, und auch für ihn sollte die Ehe nun im Gegensatz zu vorher unauflösbar werden. Nicht die Liebe zwischen zwei gleichberechtigten Partnern wurde zur tragenden Stütze der Ehe, sondern deren Übereinkommen, mochte es von den Eltern erzwungen sein oder nicht.

Im Frühmittelalter galten die Mädchen in etwa bei Erreichen des dreizehnten Lebensjahres als heiratsfähig. Im Spätmittelalter lag ihr Heiratsalter bei 15 bis

18 Jahren, in den Städten sogar bei 16 bis 20 Jahren. Die Jungen waren ursprünglich mit zwölf bis 15 Jahren heiratsfähig, bevor das Ehealter angehoben wurde. Seit dem 12. Jahrhundert durfte das Eheversprechen von Mädchen unter zwölf Jahren und Jungen unter 14 Jahren widerrufen werden. Der Adel hielt sich jedoch selten daran. Der kleine Prinz Heinrich Plantagenet (1155–1183) wurde als Fünfjähriger mit der zweijährigen Margarete, einer Tochter des französischen Königs Ludwig VII., vermählt, Kaiser Heinrich IV. (1050–1106) als Vierjähriger mit Berta von Turin verlobt. Die einjährige Maria (1505–1558), die Lieblingsschwester Kaiser Karls V. (1500–1558), verlobten ihre Eltern sogar mit einem Ungeborenen. Diese Beispiele ließen sich fortsetzen. Widerstand gegen ihr Schicksal war in diesem Alter von den Kindern kaum zu erwarten.

Eine Verlobung im Kindesalter war in Adelskreisen häufig damit verbunden, daß die Mädchen an den Hof ihres zukünftigen Ehemannes gebracht wurden, um dort erzogen zu werden. Die Lebensräume der Mädchen lagen damit nach der Verlobung beziehungsweise Hochzeit oft weit von ihrer ursprünglichen Heimat und ihrer Familie entfernt. Das Fremdsein erschien so als eine Grundbedingung weiblicher Existenz im Adel, denn die Politik der Netzwerkbildung stand im Vordergrund. Auf persönliche Wünsche und Bedürfnisse der Kinder wurde keine Rücksicht genommen. Doch es gab auch Kritik. Thegan (vor 800–849), Biograph Kaiser Ludwigs des Frommen, wandte sich gegen den Mißbrauch der Ehe zu politischen Zwecken:

Sie versuchen, ihre nichtswürdige Verwandtschaft aus dem Joch der ihr gebührenden Knechtschaft (Gal 5,1) zu lösen und ihr die Freiheit zu verschaffen. [...] Andere verheiraten sie an vornehme Frauen und zwingen die Söhne der Adligen, ihre weiblichen Verwandten zur Ehe zu nehmen.

Auch Otto von Freising erwähnt um 1140 in seinen *Gesta Friderici* (»Die Taten Kaiser Friedrichs I.«) die Rolle von Prinzessinnen als Heiratsware (Lib. I, Cap. XXIV):

Um dieselbe Zeit kamen Gesandte des byzantinischen Kaisers Johannes, hochberühmte Männer, zum römischen Fürsten [Konrad III.] und wünschten wegen der Unverschämtheit Rogers von Sizilien das Bündnis zwischen den beiden Reichen, dem des Abend- und des Morgenlandes, zu erneuern und forderten zur Bekräftigung dieses Bundes die Vermählung irgendeiner Prinzessin königlichen Geblüts mit dessen Sohn Manuel.

Fremdheit in der Ehe, fremde Kinder und Stiefeltern führten zu Konflikten, die hin und wieder blutig ausgingen. Gregor von Tours (538–594) berichtet über den burgundischen König Gunthram (um 532–592) und den Zwist um die Krone unter seinen Frauen und Nachkommen in seiner »Geschichte der Franken« (IV, 16-X, 28):

Der gute König Gunthram nahm zuerst Veneranda, die Magd eines seiner Leute, als Beischläferin in sein Bett auf; sie gebar ihm den Gundobad. Nachher heiratete er Marcatrude, die Tochter des Magnachar. [...] Die eifersüchtige Marcatrude aber trachtete dem Sohn Gunthrams, seit auch sie einen Sohn hatte, nach dem Leben. [...] Als er [Gundobad] gestorben war, verlor sie selbst durch Gottes Gericht ihren eigenen Sohn und lud des Königs Zorn auf sich; sie wurde von ihm verstoßen und starb nicht lange nachher. Nach ihr nahm der König Austrechilde mit dem Beinamen Bobila.

Bei ständisch unterschiedlichen Heiraten standen finanzielle Motive und der Wunsch nach einem sozialen Aufstieg im Vordergrund. So heiratete König Maximilian I. (1459–1519), auch »Herr Wenigpfennig« genannt, am 16. März 1494 seine zweite Frau Bianca Maria Sforza (1472–1510), eine junge Frau aus einer italienischen Condottierefamilie niedrigen Ursprungs, die aber als eine der reichsten Bräute Europas galt, nicht zuletzt wegen der außergewöhnlich hohen Mitgift von 400.000 Dukaten in bar und 40.000 Dukaten in Juwelen. Bianca Maria führte in ihrem Hochzeitszug über die Alpen sechshundert Pferde und siebzig Maultiere mit sich.

Die in Neapel stattfindenden Heiratsverhandlungen zwischen König Friedrich III. (1415–1493), dem späteren Kaiser, und dem portugiesischen König Eduard I. (1391–1438) um die Hand seiner Tochter Eleonore von Portugal (1434–1467) dauerten zwei Wochen. Schließlich einigte man sich auf eine Mitgift von 60.000 Gulden. 50.000 Gulden sollten Friedrich zur freien Verfügung stehen. 10.000 Gulden waren für die Überfahrt Eleonores bestimmt. Friedrich mußte als Gegenleistung Ländereien und Höfe im Wert von 60.000 Gulden bereitstellen, die Eleonore als Alterssitz dienen sollten.

Die Aussteuer von Antonia Visconti, die sie ihrem Ehemann Eberhard von Württemberg 1380 überbrachte, war etwa 70.000 Gulden wert. Hedwig von Polen fuhr 1475 zu ihrem Bräutigam, Herzog Georg von Bayern, nach Landshut in einem vergoldeten Wagen. Die Brautfahrten des Hochadels dienten der glanzvollen Übergabe der Braut als Akt herrschaftlicher Repräsentation und besaßen diplomatische Bedeutung.

Das kanonische Verbot der Verwandtenehen bis zum vierten Grad, also zwischen Vetter und Base, erschwerte die Suche nach einer standesgemäßen Braut. Herzog Friedrich der Schöne von Österreich (1289–1330) klagte anläßlich seiner 1312 erfolgten Werbung um die Tochter von Peter von Aragon namens Elisabeth, er könne keine standesgemäße deutsche Braut nehmen, da er mit allen verwandt sei: der Herzog von Kärnten sei der Bruder seiner Mutter, der Herzog von Brandenburg der Sohn seiner Schwester, der Herzog von Lothringen sein Schwager, der Herzog von Bayern sein Onkel, der Herzog von Sachsen der Sohn seiner Tante. König Heinrich I. von Frankreich (1008–1060) suchte seine Braut außerhalb des lateinischen Abendlandes und warb um die Tochter des Kiewer Großfürsten Jaroslaw. Die Initiative konnten auch die Brauteltern starten: Die Gesandten der Eltern der sechzehnjährigen Barbara Gonzaga von Mantua wurden ab 1472 zunächst bei Herzog Ludwig von Bayern-Landshut vorstellig, dann bei einem Sohn König Kasimirs IV. von Polen, beim Grafen von Görz und schließlich bei Graf Eberhard von Württemberg, den Barbara 1474 heiraten mußte. Die Brauteltern gaben ihrer Tochter siebzig Personen und 217 Pferde mit.

Bei der Trauung konnte der Ehemann durch einen Stellvertreter ersetzt werden. Die Ferntrauung zwischen Elisabeth von Aragon am 14. Oktober 1313 mit Herzog Friedrich dem Schönen von Österreich vollzog ein Prokurator. Derartige Ferntrauungen sollten ein Scheitern des Heiratsprojektes verhindern. Die Brautschau vor der endgültigen Vereinbarung diente der Überzeugung der Gesandten von der Eignung der Braut. Diese konnte sich bis in die Intimsphäre erstrecken. Der Abgesandte Karls von Valois, der 1322 Violante von Aragon für den französischen König Karl IV. prüfen sollte, wollte zum Beispiel sogar die nackte Brust der Prinzessin sehen.

Höfisches Benehmen, Schönheit und Gebärfähigkeit standen im Vordergrund der Brautschau. Nach der Trauung war zwar die Ehe gültig, vollzogen wurde sie aber erst mit dem ersten Beischlaf. Erst dann war sie unauflöslich. Übervorsichtige Parteien verlangten daher hin und wieder ein Beisein des Prokurators, der sich in aller Öffentlichkeit für einen Moment mit der Braut ins Bett legen mußte. Natürlich waren beide bekleidet, doch mußte der Prokurator ein nacktes Bein unter die Decke legen. Das hätte Maximilian I. (1459–1519) besser auch so gehalten, als er im Alter von 31 Jahren mit der knapp vierzehnjährigen Waise Anne de Bretagne die Ehe *per procurationem* einging. Denn der französische König Karl VIII. erreichte vom Papst die Annullierung der noch nicht vollzogenen Ehe und heiratete Anne am 6. Dezember 1491 in Langeais an der Loire lieber selbst, damit die Bretagne an die französische Krone fiel. Das symbolische Beilager ersetzte aber den persönlichen Ehevollzug nur unzureichend, so daß die Braut möglichst schnell zu ihrem künftigen Gemahl geleitet werden mußte.

Die fremden Sitten und Bräuche der Ehepartner führten gelegentlich zu Peinlichkeiten: Maximilian I. (1459–1519) geriet bei der Begegnung mit Maria von Burgund 1477 in eine delikate Lage, als er eine Nelke an der Brust der Braut suchen und herausholen mußte. Sein Vater Friedrich III. (1415–1493) weigerte sich, den ersten Beischlaf im Bett seiner portugiesischen Gemahlin Eleonore Helena (1434–1467) zu vollziehen, und verlangte, sie solle zu ihm kommen, womit er einen Skandal auslöste.

Auf der fremden Ehefrau lastete ein großer Anpassungsdruck. Oft war sie allein auf sich gestellt, da ihr Gefolge aus Kostengründen wieder zurückgeschickt wurde. Kaiser Friedrich II. (1194–1250) versteckte seine Frau Isabella von England sogar vor der Öffentlichkeit, indem er sie nach dem Bericht des Matthäus Paris (um 1199–1259) *mehreren maurischen Eunuchen und ähnlichen Ungetümen zur Obhut* überließ. In Byzanz zwang man eine fremde Braut zur Annahme eines griechischen Namens, womit sie ihre bisherige Identität aufgab.

Für viele adlige Frauen stellten sich die Folgen bald ein. Die kinderlose Barbara Gonzaga (1455–1503), die auf Schloß Böblingen saß, hatte schreckliches Heimweh nach Italien, wurde depressiv und aß so viel, daß sie schließlich nicht mehr allein gehen konnte. Auch Bianca Maria Sforza (1472–1510), die ihrem Gemahl Maximilian I. keine Kinder gebar, nahm große Mengen an Delikatessen zu sich. Der Kaiser machte seine Frau zum Gespött, weil er sie den Wirten der Reichsstädte monatelang als Pfand für unbezahlte Rechnungen überließ. Auch Liselotte von der Pfalz, die 1671 aus politischen Gründen mit dem homosexuellen Herzog Philipp I. von Orléans verheiratet wurde, war in Versailles bald nach ihrer Hochzeit isoliert. Demgegenüber hatten Bäuerinnen, die in ein anderes Dorf heirateten, ganz andere Probleme: Der Tisch war nicht wie im Schlaraffenland gedeckt, und die tägliche Arbeit ließ kein Sinnieren über Heimweh und persönliches Glück zu.

Kirche und Sexualität

....

Die Kirche befaßte sich seit dem 11. Jahrhundert zunehmend mit der Stellung von Mann und Frau in der Gesellschaft. Die Vertreibung aus dem Paradies lastete man den Frauen an. Mittelalterliche Künstler bildeten auf Darstellungen der Erbsünde seit dem 12. Jahrhundert die Schlange mit einem Frauenkopf ab, der dem der Eva glich. Holzschnitte und kirchliche Gemälde zeigten der Öffentlichkeit aber auch die Erschaffung Evas und interpretierten die Genesis neu. Die kindliche Eva wird zwar auf diesen Bildern aus der Rippe Adams geschaffen, aber der meist eher teilnahmslos auf der Seite liegende Adam erscheint als Mutter und Vater Evas, indem er seine Frau aus seiner Seite gebiert. Gott ist an den Rand gedrängt und hat nur noch die Rolle der Hebamme. Plakativ wurde an Kirchenwände und in Bücher gemalt, wie man sich das Verhältnis zwischen Mann und Frau dachte: als Primat des männlichen über das weibliche Geschlecht. Der Augustinerchorherr und Kardinal Jakob von Vitry (um 1160–1240) kleidet in einer Predigt des 13. Jahrhunderts dieses populäre Bild in Worte:

Zwar wurde die Frau nicht aus den Füßen Adams gemacht, und man soll daher die Frau nicht mit den Füßen treten, aber sie wurde auch nicht aus seinem Haupt geschaffen, also soll die Frau auch nicht das Kommando haben.

Das Bild der Frau als triebhaftes und leichtfertiges Wesen leiteten mittelalterliche Theologen aus dem in der Genesis überlieferten Sündenfall ab. Frühe Kirchenlehrer wie Origenes (185–254) und Augustinus (354–430) hatten aus der Geschichte mit der Frucht vom Baum der Erkenntnis die Theorie der Erbsünde abgeleitet und die menschliche Sexualität als Strafe Gottes angesehen, da durch die bei jedem Zeugungsakt vorhandene Lust das Kind mit der Erbsünde befleckt wird. Nach Augustinus diente die Paradiesehe der Erzeugung von Nachkommen zur Auffüllung der Erde mit Menschen und der dazu notwendige Geschlechtsakt fand dabei angeblich ohne Lustgefühl statt, da die Geschlechtsorgane von Frauen und Männern im Paradies völlig dem Willen unterworfen gewesen seien:

Warum sollte es unglaubhaft erscheinen, daß die Beschaffenheit der ersten menschlichen Körper von der Art gewesen ist, daß die Menschen mit dem Wink über die Geschlechtsorgane verfügten, mit dem man über Füße verfügt, wenn man spazierengeht, so daß weder mit Liebesglut gezeugt noch unter Schmerzen geboren würde?

Der Priester und Mönch Johannes Cassianus (um 360–435) sah im nächtlichen Samenerguß eines schlafenden Klosterbruders einen Indikator für seine erreichte Jungfräulichkeit (*castitas*). Dies wurde noch nicht als Verunreinigung wahrgenommen. Erst in den im 6. Jahrhundert aufkommenden Bußbüchern (Poenitentialien) wird die »unreine Verschmutzung« (*immunda pollutio*) und die »Unreinheit« (*immunditia*) selbst zu einem zentralen Thema der Texte.

Um das Dilemma zwischen der ideellen Liebe und der triebhaften Sexualität zu lösen, unterschied die mittelalterliche Theologie zwischen der richtigen Liebe (*caritas*) in Form von Fürsorge und Gottvertrauen und der falschen Liebe (*cupiditas*) in Gestalt der Begierde und Wollust. Andreas Capellanus zählt in seiner Ende des 12. Jahrhunderts entstandenen Schrift »Über die Liebe«(*De amore*) die Gründe auf, die gegen die fleischliche Liebe sprechen:

Wahrlich töricht, arm und sinnlos, viehisch ist der Mensch, der seiner Seelen Seligkeit für die zeitlichen Freuden des Fleisches hingibt und sich den ewigen Flammen der Hölle ausliefert [...]

Bischof Jonas von Orléans (um 780–843), Verfasser eines an König Pippin von Aquitanien gerichteten Fürstenspiegels (*De Institutione Laicali*), schreibt über Sexualität vor der Ehe:

Einige Laien werden von ihrer Liebe zur Wollust überwältigt, andere von der Begierde nach irdischer Ehe verleitet, oder besser: von der Begierde, sich die Zeit zu vertreiben, bis sie die Ehren dieser Welt erlangen vermögen, und sie wälzen sich inzwischen im Schmutz der Geilheit, noch bevor sie zur ehelichen Bindung schreiten, verderben sich dabei auf verschiedenste Weise und verlieren so die jungfräuliche Zierde, die sie bis zu dem Augenblick bewahren sollten, in dem sie eine rechtmäßige Ehefrau empfangen.

Die Sexualität in der Ehe wollte er auf gewisse Zeiten begrenzt sehen:

Viele, die ein Eheleben führen, bemühen sich, die Zeiten, in denen sie mit ihren Frauen schlafen oder nicht schlafen dürfen, auf das sittsamste zu beachten; andere hingegen weisen das Ausmaß solcher Unterscheidungen nicht nur zurück, sondern sie pflegen darüber hinaus noch denjenigen, die sie zurechtweisen und bezichtigen, Un-

verschämtes zu entgegen: »*Wenn wir uns aus reiner Lust, wann und wie auch immer wir wollen, bedienen, so begehen wir keine Sünde.*«

Auch der Mönch Haimo von Auxerre (gest. um 855) äußert sich zu den »ehelichen Pflichten«:

Der Mann soll der Frau geben, was er ihr schuldig ist, und ebenso die Frau dem Mann. Das bedeutet, daß sie sich nicht gegenseitig dem Geschlechtsverkehr entziehen dürfen. Wenn der Mann mit seiner Frau schlafen will, so soll sie ihm Gelegenheit und Erlaubnis erteilen. Genauso aber diene der Mann der Frau und erfülle ihr gegenüber die Pflicht zum Beischlaf, wenn sie es wünscht.

Einer der herausragendsten Gelehrten seiner Zeit, Abt Odo von Cluny (um 878–942) warnt indes vor den Verführungskünsten des weiblichen Körpers (Collationum lib. III, Migne Patr. Lat. CXXXIII col. 556):

Die Schönheit des Körpers (der Frau) besteht allein in der Haut. Denn wenn die Menschen sähen, was unter der Haut ist, wenn sie so, wie man den Luchs in Böotien sagt, das Inwendige sehen könnten, würden sie sich vor dem Anblick der Frauen ekeln. Ihre Anmut besteht aus Schleim und Blut, aus Feuchtigkeit und Galle. Wenn jemand überdenkt, was in den Nasenlöchern, was in der Kehle und was im Bauch alles verborgen ist, dann wird er stets Unrat finden. Und wenn wir nicht einmal mit den Fingerspitzen Schleim und Dreck anrühren können, wie können wir dann begehren, den Dreckbeutel selbst zu umarmen.

Nach dem von vielen frühmittelalterlichen Theologen gezeichneten einseitigen Bild der Frau galten diese als labile Wesen, die Männer in Versuchung führten, zänkisch, ungebändigt, zügellos, widerspenstig und herrisch seien. Die Absage an die Gleichwertigkeit der Geschlechter bestimmte auch die nächsten Jahrhunderte. Die Sieben Todsünden stellten Künstler als Frauengestalten dar. Abtreibung, Zauberei und Prostitution sah man als typische »Frauendelikte« an. Selbst das Aussehen der Frau wurde zum theologischen Streitfall. Der Scholastiker Petrus Cantor (um 1130–1197) behauptete, *der Verkehr mit einer schönen Frau sei größere Sünde als der mit einer häßlichen Frau, weil er mehr ergötze. Denn die Größe der Lust bestimme die Größe der Sünde.* Der Zisterzienser Alanus von Lille (*Alanus ab Insulis*) (um 1125/30–1203) hielt dagegen: [...] *wer mit einem schönen Weib verkehre, sündige weniger, weil er durch den Anblick ihrer Schönheit mehr gezwungen wird und wo größerer Zwang, da ist geringere Sünde.* Mit dem sogenannten »Hexenhammer«, dem *Maleus Maleficarum* von Jakob Spengler und Heinrich Institoris von 1487, schien der Gipfel der Diffamierung der Frau erreicht. Die beiden Inquisitoren zeichneten ein extrem frauenfeindliches Bild und trugen alles zusammen, was sich an negativen Kommentaren über die Frau bei griechischen und römischen Autoren, in der Bibel, bei den Kirchenvätern und anderen Theologen fand. Beispielsweise lesen wir im ersten Teil des »Hexenhammers«:

»Ein schönes und zuchtloses Weib ist wie ein goldner Reif in der Nase der Sau.« Der Grund ist ein von der Natur entnommener: weil es fleischlicher gesinnt ist als der Mann, wie es aus den vielen fleischlichen Unflätereien ersichtlich ist. Diese Mängel werden auch gekennzeichnet bei der Schaffung des ersten Weibes, indem sie aus einer krummen Rippe geformt wurde, d.h. aus einer Brustrippe, die gekrümmt und gleichsam dem Mann entgegen geneigt ist. Aus diesem Mangel geht auch hervor, daß, da das Weib nur ein unvollkommenes Tier ist, es immer täuscht. Denn es sagt Cato: »Wenn ein Weib weint, so sinnt es gewiß auf listige Tücke.« Auch heißt es: »Wenn ein Weib weint, es den Mann zu täuschen meint.« [...] Es erhellt auch bezüglich des ersten Weibes, daß sie von Natur geringeren Glauben haben; denn sie sagte der Schlange auf die Frage, warum sie nicht von jedem Baume des Paradieses äßen? »Wir essen von jedem, nur nicht etc., damit wir nicht etwa sterben,« wobei sie zeigt, daß sie zweifle und keinen Glauben habe an die Worte Gottes, was alles auch die Etymologie des Wortes sagt: das Wort femina nämlich kommt von fe und minus (fe = fides, Glaube, minus = weniger, also femina = die weniger Glauben hat), weil sie immer geringeren Glauben hat und bewahrt, und zwar aus ihrer natürlichen Anlage zur Leichtgläubigkeit, mag auch infolge der Gnade zugleich und der Natur, der Glaube in der Hochgebenedeiten Jungfrau niemals gewankt haben, während er doch in allen Männern zur Zeit des Leidens Christi gewankt hatte. Also schlecht ist das Weib von Natur, da es schneller am Glauben zweifelt, auch schneller den Glauben ableugnet, was die Grundlage für die Hexerei ist.

Der sündigen Eva stellte die Kirche Maria als reine Braut Christi und Schutzmantelmadonna entgegen. Die Idee der »unbefleckten Empfängnis« bot der Theologie die Möglichkeit, Liebe und Sexualität zu trennen. Der Dominikaner Humbert von Romans (um 1200–1277) pries daher die Vorzüge der Frauen aus dem Grunde ihrer Auserwähltheit und Gottesnähe in der Person der seligen Jungfrau Maria:

An alle Frauen: Der Herr hat den Frauen viele Vorzüge mitgegeben, nicht nur gegenüber allen Lebewesen, sondern auch gegenüber dem Mann selbst, sowohl im Stand der Natur, als auch im Stand der Gnade, als auch schließlich im Stand der Glorie.

Im Stand der Natur, weil er den Mann in dieser schmählichen Welt erschuf, die Frau dagegen im Paradies. Auch schuf er den Mann aus einem Klumpen Lehm, die Frau dagegen aus der Rippe des Mannes. Außerdem schuf er sie nicht aus seinem unteren Teil seines Körpers, wie etwa aus seinen Füßen, damit der Mann sie als Magd habe, sondern aus seinem mittleren Teile, nämlich aus seiner Rippe, damit sie seine Gefährtin sei, wie auch Adam selbst sagte: »Die Frau, die Du mir als Begleiterin gegeben hast« [Gen. 3]. So hat die Frau drei Vorzüge, den Ort der Schöpfung, die Materie und den Körperteil, aus dem sie geschaffen wurde.

Und auch im Stande der Gnade ist sie bevorzugt, da Gott auch aus dem Fleisch des Mannes hätte hervorgehen können, aber das Fleisch der Frau gewählt hat. Und schließlich ist von keinem Mann zu lesen, der versucht hätte, die Passion des Herrn zu verhindern, sondern es war eine Frau, die Gattin des Pilatus, die ihren Mann von diesem Verbrechen abhalten wollte, und die im Angesicht Christi dafür gemartert wurde [nach Matthäus 27].

Und im Stande der Auferstehung [= des Heils], *weil sich Christus zu erst einer Frau offenbarte, nämlich Magdalena. Und so findet sich eine dreifache Bevorzugung der Frau in der Zeit der Gnade, eine wegen der Inkarnation* [= Fleischwerdung], *die zweite wegen der Passion* [= Anteilnahme an den Leiden Christi], *die dritte wegen der Auferstehung. Im Stand der Glorie wird kein reiner Mann regieren in jener Heimat* [= im Himmel], *sondern eine reine Frau wird Königin sein. Kein reiner Mann nämlich wird über die Engel gestellt sein, sondern die reine Frau. Und so hat die weibliche Natur Vorzüge in der Glorie durch die Würde, die Erhebung und die Macht, und dies durch die Person der seligen Jungfrau.*

Die »selige Jungfrau« aber ist dem irdischen Frausein entrückt. Die Fremdheit hatte eine neue Dimension erreicht: Maria erscheint als asexuelles Wesen.

Sexualität und Gerüchteküche

....

Immer dort, wo es an empirischem Wissen mangelt, entstehen Gerüchte. Die mit der Sexualität verbundenen körperlichen Vorgänge waren im Mittelalter weitgehend unbekannt. Zwar nahm sich mittelalterliche Medizin durchaus der Sexualität an, allerdings nur der männlichen. Constantinus Africanus (gest. 1087), ein Wissenschaftler an der Medizinschule in Salerno, wird der

Traktat *De Coitu* zugeschrieben, der den Beischlaf des Mannes beschreibt. Nach mittelalterlicher Auffassung saß im Sperma des Mannes bereits der fertige Embryo, während der Mutterschoß als Nährboden und Treibhaus für den männlichen Samen galt (*Homunculus*-Theorie). Das weibliche Menstruationsblut galt als unrein, wie aus einer Passage aus der Real- und Wortenzyklopädie (*Etymologiae libri viginti*) Isidors von Sevilla (um 560–636) hervorgeht:

Nach der Berührung mit ihm können Früchte nicht keimen, Blüten verwelken, Gräser sterben ab [...] Eisen rostet, Erz wird schwarz, Hunde, die davon nehmen, bekommen die Tollwut.

Der bekannte Kirchenlehrer Albert Magnus (um 1200–1280) schien davon überzeugt, daß zuviel Sex das Gehirn ausdünnen und zu tief liegenden und schwachen Augen führen müsse:

Ein Magister Clemens aus Böhmen hat mir erzählt, ein gewisser schon angegrauter Mönch sei zu einer schönen Dame gegangen wie ein Heißhungriger. Bis zum Klopfen zur Matutin hat er sie sechsundsechzigmal (!) begehrt. Aber am Morgen lag er krank im Bett und ist noch am gleichen Tag gestorben. Und weil er ein Adliger war, wurde sein Körper geöffnet. Und man fand, daß sein Gehirn ganz ausgeleert war, so daß von ihm nur die Größe eines Granatapfels übriggeblieben war, und die Augen waren genauso vernichtet. [...] Hunde lieben starken Geruch und laufen hinter Kadavern her, und der Körper eines Menschen, der viel Verkehr hat, nähert sich dem Zustand des Kadavers wegen des vielen verdorbenen Samens.

Der Ulmer Stadtarzt und Frühhumanist Heinrich Steinhöwel (1412–1483) stellte 1473 fest, daß allzu große Unkeuschheit Gehirn und Magen angreifen könne.

Liebe als höfische Kunst und männliches Vergnügen

....

Wohl nirgends sonst ist soviel von Erotik und Liebe die Rede wie in der höfischen Minnedichtung. Freilich hat gerade die erotische Kunst der hohen Minne mit der realen Liebe nichts zu tun. Die Kunst der höfischen Liebe, die *ars honeste amandi*, war Teil der *hövescheit*.

Es geht um ein Spiel mit Worten. Höfisches Benehmen statt Unhöflichkeit und Verehrung der Frau anstelle ihrer Benachteiligung und Ausnutzung im Alltag sind Themen der Minnedichter. Durch die Unterstellung des Ritters unter eine von ihm als unerreichbar überhöhte Frau erscheint das Dienen als Wert an sich. Denn mit der Frau ist in Wahrheit der Lehnsherr gemeint. Ein derartig verklausuliertes System vertiefte die Fremdheit zwischen Mann und Frau und öffnete Tür und Tor für zahlreiche Mißverständnisse. Das mußte auch ein geistlicher Lehrer einer unbekannten Adelsdame aus dem 12. Jahrhundert erfahren, als er hocherfreut folgendes Liebesgedicht erhielt (Münchner Universitätsbibliothek, Codex lat. 19411):

Dû bist mîn, ich bin dîn …

des solt dû gewis sîn;

dû bist beslozzen in mînem herzen,

verlorn ist daz slüzzelîn:

dû muost och immer darinne sîn.

Als der Geistliche in seiner Antwort um die Dame wirbt, bekommt er einen Korb. Denn die Dame hatte nur mit Worten gespielt. Wir sehen: Gerade die höfische Dichtung war voller Fallstricke für denjenigen, der ihre Regeln nicht verstand. Der höfische Roman diente ebenso der Unterweisung in den ritterlichen Tugenden. Auch dem lateinischen Versepos »Ruodlieb« aus der Mitte des 11. Jahrhunderts eines Tegernseer Mönches liegt eine nüchterne moralisch-didaktische Absicht zugrunde. Als Ruodlieb seine Auserwählte ehelichen wollte, geschah folgendes (Ruodlieb, S. 133):

Der Bräutigam zog sein Schwert und wetzte es am Stufensockel. Auf dem Schwertgriff war ein goldener Ring befestigt, den der Bräutigam der Braut übergab, wobei er zu ihr sagte: »Wie der Ring den ganzen Finger ringsherum umschließt, so schnüre ich dir das feste und ewige Treueband zusammen. Dieses mußt du mir bewahren oder enthauptet werden.« Sie antwortete dem jungen Mann sehr klug und treffend: »Es gehört sich, daß beide sich dem gleichen Urteil unterwerfen. Sag, warum soll ich dir eine bessere Treue bewahren als du mir?« Fern sei, daß ich mich in solchem Vertrag dir verbinde; […] Der junge Mann sagte zu ihr: »Es geschehe, Geliebte, wie du willst […].« Sie lächelte ein wenig, wandte sich wieder zu ihm und sagte: »Nach diesem Gesetz wollen wir uns nun ohne Hintergedanken verbinden.« Der Freier sagte dazu Amen und küßte sie.

Eine derartige Gleichberechtigung zwischen Mann und Frau hat es in Liebesdingen aber nicht gegeben, auch wenn der Autor dieses Versepos es seinen Lesern und Zuhörern weismachen will.

Manch ein Ritter, der die versierten Andeutungen der höfischen Dichtungen nicht verstand, vergnügte sich lieber gleich mit Mägden und gelangte so schneller ans Ziel seiner sexuellen Wünsche. Der Beischlaf als Mannesstolz, damit ließ sich schon damals im Kreise adliger Kumpane prächtig angeben. Hermann der Lahme, der bekannte Benediktinermöch auf der Reichenau, berichtet im 11. Jahrhundert darüber. Und der Autor der Lebensbeschreibung Wilwolts von Schaumberg betont, wie ritterlich sich sein Held in *Kriegs leüften, in rennen, stechen, turnirn und uf der bulschaft gehalten* habe. Wir sehen: Um ein Verständnis der erotischen Wünsche des anderen Geschlechtes bemühten sich die meisten Männer im Mittelalter nicht, sondern ausschließlich um das eigene Vergnügen. Handelte eine Frau vergleichbar, sah man darin eine Gefahr für die gesellschaftliche Ordnung. So schimpft Meister Altswert über »emanzipierte« Frauen seiner Zeit in seinem Werk »Der Kittel« um 1410 (Zwölf Minnereden, Heidelberg, Cod. Pal. germ. 358):

Etelich wip wolt sich ser schamen

E sie mit vier buolen begnügen wolt,

Sie wolt dem fünften wesen holt [...]

Sehet, daz ist die nuwe minne.

Liebe und Sexualität im alltäglichen Leben

Die Sexualfeindlichkeit der mittelalterlichen Kirche ließ dennoch Ausnahmen zu. Ein Mainzer Konzil gestattete im 9. Jahrhundert selbst Ledigen eine Partnerin (Conc. 3, Nr. 26, S. 250):

Wer eine Ehefrau hat, darf, wenn er gleichzeitig eine Konkubine hält, nicht am Abendmahl teilnehmen. Wer aber eine Konkubine an Stelle einer Ehefrau hat, dem soll das Abendmahl nicht verweigert werden, doch sei er mit der Verbindung zu einer einzigen Frau, als Ehefrau oder Konkubine, so wie es ihm beliebt, zufrieden.

Schlimm konnte es einer Frau ergehen, die sich mit einem Priester eingelassen hatte, wie der fränkische Geschichtsschreiber Gregor von Tours (um 538–594) berichtet:

Es gab einen Geistlichen aus der Stadt le Mans, einen ausschweifenden Menschen, der die Frauen zu sehr liebte und sich dem Trank, der Unzucht und allen Lastern hingab. Dieser trieb häufig Hurerei mit einer Frau; endlich schor er ihr das Haar, steckte sie in Männerkleidung und nahm sie mit sich in eine andere Stadt, damit

sie nicht mehr im Verdacht der Unzucht stünden, wenn er unter Fremden lebe. Die
Frau aber war von freier Abkunft und guter Eltern Kind. Als daher nach ge-
raumer Zeit ihre Verwandten in Erfahrung gebracht hatten, was geschehen war,
schritten sie eiligst zur Rache für die ihrer Sippe angetane Schmach; sie fanden
den Geistlichen, banden ihn und brachten ihn ins Gefängnis, die Frau aber ver-
brannten sie.

Mittelalterliche Intellektuelle schreiben in erster Linie den oberen Ständen
die Fähigkeit zu, richtig zu lieben. Das Liebesleben der Bauern wurde dem
Sexualtrieb der Tiere gleichgesetzt.

Der Arzt und Übersetzer Johann Hartlieb (um 1400–1468) zitiert eine aus
Andreas Capellanus' Ende des 12. Jahrhunderts entstandenen Werk »Über
die Liebe« (*De amore*) stammende Passage: *Von der pawern und agkerleüt und*
mynn: Wir sprechen, das das selten geschehen mag, das die pawern sich üben in der
rechten lieb und mynn, sunder sy werden naturlich als de rosz und esel zu dem lust irs
fleischlichen begerens geraitzt.

Die Sexual- und Körperfeindlichkeit der Kirche stieß in der Bevölkerung auf
Unverständnis. Wer lesen konnte oder die Gelegenheit erhielt, einen Litera-
turvortrag zu hören, fand in den *Carmina Burana*, jener berühmten Lieder-
sammlung aus dem 11. und 12. Jahrhundert, oder im »Rosenroman« von Jean
de Meun (um 1240–1305) Anleitungen für ein gelungenes erotisches Abenteuer. Die *Carmina Burana* nennen fünf Stufen der Liebe: Anblick, Gespräch,
Berührung, Kuß und den Geschlechtsakt. Der »Rosenroman« rät den Lie-
benden, beim Geschlechtsakt sorgsam miteinander umzugehen, damit sich für
beide Seiten der Lustgewinn einstelle (2. Bd., S. 779.):

Und wenn sie [Mann und Frau] *sich ans Werk* [Geschlechtsakt] *gemacht haben,*
dann handele ein jeder von ihnen so klug und so genau, daß es nicht fehlen kann, daß
der Genuß der einen und der anderen Seite sich gemeinsam einstellt, bevor sie von dem
Werk gelassen haben, und sie müßen gegenseitig auf den andern warten, um gemein-
sam ihrer Grenze zuzustreben. Der eine darf den anderen nicht verlassen, und sie dür-
fen nicht aufhören zu schwimmen, bis sie gemeinsam zum Hafen gelangen: Dann wer-
den sie vollständige Lust haben.

Waren die *Carmina Burana* oder der »Rosenroman« eher etwas für die gebildeten Schichten, so erfreuten sich doch die im 19. Jahrhundert von den Gebrü-
dern Grimm herausgegebenen »Haus- und Kindermärchen« als Geschichten

für Erwachsene einer großen Beliebtheit im Mittelalter. Auch erotische Themen wurden angeschnitten. In der ursprünglichen katalanischen Fassung von »Dornröschen« (*Frayre de la joy e sor de plaser*) aus der Mitte des 14. Jahrhunderts lesen wir:

[…] Und er küßte sie noch einmal, gewiß mehr als hundert Mal, bevor er seine Lippen von dieser Süße nahm. Er hob sanft die Decke, die ganz von Gold und von großem Wert […] war; er sah ihren schönen Leib […] Als er dann ihre ganze Freude ausgekostet hatte, nahm er den Ring und überließ ihr den seinen, in dem auch die Worte standen, die seinen Namen nannten […] Oft betrachtete die Mutter ihre Tochter, sah im dritten Monat ihren dicken Bauch und im vierten, wie er doppelt so dick war, was sie sehr erstaunte; sie zeigte sie dem Kaiser, der ebenfalls sehr erstaunt war. Nachdenklich, weinend, beobachtend gingen sie umher und sprachen häufig miteinander. Im neunten Monat, wie es Zeit war, daß es geschah, bekam die Jungfrau ohne Schmerzen und ohne irgendwelche Gefahren ein Kind […]

Hatte in der ursprünglichen Version der Geschichte der Prinz die Prinzessin noch im Schlaf vergewaltigt, wurde daraus in der für Kinder entschärften Fassung des Märchens der Gebrüder Grimm von 1857 der Dornröschen wachküssende edle Adlige.

Für das einfache Beichtkind indes erschien die Sexualität als etwas Fremdes, doch war es nach der Beichte vielleicht klüger als zuvor, wie die Bußbücher belegen. Burchard von Worms (um 965–1025) überliefert ein viel zitiertes Beispiel (Decretum, Patrologia Latina 140, Sp. 974):

Hast Du getan, was manche Frauen zu tun pflegen? Sie nehmen einen lebendigen Fisch und stecken ihn in ihre Scheide, lassen ihn dort so lange, bis er tot ist, kochen oder braten ihn und geben ihn ihren Ehemännern zu essen, damit diese mehr in Liebe zu ihnen entbrennen. Hast Du das getan, sollst du zwei Jahre lang an den erlaubten Wochentagen fasten.

Solche Beichtfragen brachten den einen oder anderen vielleicht erst auf Ideen ... Gelegenheit für Lust und Liebe boten Kirchweih, Fastnacht, Badestube und Bordell. Der süddeutsche Prediger Johann Geiler von Kaisersberg (um 1445–1510) warnt die Straßburger Familienväter vor der dort in der Fastnacht herrschenden Sitte, Maskierte ins Haus oder gar ins Schlafgemach zu lassen.

Liebe, Erotik und Sexualität waren auch ein Thema der ironisch-zynischen Dichtung der fahrenden Spielleute. Auch der adlige Dichter Oswald von

Wolkenstein (um 1376–1445) zeichnet mehrmals ein derbes Bild von den Frauen und spricht deutlich über Liebe und Sexualität, so in seinem Lied »Fröhlich zärtlich«:

Wolt sy solt sy tät sy und käm sy näm sy meinem hertzen

den senikleichen grossen hertten smertzen

und ein brüstlin weyss darauff gedruckt

secht slecht so wer mein trauren gar verruckt

Wie möcht ein zart seuberliche diern

lustlicher geziern

das hertze mein an argen pein

mit so wunniklichem zarten rainen lust

mund mündlin gekusst

zung an zünglin brütstlin an brust

bauch an beuchlin rauch an reuchlin

snel zu fleiss

alltzeit frisch getusst.

Wir sehen: Die bürgerliche Spießigkeit war dem Mittelalter aller kirchlichen Kritik zum Trotz noch fremd. Tiefgründiges Sinnieren über die Bedürfnisse des anderen Geschlechts aber war eher etwas für gebildete Kreise, die Latein beherrschten und ihren Ovid gelesen hatten. Eine Gleichberechtigung in der Sexualität gab es nicht, die männliche Perspektive dominiert die schriftlichen Quellen. Der weibliche Körper und seine speziellen Bedürfnisse waren daher eine *terra incognita*. Das zentrale Element mittelalterlicher Sexualität war der Penis. Es ging um den *coitus*. Der Trieb und die Lust wurden zwar kirchlicherseits verurteilt, die Sexualität zum Zwecke der Zeugung aber befürwortet.

Andere Formen der Erotik spielten den Schriftquellen nach dagegen eine untergeordnete Rolle, auf die als sodomitisch bezeichneten sexuellen Praktiken außerhalb der »Missionarsstellung« stand sogar die Todesstrafe. Thomas von Aquin (um 1224–1274) hielt die Selbstbefriedigung, den Verkehr mit Tieren, die Homosexualität, den Anal- und den Oralverkehr und den *Coitus interruptus* für weitaus schlimmer als den Inzest, die Vergewaltigung und den Ehebruch. Den *Coitus interruptus* betrachtet Ivo von Chartres (um 1040–1115) als eine größere Sünde als den Verkehr mit der eigenen Mutter. Jede Verkehrung der sexuellen Rollen war eine schwere Sünde. Der Mann hatte den aktiven Part zu übernehmen, die Frau blieb auf die passive Rolle beschränkt. Das Rollenverständnis prägte also die Sexualität und trug zur Fremdheit zwischen den Geschlechtern bei.

9

Heute hier, morgen da
Mobilität und Fremdheit

Heimatlosigkeit als Schicksal

*Es hatte ein Mann einen Esel, der schon lange Jahre die Säcke unverdrossen zur
Mühle getragen hatte, dessen Kräfte aber nun zu Ende gingen, so daß er zur Arbeit
immer untauglicher ward. Da dachte der Herr daran, ihn aus dem Futter zu schaffen, aber der Esel merkte, daß kein guter Wind wehte, lief fort [...]*

So beginnt das bekannte Märchen der Bremer Stadtmusikanten, ein Lehr-
stück mittelalterlicher Sozialkritik. Mit Esel, Hund, Katze und Hahn war niemand anders als das Hausgesinde gemeint, alte Knechte und Mägde, die ihr
Herr entlassen hatte. Doch die Hoffnung der Tiere, als Stadtmusikanten eine
feste Anstellung zu erhalten, blieb für die meisten Vaganten, das »herrenlose
Gesindel«, eine bloße Illusion.

Die im Märchen beschriebene Mobilität gehörte zur Alltagserfahrung fast aller Angehörigen der niederen Stände und Bevölkerungsschichten. Historiker schätzen die Zahl der Fahrenden auf etwa zehn bis fünfzehn Prozent der
Bevölkerung. Um 1200 betrug ihr Anteil an der Gesamtbevölkerung etwa ein
bis zwei Millionen Menschen. Auf der Landstraße begneten sie sich.

Glück aber hatten anders als im Märchen nur wenige. Doch es gab auch Mitleid.
Die Reiserechnungen des Passauer Bischofs Wolfger von Erla aus den Jahren 1203
und 1204 nennen zahlreiche Fahrende (*vagi, girovagi*), denen er Almosen gab, darunter die Armen (*pauperes, pauperculi*) und Alten (*vetuli*), Kranken (*infirmi*), Blin-
den (*caeci*) und Dickleibigen (*pingues*), ferner die zahlreichen Pilger (*peregrini,
wallerii*) und Büßer (*penitenciarii*), die armen Kreuzfahrer (*pauperes cruciferi*) und
die wandernden Mönche (*monachi, moniales*), die armen Kleriker (*pauperes cleri-
ci*), die Scholaren (*scolares*), die Lotterpfaffen (*lodderpfaffi*) und mancher alte Ka-
nonicus (*vetulus canonicus*). Hinzu kommen die fahrenden Künstler, die Spiel-

leute (*ioculatores*), Gaukler (*histriones*) und Schausteller (*mimi*), die Geiger (*gigari*), Sänger (*cantores, discantores*) und Sängerinnen (*cantatrices*) und die Angehörigen eines Mädchenchors (*puellae cantantes*). Unter den Empfängern seiner milden Gaben findet sich auch der Name des *cantors* Walther von der Vogelweide.

Die Mobilität prägte ihre Mentalität und ließ sie vielfältige Erfahrungen in der Fremde und mit Fremden sammeln. Dabei ist zwischen freiwilliger Mobilität und unfreiwilliger Mobilität zu unterscheiden, mit der Heimatlosigkeit verbunden war. Denn für viele Menschen gehörte Mobilität und Fremdsein zu ihrem Berufsleben oder zur Durchsetzung von Herrschaftsansprüchen dazu, für Kaufleute wie für Adlige. Heimatlosigkeit dagegen war selten die Folge eines freien Entschlusses, denn die damit verbundene fehlende Einbettung in gesellschaftliche Strukturen zog Schutzlosigkeit nach sich. Oft zwang die nackte Not die Menschen dazu, ihren Wohnsitz zu verlassen und ihr Glück in der Fremde zu suchen. Thietmar von Merseburg berichtet Anfang des 11. Jahrhunderts, daß achthundert schollengebundene Bauern des Bischofs von Metz aus purer Verzweiflung gegen den Willen ihres Herrn ihre Höfe verlassen hätten, da es dort nichts mehr zu essen gab. Auch die allmähliche Klimaverschlechterung und das Bevölkerungswachstum des 16. Jahrhunderts führten zu einem Anwachsen heimatlos umherziehender Bevölkerungskreise. Kriege kamen als weitere Ursache hinzu. Dies betraf auch Menschen aus »welschen« Herkunftsgebieten zwischen Frankreich und Oberitalien, die im 16. Jahrhundert vor den ständigen Auseinandersetzungen zwischen den Habsburgern und den Bourbonen auf der Flucht waren.

Im Gegensatz zu den behausten Umherziehenden hatten die weitaus meisten Vaganten kein festes Dach über den Kopf und gehörten keiner festen Korporation, keiner Zunft oder Gilde an. Dazu zählte die ganze Palette der Wandergewerbe, vom Arzt bis zum Zahnbrecher. Das fahrende Volk, in den Quellen *gernde diet* (*gern* = »verlangen«, »begehren«; *diet* = »Volk«) oder *varnde diet* genannt, bildete keine homogene Gruppe. Eine Straßburger Almosenordnung von 1405 faßt darunter Herolde, Trompeter, Orgelspieler, Geiger, Sprecher und Sänger zusammen. Für ihre Auftritte gab es eine Gabe. Über das Schicksal dieser Menschen wissen wir nicht viel. Denn da mittelalterliche Quellen vornehmlich Rechtszustände schildern, kommen Fahrende als weitgehend Rechtlose in ihnen selten vor. Die ständische Welt benötigte jedoch die fremden Fahrenden und ihre Künste und Kenntnisse. Spielleute und Gaukler befriedigten die Unterhaltungsbedürfnisse. Zahnbrecher, Starstecher, Theriakhändler (Arzneihändler), Hausierer, Kesselflicker und Messerschleifer oder Rattenfänger waren aufgrund ihrer besonderen Fertigkeiten ohnehin unverzichtbar. Als Spezialist aber konnte ein Armer in der differenzierten mittelalterlichen Gesellschaft nicht bestehen. Oft übten die fremden Umherziehenden gleich mehrere Tätigkeiten aus. Dies gilt vor allem für die Spielleute.

Fahren als Schicksal oder als Beruf, die ständige Erfahrung des Fremdseins, war für viele Menschen der ständischen Welt also bitterer Alltag, oft gepaart mit Diskriminierung. Denn Fahrende wurden seit dem Spätmittelalter als Müßiggänger stigmatisiert. Das Ravensburger Stadtrecht etwa grenzte zwischen 1361 und 1365 die *Stirnenstössel* aus, womit Buben, Vaganten und Landstreicher gemeint sind. Michel Behaim versteht um 1450 unter den Stirnenstösseln betrügerische Reliquienhändler, während Sebastian Brant diese Gruppe als *Stationierer* bezeichnet. Für Martin Luther (1483–1546) sind es die *lotterbuben, tyriackshändler, freiheten und des gesindes, das mit unnützem gewesch hin und wider im lande sich neeret.* Lotterbuben, Theriakhändler, Freiharte (Reisbuben bzw. entlassene Landsknechte) und ihr Gesinde waren es, deren »freies Leben« als Stein des Anstoßes galt. Freiheit im modernen Sinne des Wortes ist freilich nicht gemeint, sondern »frei« steht für die fehlende Anbindung an einen Herrn oder Zugehörigkeit zu einer Zunft etc. Konkret bedeutete dies meist Not, Elend und Heimatlosigkeit.

Im 16. Jahrhundert wandelte sich das Blatt endgültig. Jetzt gab es keine Almosen mehr. Vielmehr drohten landesherrliche und städtische Polizeiordnungen, wie das Siegerländer Mandat von 1586, Zigeunern, Landstreichern, entlassenen Söldnern, Geigern, Wanderbettlern, Zahnbrechern, Wahrsagern und Segensprechern den Landesverweis an. Die Kriminalisierung des Mobilseins, die Gleichsetzung von Fahrenden mit Abenteurern, Vagabunden und Landstreichern ging einher mit dem Ausbau der Landesherrschaft. Das ist bis heute so geblieben. Von den obrigkeitlichen Mandaten besonders betroffen waren die Zigeuner. Sie waren nicht nur heimatlos, sondern sahen auch noch fremdländisch aus, was sie in besonderem Maße zur Zielscheibe machte.

Zigeuner

DAS »DIEBISCHE, UNARTIGE UND ZAUBERISCHE
BETTELVOLK« *Wir Zigeuner sind die Herren der Felder, der Äcker, der Wälder, der Berge, der Quellen und Flüsse./Die Berge geben uns unentgeltlich Holz,
die Bäume Obst, die Reben Trauben, die Gärten Gemüse, die Quellen Wasser, die
Flüsse Fische, die Gehege Wildbret, die Felsen Schatten, die Schluchten Kühlung,
die Höhlen Häuser./Für uns sind die Unbilden der Witterung Erfrischungen, der
Schnee dient uns zur Erquickung, der Regen zum Bade, der Donner zur Musik,
der Blitz zur Fackel./Für uns ist die harte Erde ein weiches Federbett, die schwieli-
ge Haut unserer Leibes dient uns als undurchdringlicher Harnisch; für unsre Ge-
wandtheit sind weder Gitter ein Hindernis, noch halten sie Gräben zurück, noch
können Mauern sie bannen.*

Aber gerade diese vom Dichter Miguel de Cervantes Saavedra 1613 beschriebene Unbehaustheit war es, die die Zigeuner immer wieder in Konflikte mit
der Obrigkeit hineintrieb und die Chroniken und rechtshistorische Quellen
thematisieren.

*Zu der Zeit kam erstlich ins Land das diebische, unartige und zauberische Bettel-
volk der Zigeuner,* berichtet Wilhelm Schäffer, genannt Dillich, in seiner »Hes-
sischen Chronik« um 1417. Das Urkundenbuch der Stadt Hildesheim erwähnt
für den 20. September 1407 das erstmalige Auftreten von »Tartaren«, ein
Wort, welches auch als Synonym für Zigeuner gebraucht wurde. In Hessen
sind die Zigeuner 1414 und in Meißen 1416 belegt. In der Schweiz tauchen
sie 1418 auf, in der Provence 1419, in Friesland 1420, in Paris 1427, in Spanien
1447, in England 1449, in Schottland 1492, in Rußland um 1500, in Polen
um 1501 und in Schweden um 1512. Sebastian Münster (1488–1552) schreibt
in seiner berühmten *Cosmographia*, daß um 1417 erstmals Zigeunersippen in
Deutschland eingewandert seien, die er als *ungeschaffen, schwarz, wüst und
unflätig Volk, das sonderlich gern stiehlt, doch allermeist die Weiber, die also ihren
Mann zutragen,* bezeichnet. Georg Fabricius hält 1416 in der »Meißner Chronik« fest, daß der Markgraf Friedrich der Streitbare in diesem Jahr *die Zigani,
einen umherirrenden und schädlichen Menschenschlag, wegen ihres Stehlens, ihrer
Hehlerei und ihres liederlichen Lebenswandels* aus der Markgrafschaft Meißen
hatte vertreiben lassen. Nach der »Magdeburger Schöppenchronik« seien 1417

die Thateren, die Zeguner genannt, in die Stadt gekommen, schwarze, gräuliche Leute, Männer wie Frauen, mit vielen Kindern, die vertrieben wurden aus ihrem Land und seitdem kreuz und quer umherwanderten. Sie seien 14 Nächte in Magdeburg geblieben und hätten auf dem Fischmarkt *einer auf des anderen Schultern* getanzt. Auch vor den Ratsherren seien sie mit *wunderlichen Gebärden,* also als Gaukler, aufgetreten, wofür sie ein Faß Bier, ein Rind und Brot erhalten hätten.

Ihre hohe Mobilität betrachteten die Menschen mit Argwohn. Stammte die überwältigende Mehrheit der Fremden im Mittelalter noch aus dem christlichen Kulturkreis, so waren doch die Zigeuner Fremde, die von weither kamen und daher auch weit weniger von der mittelalterlichen Gesellschaft akzeptiert wurden. Nicht etwa die wirtschaftliche Rezession nach dem Konstanzer Konzil (1414–1418), sondern das Auftreten der Zigeuner 1430 machte man für die große Teuerung acht Jahre danach in der Bodenseestadt verantwortlich, wie der Konstanzer Chronist Dacher berichtet (Ruppert, Chroniken, S. 174):

In dem 1430 jar do kam ain schwarz volk gezogen, hiß man Ziginer und warent uß dem niedern Egipten oder nit verre bysits darvon von ainer insuln. Die zugent mer den sechs oder siben jar in allem land mit großer armut und ellend und mit großer untruw, wan sy stalent, was sy ankament, und wie es in werden mocht mit zoberlist, warsagen und menger hand sund und list, die sy tribent.

[…] Und wo sy gezogen warent, do kam in nach in dem 1438 jar ain sollich große türy, der nie kain mensch gedacht hett, was es kam, das man ain viertel kernen gab umb 4 Pfund Heller und des gelichen alle ding, und kament die lüt in groß armut von hunger. Und darnach kam ein großer sterbet, der darnach an dem andern blatt stat.

Die nächste Ankunft der Zigeuner in Konstanz fällt nach derselben Chronik in das Jahr 1436 (Ruppert, Chroniken, S. 191):

Aber des vorgeschriben jars do warent by vierhundert Ziginer, man, froen und kind, hie ze Costentz und stalent, was inen werden mocht.

Sechs Jahre später ist in den »Konstanzer Chroniken« von ersten fremdenfeindlichen Reaktionen des Rates gegen die exotischen Immigranten die Rede (Ruppert, Chroniken, S. 221):

Item am donrstag vor sant Johanns tag [21. Juni] des jars [1442], so vorstat, warent die ziginer zu Constentz, die schlugent valsch plaphart uff costenzer schilling und sahent och glich also. Das kam für ain raut. Also beschloß man die tor und vieng die man also all; was ainer unter in, der es geton hett, den lait mann gevangen und fürt man die andern all enweg by fünfzigen. An dem sechsten tag fürt man in für rat und vält umb ain hand, er wär versotten, also brant man in durch beid backen und an der stirnen der statt zaichen.

Der Konstanzer Chronist Dacher breitet auch die Erzählungen vom Fürsten »Dracol«, besser bekannt als Dracula, genußvoll aus (Ruppert, Chroniken, S. 235):

Item er hat ain zyginer, der hat gestolen. Do kament die andern zyginer zu dem Dracol und batent für in. Do sprach der Dracol: »er muß hangen und ir müssent in selbs henken.« Sy sprachent, es wär nit ir gwonhait. Der Dracol ließ den zyginer in ainem kessel sieden und do er gesotten was, do mustent sy in essen mit hut, bain und flaisch.

Dieser kleinwüchsige Bojar (Großbauer/Adlige) aus der Walachei und spätere Wojwode (Fürst) Vladislaus III. Drâcul bzw. »Draculea« wurde auch »Vlad Tepesch« (»Laslo der Pfähler«) genannt. Der grausame Fürst wurde 1431 in Schäßburg (Sighişoara) in der Region Siebenbürgen (Transylvanien) geboren und lebte als Regent später in der benachbarten slawischen Walachei auf Burg Poenari, nördlich Curtea de Arges, und später in der Hauptstadt Tirgoviste (Târgoviste). Die Bildbeschreibung zu einem Holzschnitt von Markus Ayrer aus Nürnberg von 1499 lautet:

Hier folgt eine grausige, schreckliche Geschichte von dem wilden Wüterich Dracol Wayde. Wie er die Leute aufgespießt und gebraten und mit den Köpfen in einem Kessel gekocht hat. Und wie er die Leute geschunden und zerhacken läßt wie Unkraut. Jetzt hat er auch den Müttern ihre Kinder gebraten, die sie dann selbst verspeisen mußten. Und viele andere schreckliche Dinge sind in diesem Traktat aufgeschrieben. Und in welchem Land er regiert hat.

Von diesen Geschichten hatte auch der Konstanzer Chronist gehört und übertrug sie nun auf die Zigeuner. Die Wehrlosigkeit der Zigeuner hebt ein weiterer Bericht des Konstanzer Chronisten Dacher über den Dracol hervor. Wieder wurden sie angeblich zum Kannibalismus gezwungen (Ruppert, Chroniken, S. 247 f.):

Item es kament by drühundert Zyginer in sin land, do nam er uß die besten drü unter inen und ließ sy brauten, die mustent die ander Zyginer essen und sprach zu inen: »also muß ir üwer ainer den andern essen, biß das üwer kainer mer ist, oder zieht hin an die Türken und streit mit in.« Sy woltent das alles gern ton und dahin ziehen, wohin er wölt. Do tät der Dracol ains und claidet er sy all in kühut, och dergleich ir roß. Do nun die Türken und die Zyginer zusamen kament, do schuchtent der Türken roß

ab den Zyginer und iren roßen und fluhent von wegen des gerümmels mit den kühü-
ten, das sy der roß nit gwalt haben mochten, und schlugent an ain wasser und die Zi-
giner jagtent in nach also, das sy all ertrunkent.

Im ausgehenden 15. Jahrhundert begann die unausgesetzte Verfolgung der Zigeuner größere Ausmaße anzunehmen. 1494 wurden Zigeuner aus Frankfurt
am Main vertrieben. Die Reichstage zu Lindau (1496) und Freiburg (1498)
erklärten die Geleitbriefe Kaiser Sigismunds (1368–1437) von 1423 und Friedrich III. (1415–1493) vom 15. April 1442 für ungültig. Die Zigeuner waren
damit vogelfrei. Man verdächtigte sie neben den üblichen Beschuldigungen
des Diebstahls nun auch, Spione der Türken zu sein.

Ihr schillerndes Aussehen, die fremde Sprache und ihre undurchschaubaren
Gebräuche ließen das Volk leicht daran glauben. Kaiser Maximilian I. bekräf-
tigte im Zuge dieser Türkenangst auf dem Reichstag zu Augsburg im Jahre
1500 ausdrücklich diese Beschlüsse.

DIE DISKRIMINIERUNG DER ZIGEUNER Da die Zigeuner nicht zum
christlichen Kosmos zählten, galten sie ebenso wie Juden, Sarazenen und Heiden
als rechtlos. Nur königliche oder kaiserliche Privilegien gewährten ihnen einen
zeitlich begrenzten Rechtsschutz und bewahrten sie vor willkürlicher Verfolgung.
Durch zum Teil gefälschte Geleitbriefe von Kaisern, Königen und Fürsten suchten sich viele Zigeuner vor Übergriffen zu schützen. So lautet ein angeblicher Ge-
leitbrief Kaiser Friedrichs III. für den Grafen Michel vom 15. April 1442:

Wenn der gegenwärtige Michel, Graf der Zigeuner, diesen Brief vorweisend, mit-
samt seinen anderen Gesellen in unsere und des Heiligen Reiches Länder und unse-
rer anderen Fürstentümer kommen wird, begehren wir von euch, den Untertanen
unserer Reiche, mit besonderem Nachdruck gütlich und ernstlich gebietend, daß ihr
eben diesen Michel mitsamt seiner Gesellschaft durch euer und unser Land sicher und
ungehindert ziehen, auch sie für ihr Geld all ihre Notdurft kaufen und erwerben lasst
und sie nicht zu Unrecht beschwert noch es jemand anderem zu tun gestattet.

Genutzt haben ihnen die Geleitbriefe meist nicht viel. Die Zigeuner wurden
wegen ihrer eigenen ethnischen und religiösen Traditionen als Fremde angesehen und zu Feinden der Christenheit erklärt. Sie fanden wie die Juden keine Aufnahme in eine christliche Korporation wie etwa eine Handwerkerzunft,

was ihren Außenseiterstatus verstärkte. So waren die Zigeuner darauf angewiesen, ihr Überleben in einer Grauzone zu sichern, etwa, indem sie niedere Heilberufe ausübten oder Wahrsagerei betrieben. 1343 zählt das Augsburger Achtbuch einige Arten von Betrügern und Bettlern auf, darunter auch die *Scherpierer, die vorgeben, Pilger zu sein und sind nichts als Bösewichter.* Dieser Vorwurf wurde in der Mitte des 15. Jahrhunderts auch auf die Zigeuner übertragen. Die Pommersche Polizeiordnung vom 26. März 1563 geht gegen die *thaterenn edder zciegener* vor, welche im Verdacht stünden, mit den Türken gemeinsame Sache zu machen. Die Türkenangst war so groß, daß man den Zigeunern freies Geleit absprach, sie für vogelfrei erklärte und jedermann mit zwanzig Gulden Strafe belegte, der den Zigeunern Hilfe und Unterschlupf gewährte. Seit der zweiten Hälfte des 16. Jahrhunderts nahmen die zigeunerfeindlichen Edikte zu. Immer wieder werden die Zigeuner darin als vogelfrei erklärt: Wem es beliebte, der durfte sie töten, ohne Strafe fürchten zu müssen, mindestens aber davonjagen. Die Zigeuner gerieten in den Augen der Landesherren und ihrer Untertanen zu störenden Objekten. Dies zeigt auch das Edikt des Kurfürsten Johann Georg von Brandenburg vom 18. Mai 1596:

Und weil offentlich, das die lose leichtfertige buben, so sich tattern oder zegeuner nennen, diebe und verrheter sein, auch der Christen lande dem Türcken und andern der christenheit feinden verkuntschaffen, sollen dieselben hinfüro in unsern landen keinesweges gelitten, viel weniger durch jemandes in seinen gebieten zu sein, bey verlust seiner gericht und meidung unser schweren straffe vergleitet werden. Und wo jemand wieder die zegeuner was fürnemen würde, der oder die sollen daran nicht gefrevelt oder unrecht gethan haben.

Im 18. Jahrhundert nannten die Obrigkeiten vielfach alle Gruppen fahrender Leute, heimatloser Flüchtlinge und marodierender Landsknechte »Zigeunergeschmeiß«. Hinter dem Sammelbegriff »Zigeuner« verbergen sich in Wahrheit verschiedene Ethnien wie Roma, Sinti, Luri, Zott, Boza, Athinganer, Tattern, Sarazenen, Bohémiens, Gypsies und Gitanos und viele andere ethnische Minderheiten. Abenteuerliche Wortdeutungen wurden immer wieder versucht – das Wort »Zigeuner« etwa wurde aus »ziehender Gauner« abgeleitet. Die Sulzer Zigeunerliste von 1787 spricht bereits im Titel vom *Räuber- und Zigeunergesindel* beziehungsweise der *Zigeuner- und Mörderbande.* Und im Staatsanzeiger für Württemberg von 1889 lesen wir:

In ein altes Jagdbuch habe man als Ergebnis des Treibens eingetragen: »Geschossen ein starker Hirsch, 5 Schmaltiere, 3 grobe Sauen, 10 geringe Sauen, 2 Zigeuner, eine Zigeunerin, ein Zigeunerkind.«

Wir sahen: Unbehauste Fahrende wurden zum Teil benötigt und bestaunt, zumeist aber verachtet und diskriminiert, aber auch verfolgt und ermordet, wie es vor allem das Schicksal der Zigeuner in Europa zeigt. Ihre in den Augen der ständischen Gesellschaft gefährliche Mobilität ohne legitimen Sinn und Zweck verstärkte die Angst vor den Fremden und führte vielfach zu Übergriffen. Diese schillernden Menschen mit ihren vielseitigen Fähigkeiten und Künsten blieben ihr Leben lang Außenseiter. Es gab nicht einmal den Versuch, sie zu integrieren. Allenfalls einigen wenigen fahrenden Spielleuten gelang es, eine feste Anstellung als Stadtmusiker zu erhalten. Erst durch ihre Ansiedlung wurde die Fremdheit überwunden.

10

Integration und Diskriminierung
Fremde in der mittelalterlichen Stadt

Einwanderung in die mittelalterliche Stadt

Das Ziel der vagabundierenden fremden Menschen war die Stadt. Denn hier gab es Almosen und Arbeit, und war man erst einmal hineingelangt, bot das unübersichtliche Gewirr der verwinkelten Gassen hervorragende Versteck-möglichkeiten. 1311 beschloß daher der Straßburger Rat, daß *alle seckelsnyder und reger, wegerle und lehenere, esser und ryfion* [verschiedene Ausdrücke für fahrende Bettler und zwielichtiges Gesindel] *dise stat* [...] *rumen sullent* – ein wohl unmögliches Unterfangen für die wenigen städtischen Büttel (Urkundenbuch der Stadt Straßburg, Bd. 4, Nr. 2). Die Gastarbeiter bezeichnete der Lübecker Stadtrat Ende des 13. Jahrhunderts als *servi alieni, vagi et indomiti*, also als ungezähmte, fremde Knechte. Doch weitaus mehr als ihre Mobilität oder ihre fremde Herkunft war es die Tatsache, daß die Gastarbeiter nur Hilfstätigkei-ten ausübten, die zu ihrer gesellschaftlichen Verachtung beitrug. Fremd wa-ren aber auch die Gesellen, die ohne Bürgerrecht allein über den Dienstvertrag an den Meister gebunden waren. Sie waren freilich keine Außenseiter.

Die mittelalterliche Stadt war ein »Einwanderungsland«, die Gründe für die Immigration vielschichtig. Die Städte boten bessere wirtschaftliche Rahmen-bedingungen und besaßen eine ausgeprägte Infrastruktur, einen Markt, ein Spital, Kirchen und Klöster. Der städtische Friede bot Stabilität und Sicher-heit und ermöglichte sprichwörtliche Freiheit und Gleichheit: Freiheit nicht im Sinne von »frei von Herrschaft«, sondern »frei von Knechtschaft«. Frei zu sein vor willkürlichen Übergriffen, Gewalt und Zwang bedeutete viel in einer Welt der Rechtsunsicherheit. Die Stadt gewährte die allgemeine Gleichheit vor Gericht und Recht im Gegensatz zum Landrecht, welches die hohen Stän-de bevorzugte.

Aber die Stadtmauer als Barriere verhinderte einen unbefugten Zutritt oder den unerwünschten Zustrom von Unterschichten, Minderheiten und Randgruppen. Die Stadttore regelten den Zufluß und waren nur zu bestimmten Zeiten geöffnet, in Leipzig beispielsweise im Sommer 1515 von drei Uhr morgens bis neun Uhr abends, im Winter desselben Jahres von vier Uhr morgens bis sieben Uhr abends.

Die mittelalterlichen Städte wiederum waren auf den stetigen Zuzug von Fremden angewiesen. Einer vergleichsweise hohen Mortalität, etwa durch Kindersterblichkeit und Seuchen, stand eine tiefe Geburtenrate aufgrund der strengen Heiratsbeschränkungen entgegen. In der Phase des Ausbaus der mittelalterlichen Städte im 13. und 14. Jahrhundert benötigte man viele Arbeitskräfte für die Anlage neuer Straßen, den Bau neuer Häuser und Stadtmauern. In den Wellen der Städtegründungen zwischen 1240 und 1330 und dem Anwachsen der Städte im 14. und 16. Jahrhundert schwoll diese Zuwanderung zum bedeutendsten Migrationsstrom des Spätmittelalters an. Hochrechnungen der Einbürgerungen auf das gesamte Reich nördlich der Alpen bezogen ergaben im 14. und 15. Jahrhundert 30.000 bis 50.000 und im 16. Jahrhundert etwa 40.000 Neubürger pro Jahr. Auf ca. fünfzig eingesessene Bürger kam jährlich ein Neubürger, das heißt bei gleicher Bevölkerungszahl gehörten nach einhundert Jahren statistisch nur noch 13 Prozent zu den eingesessenen Familien der Stadt.

Dennoch waren nicht alle Neubürger Fremde, da auch in der Stadt geborene Menschen wie Bürgersöhne oder Seldner (Tagelöhner bzw. Kleinhandwerker) beziehungsweise Einwohner in den Neubürgerbüchern verzeichnet wurden. In den Phasen größerer Einwanderungswellen machten sie ca. zwanzig Prozent aus. Versiegte der Zustrom von außen, veränderte sich dieses Verhältnis zugunsten der Stadtbürtigen. Ferner haben sich nicht alle Zuzügler einbürgern lassen. Auch sind die Mitglieder der Familie des Neubürgers in den Neubürgerlisten selten verzeichnet. Daraus ergibt sich, daß die tatsächliche Zahl der Einwanderer höher war als die Zahl der in den Neubürgerbüchern verzeichneten Personen.

Die Aufnahme von fremden und einheimischen Einwohnern ins Bürgerrecht ist daher eines der wesentlichen Kennzeichen der europäischen Stadt im ausgehenden Mittelalter, und ihre Integration war eine ihrer elementarsten Aufgaben.

12 / Zur höfischen Liebe gehörte die Verehrung des Dichters für eine unerreichbare Dame. >MINIATUR ZU GOTTFRIED VON NEIFEN, CODEX MANESSE, 1. HÄLFTE DES 14. JAHRHUNDERTS<

13 / Landstreicher waren aufgrund ihrer fremdartigen Lebensweise als Fahrende in den Städten und Dörfern nicht gern gesehen.

> HIERONYMUS BOSCH, DER LEBENSWEG, 1503 <

Von den swartzen getouften Heiden
die miteinandern gen Bern kament

14 / Zigeuner – erkennbar an den für sie typischen turbanartigen Hüten –
ziehen durch die Schweiz. Sie galten als diebisches und arbeitsscheues
Bettelvolk. >SPIEZER SCHILLING, ANFANG DES 16. JAHRHUNDERTS<

e tu mas enclos dedens ces murs | ne ferai ce que tu desiros. viij. du
s ces portes et ne veus souffro | ne laueugle et du contrait que il mitre
tte hois ne que ne nul regne

Une commanda | la roial comprignie alast deuar
le roy que len app | il alast la ou il vousist et commu
rillast tantost chena | li geaument as ministres que i
us dehemoys royal. | se orde ne priant il ne lessacent
er que len trist a con | uant li mes comanda que li de
salz serusse de roy et q | toute roieuse dise et bone. et con

15 / Zwei bettelnde Leprakranke werden am Stadttor abgewiesen.

> MINIATUR, 14. JAHRHUNDERT <

Aber nicht alle Zuzügler fanden Aufnahme. In den meisten Fällen wurden hochfliegende Erwartungen enttäuscht, fanden sich viele als Angehörige der städtischen Unterschicht wieder, die in Kellerverschlägen oder Buden lebten und, wenn sie Glück hatten, als Gesellen, Knechte oder Mägde Arbeit fanden. Bürgerbücher, Einwohnerverzeichnisse und Steuerbücher erlauben verschiedentlich eine Rekonstruktion der Bevölkerungsstruktur der Städte. Erste Neubürgerlisten setzen um die Mitte des 13. Jahrhunderts im Reich ein, zuerst 1258 in Rostock und 1259 in Lübeck. Weitere Städte folgten zügig nach.

Bürgerrecht und Integration

Der Begriff des Bürgers geht zurück auf niederdeutsch *burgaere, burger*, womit die Bewohner einer *burc* (Burg, Schloß, Stadt) gemeint sind (ahd. *burgari*). Im 10. Jahrhundert nahm die Ausbildung des Rechtsbegriffs »Bürger« seinen Anfang, als in den Marktrechtsprivilegien der ottonischen Könige etwa für Speyer, Worms, Verden oder Gandersheim die Städte als *civitas* mit rechtlich abgegrenzten Bezirken (Markt, Zoll, freies Eigen, Marktfrieden etc.) ausgezeichnet wurden. Zwei Aspekte sind für den mittelalterlichen Bürgerbegriff entscheidend: der Rechtsbegriff und der Wertebegriff. Der Rechtsbegriff »Bürger« war noch kein Standesbegriff und diente zur Abgrenzung gegenüber auswärtigen Adligen und Bauern beziehungsweise gegenüber Bürgern fremder Städte und Gästen. Innerhalb der Stadt gab es Bürger und Einwohner (Beisassen), die zwar in der Stadt wohnten, aber kein Bürgerrecht besaßen. Ein wertbetontes, gesellschaftliches Unterscheidungsmerkmal der Bürger von anderen Personengruppen in Form der Kleidung oder der Zulassung zu Fest und Tanz entstand erst im Laufe der Zeit.

Die Voraussetzungen für den Erwerb des Bürgerrechtes waren vielfältig. In den weitaus meisten Städten verlangte der Rat einen Nachweis über ein Mindestvermögen, den Bürgereid, die Haushäblichkeit (Residenzpflicht), die Bezahlung des Bürgergeldes, das Stellen von meist zwei Bürgen sowie Grundbesitz oder den Nachweis einer Rente (oder eines sogenannten Udels). Das Mindestvermögen war der Schwellenwert für die Aufnahme ins Bürgerrecht und an Haus- und Grundbesitz, städtische Renten, Waffen- und Vermögensbesitz gebunden. Ulm verlangte 1417 den Nachweis von Vermögen im Wert von mindestens zweihundert Pfund Heller (einhundert Pfund Pfennig), München Ende des 14. Jahrhunderts neunzig Gulden (225 Pfund Pfennig), Nördlingen 1416 dreißig rheinische Gulden (75 Pfund Pfennig), Straßburg dagegen zur selben Zeit nur zwanzig Gulden (fünfzig Pfund Pfennig) und Augsburg fünfzig Gulden (125 Pfund Pfennig). Das waren stattliche Summen, verdiente doch eine Dienstmagd zu jener Zeit nur wenige Pfennige im Jahr zusätzlich zur freien Kost und Logis und ein Stadtschreiber etwa sechzig Gulden jährlich.

Der Bürgereid galt als zentrales Kriterium der Einbürgerung. Vorab bedurfte es einer Klarstellung, ob ein Bewerber die erforderlichen Voraussetzungen erfüllte: Der Nachweis freier und ehelicher (ehrlicher) Geburt war ebenso zu erbringen wie die Feststellung, daß ihm keine auswärtigen Klagen anhängig waren, die die aufnehmende Gemeinde etwa in Händel verwickeln könnten. Der Eid kennzeichnete den Bürger als Mitglied einer *conjuratio* (Eidgenossenschaft). Mit ihm integrierte sich der Bürger als Individuum oder Familienvorstand freiwillig in das städtische Gemeinwesen. Im Falle des Wegzugs mußte der Eid formell gekündigt werden. Der Bürgereid schloß die Verpflichtung zu Treue und Gehorsam gegenüber dem Rat sowie den Einsatz für den Nutzen und die Ehre der Stadt ein. Daran gebunden war die Befolgung der städtischen Gesetze, die Steuerpflicht in Form einer Vermögenssteuer nach Maßgabe der individuellen wirtschaftlichen Leistungskraft, die persönliche Wehr- und Bewaffnungspflicht, der Wach- und Feuerwehrdienst, der Arbeitsdienst für Befestigungen, die Anzeige- und Rügepflicht sowie die Mitwirkung bei der Ergreifung von Friedensbrechern. Die Stadt verpflichtete sich im Gegenzug, Schutz und Rechtssicherheit zu gewähren, nahm sich der auswärtigen Rechtssachen ihrer Bürger an, unterstützte sie bei der Eintreibung von Schulden fremder Bürger, verhandelte bei Überfällen auf Hab und Gut oder bei Geiselnahme und sorgte für den Freikauf von Kriegsgefangenen.

Die Haushäblichkeit war bis ins 14. Jahrhundert die wichtigste Voraussetzung für den Erwerb des Bürgerrechts. Es ging dabei nicht um das Eigentum an Grund und Boden (»Erbe«), gehörte doch der Boden in den meisten Fällen dem Stadtherrn, sondern darum, ein Haus zu besitzen und mit »Feuer und Rauch« zu bewohnen. Mindestens zehn Jahre sollte nach einem Konstanzer Ratsbeschluß vom 16. Januar 1393 die Haushäblichkeit andauern. Der Erwerb eines Hauses festigte die Integration in die Stadt durch die damit verbundenen finanziellen Verpflichtungen, war ferner eine Sicherheit für die Stadt, damit der Neubürger im Falle der Mittellosigkeit nicht der Fürsorge zur Last fiel, oder bot der Stadt die Möglichkeit, im Falle der Verurteilung des Bürgers sein Hab und Gut zu konfiszieren. In Frankfurt mußte der Besitz oder Erwerb eines Grundstücks in der Stadt im Wert von zehn Mark nachgewiesen werden. Seit 1330 hatte der Neubürger in Frankfurt eine Aufnahmegebühr von drei Pfund Pfennig zu zahlen und eine jährliche Rente von einer halben Mark nachzuweisen. In den meisten Städten wurde im 14. Jahrhundert der Anspruch auf Haushäblichkeit aufgegeben, da die Summen für Einwanderer zu hoch waren oder der Platz in den Städten für neue Häuser nicht mehr ausreichte. Die Anteile auf Häuser wurden in Form von Udeln (ein von der Stadt festgelegter Geldbetrag, der in Form eines Pfandes auf das Haus geschlagen wurde) oder Renten an Einwanderer vergeben. Im 15. Jahrhundert lösten sich die Renten vom Hausbesitz. In einigen Städten mußten Leibrenten gekauft werden, die der sozialen Absicherung dienten. Größere Städte verlangten früh Bürgen, während kleine Städte oft darauf verzichteten. Diese bürgten gegenüber der Stadt, wenn der Neubürger seine Bürgerpflichten nicht erfüllte oder das Bürgerrecht unstatthaft aufgab.

Das Bürgergeld war die Gebühr für die Aufnahme in die Genossenschaft. Die Zahlungen wurden für kommunale Aufgaben verwendet. Durch die Erhöhung oder Absenkung des Eintrittsgeldes in die Bürgerschaft besaß der Rat eine Möglichkeit, die Integration von Fremden oder Einheimischen zu steuern. Am 23. Oktober 1385 beschloß der Konstanzer Rat, keine neuen Bürger mehr anzunehmen, es sei denn, von der Stadt gesuchte Handwerker (Ratsbuch I, S. 133). Am 5. Juni 1387 erging ein weiterer Ratsbeschluß entsprechenden Inhalts (Ratsbuch I, S. 322).

In Zeiten der Gefahr von außen waren viele Städte bestrebt, die Einwohner und Seldner ins Bürgerrecht einzubinden. Luzern kannte deswegen im Spätmittelalter eine Einbürgerungspflicht für alle Stadtbewohner, wenn sie ein Jahr und einen Tag innerhalb der Stadtmauern lebten. Der Rat der Stadt versuchte, das Bürgerrecht tendenziell auf alle Ansässigen auszuweiten, um alle Einwohner durch einen gleichen Eid zu verbinden (Schwurgemeinde). In Konstanz, Köln, Freiburg im Breisgau oder Augsburg wurde nach den erfolgreichen Zunftkämpfen im 14. Jahrhundert die Aufnahme in das Bürgerrecht von der vorherigen oder gleichzeitigen

Aufnahme in eine Zunft abhängig gemacht. In Nürnberg mußten nach den Handwerkerunruhen von 1348/49 und den Handwerkerordnungen von 1357/58 alle diejenigen, die ein Handwerk betrieben, zugleich das Meister- und das Bürgerrecht besitzen. Mit der generellen Aufnahme der Handwerker in das Bürgerrecht verpflichtete der Rat weite Kreise der Bevölkerung durch den Bürger- und Steuereid zum Gehorsam. Größere Städte kannten auch die Masseneinbürgerung, so Frankfurt 1432, 1448 und 1459. In Frankfurt behielt die Frau nach dem Tod ihres Ehemannes das Bürgerrecht. Durch die Heirat mit einer Bürgerwitwe oder einer Bürgertochter erhielt ein Mann Zugang zum Bürgerrecht.

Da die meisten Neubürger wenig bemittelt waren, nahm man in Frankfurt von der alten Konzeption der Grundbesitzergemeinde Abstand, senkte das Bürgergeld ab und erlaubte den Kauf einer auf einem Grundstück liegenden Rente statt eines eigenen Hauses. Der Mainzer Rat warb 1436 offen Neubürger an. Es gab Sonderregelungen und Vergünstigungen für besonders gesuchte Handwerker. Nachdem um 1400 die inzwischen ummauerten Vorstädte in Nürnberg mit waffenfähigen Männern besiedelt waren, erschwerte der Rat die Aufnahme von Tagwerkern und Mittellosen in das Bürgerrecht. Auch die Steuerung der Einbürgerung über die Zunftmitgliedschaft war eine Möglichkeit der Kanalisation der Integration. So erließ der Konstanzer Rat gegen Ende des 14. Jahrhunderts verschiedene Satzungen, in denen die Bürgeraufnahme stark eingeschränkt wurde, es sei denn, daß eine Zunft dies beantrage. Das Einbürgerungsverfahren mit den Instrumentarien Bürgereid, Haushäblichkeit und Bürgschaft war für die einheimische Bevölkerung eine »risikoarme Integrationsstrategie«. Die Bürgerpflichten gegenüber der Gemeinschaft förderten die Integration in den Sozialverband. Integriert wurden nicht losgelöste Individuen, sondern Familien in ein bestehendes soziales Netz: in eine Familie, in ein Quartier, in eine Pfarrgemeinde und in eine Zunft oder eine vergleichbare Korporation.

Diskriminierung von Fremden

Fremde waren in der mittelalterlichen Stadt Personen ohne Bürgerrecht, die nicht zur engeren Familie eines Bürgers gehörten und sich vorübergehend oder länger in einer Stadt aufhielten. Den Grad der Fremdheit machte man nicht an der geographischen Herkunft, sondern am Rechtsstatus fest.

So gab es zunächst fremde wie einheimische Beisassen, auch Einwohner, Mitwohner oder Seldner genannt. Darunter fielen Handwerksgesellen, Knechte, Mägde und Tagelöhner. Sie waren keine Vollbürger. Erst im Laufe der Zeit wurden sie als minderberechtigte Gemeindemitglieder zur Eidesleistung verpflichtet. Der geschworene Beisasse hatte kein Wahlrecht. In einigen Städten mußten Beisassen ein Schutzgeld entrichten.

Pfahlbürger und Ausbürger waren Bewohner des umliegenden Landes, einer Grundherrschaft entlaufene Bauern, die in ein bürgerrechtsähnliches Verhältnis zur Stadt eintraten, grundsätzlich aber auf dem Lande wohnen. Der Rat nahm sie nach Jahr und Tag ins Bürgerrecht auf, wenn der Herr sie nicht zurückforderte, um so das Umland näher an die Stadt zu binden. Die Könige erließen wiederholt Verbote der Pfahlbürgerschaft, so 1235 im Mainzer Landfrieden, 1287 im Würzburger Landfrieden, 1383 im Nürnberger Reichslandfrieden und im Mainzer Landfrieden und 1356 in der Goldenen Bulle Kaiser Karls IV., um Streitigkeiten zwischen Fürsten und Städten zu vermeiden.

Auch fremde Arbeiter hatten es schwer. Erinnert sei an das Beispiel der Welschen, romanisch sprechender Menschen aus Savoyen oder Italien, die in der Frühen Neuzeit auf Arbeitssuche in Süddeutschland waren. 1551 verbot Freiburg die Aufnahme von Welschen in die Zünfte sowie deren Annahme als Bürger. Am 26. Oktober 1598 wurde unter Bezug auf dieses Edikt das Zunftgesuch des savoyischen Handelsmannes Hans Ayomat von der Stadt abgelehnt (Stadtarchiv Freiburg B 5 XIIIa, Ratsprotokolle, Bd. 39, fol. 512^a–513^a). Als Ayomat, der immerhin mit einer Freiburgerin, der Tochter des Hans Wirt, verheiratet war, dagegen protestierte, schaltete sich die Freiburger Krämerzunft ein und beschwerte sich am 9. Dezember 1598 erfolgreich beim Rat (Stadtarchiv Freiburg B 5 XIIIa, Ratsprotokolle, Bd. 39, fol. 554^{a}f.). Am 3. März 1599 untersagte die Stadt ihren Bürgern und Bürgerinnen dann, Welsche zu heiraten (Stadtarchiv Freiburg B 5 XIIIa, Ratsprotokolle, Bd. 40, fol. 54^{a}f.). Schließlich warf der Rat am 10. März 1599 Hans Wirt vor, Hans Ayomat seine Tochter »vor der Zeit« zur Frau gegeben zu haben und befahl ihm, *seynen welschen dochterman als baldt nach Jnnerthalb 14. tagen auß seynem Haus hinwäg zuschaffen* (Stadtarchiv Freiburg B 5 XIIIa, Ratsprotokolle, Bd. 40, fol. 61^a–62^a).

Städte wie Konstanz verabschiedeten eigene Bestimmungen für die Fremdenpolizei, so zum Beispiel am 15. Oktober 1388 (Ratsbuch I, S. 190): *Der gross rat hat empholhen den ratz knehten, das si dick umb sond gan in der wirt húser und ouch in soelichi húser, da ungewaerlich lút ingand, und die sond si vahen.*

Auch die Beherbergung von Fremden wurde kontrolliert. Der Konstanzer Rat bestimmte dazu am 9. September 1390, daß niemand einen fremden Mann aufnehmen und beherbergen solle, es sei denn, daß der Stadt dadurch nach Untersuchung des Falles durch den Rat kein Schaden entstehe (Ratsbuch I, S. 373).

1545/46 erließ die Stadt Freiburg umfangreiche Maßnahmen gegen Fremde. Alle Hausleute sollten Nichtzünftige schriftlich anzeigen. Kein Zunftmeister durfte Fremde in die Zunft aufnehmen. Dem Rat war vorbehalten zu prüfen, ob sie *der stat vnd gmein nuzlich vnd dienstlic* sind. »Welschen« aus Frankreich und Oberitalien wurde vorgeworfen, daß die als »Landstreicher« in den Bürgergärten Obst aufläsen. Die Vergabe von Almosen durch die Klöster sollte daher auf Einheimische beschränkt werden, denen für ihre Berechtigung ein Bettlerzeichen zu geben war. Zwei Bettelvögte sollten die Einhaltung der Verordnung kontrollieren.

Wie das Bürgerrecht als Mittel zur Integrations- oder Ausgrenzungspolitik diente, zeigt ebenfalls das Beispiel der Juden. Mit der Abkehr von der Haushäblichkeit als oberstem Prinzip des Bürgerseins wurde es den Juden seit der Mitte des 14. Jahrhunderts oft verwehrt, Bürger zu werden. Einige Städte wie Augsburg, Göttingen, Leipzig und Ulm bürgerten jedoch Juden bis weit in das 15. Jahrhundert hinein ein. Das Problem der Eidesleistung wurde dadurch umgangen, daß Juden auf jüdische Autoritäten schwören mußten. Das Bürgergeld lag in der Regel höher als bei den übrigen Kandidaten.

Integration und Diskriminierung von Fremden am Beispiel von Nürnberg und Leipzig

Nürnbergs stadtgeschichtliche Quellen – die Losungs- und Steuerbücher von 1307/08 bis 1397 und 1440, die Liste des Gemeinen Pfennigs von 1497, die pergamentenen Neubürgerlisten von 1449 bis 1530/1550, die papierenen Listen von 1382/1430 bis 1530/1550, die Ratslisten von 1317, 1319/23, 1332 bis 1400 für das Patriziat, die Ämterbücher von 1357/58, 1396/1400, die Totengeläutebücher der Kirchen seit 1439 (St. Sebald) und die Hochzeitsbücher seit Anfang des 15. Jahrhunderts – erlauben weitgehende Rückschlüsse zur Demographie und Migrationsgeschichte der Stadt.

Die älteste Einwohnerstatistik von 1449 nennt 20.219 Personen, darunter 1.800 Nichtbürger, 446 Geistliche und 150 Juden. Von insgesamt 522 Neubürgern mit gesicherten Herkunftsangaben kamen zwischen 1302 und 1448 allein 428 (ca. 82 Prozent) aus dem näheren Umkreis bis zu einer Entfernung von einhundert Kilometern. Allein 45 von insgesamt 209 Neubürgern mit ländlicher Herkunft (21,5 Prozent) stammten aus der Gegend um Fürth. Die absolute Höchstzahl der Neubürger mit 77 kam aus der Gegend um Erlangen. Die ländlichen Neubürger lassen sich vor allem aus dem näheren Umfeld der Stadt zuweisen, während die städtischen Neubürger vorwiegend aus weiter entfernten Gegenden stammten: 149 von 209 der ländlichen Neubürger (71,8 Prozent) kamen aus dem näheren Umland bis zu vierzig Kilometern, wohingegen die Neubürger städtischer Herkunft hier nur mit 81 von 313 (25,8 Prozent) vertreten sind. Von insgesamt 522 Neubürgern mit gesicherten Herkunftsorten waren 313 (ca. 60 Prozent) städtischer und 209 (ca. 40 Prozent) ländlicher Herkunft. Nur 23 Neubürger entstammten anderen fränkischen Reichsstädten.

Nürnberg kannte seit 1382 ein gestuftes Bürgerrecht, welches zwischen den Bürgern der Innenstadt (Vollbürger), den Handwerksbürgern der Vorstädte und den Einwohnern mit befristetem Aufenthaltsrecht unterschied. Die Vollbürger lebten in den befestigten Innenstadtteilen St. Sebald und St. Lorenz. Ein nach Nürnberg zugezogener Neubürger, der zweihundert Gulden Vermögen besaß, bezahlte eine Aufnahmegebühr von zehn Gulden und durfte dorthin ziehen, wenn der Rat dies erlaubte und der Zuziehende ein Haus im Wert von fünfzig Gulden erwarb. Alle zuziehenden Handwerksmeister oder Angehörigen sonstiger Berufe wie Krämer, Wirte, Brauer etc. mit einem Vermögen unter zweihundert Gulden mußten dagegen für fünf Jahre in den ummauerten Vorstädten wohnen und hatten eine Gebühr von sechzig Hellern zu entrichten (ca. sechs Taglöhne). Für die Vorstadt- oder Minderbürger war Hausbesitz nicht erforderlich. Erst nach Ablauf der fünf Jahre durften sie in die

Innenstadt umsiedeln. Die »Tagwerker«, Einwohner ohne Bürgerrecht, entrichteten in Nürnberg eine Aufnahmegebühr von nur dreißig Hellern. Sie wohnten in den Vorstädten. Um 1430 fiel die Kategorie der Tagwerker weg. Sie wurden zu »Einwohnern« oder konnten für ein bis zwei Gulden das Bürgerrecht erwerben. Unter dem Eindruck eines Krieges hatte Nürnberg 1365 die Aufnahmegebühren drastisch abgesenkt. In anderen Städten wirkten sich der Mauerbau zum Schutz der Vorstädte, die Pest oder die Hussitenkriege günstig auf die Integration von Fremden aus, da Bedarf an Neubürgern bestand.

Auf den pergamentenen Neubürgerlisten wurden zwischen 1302 und 1448 die Vollbürger eingetragen, während die papierenen Neubürgerlisten Normalbürger (Minderbürger) und Tagwerker verzeichneten. Der Beschreibstoff galt als Zeichen der Wertschätzung. Nach 1363 wurden in Nürnberg der Nachweis des Vermögens und die Bürgeraufnahmegebühr eingeführt und dafür die Stellung von Bürgen abgeschafft. Die Handwerkerbürger wurden in eigenen, auf Papier aufgezeichneten Meisterlisten 1363 und 1370 erfaßt. Zwischen 1302 und 1331 lassen sich 861 neu aufgenommene Vollbürger (pergamentene Neubürgerlisten) nachweisen. Die Jahreszunahme lag zwischen zehn und 59 Personen. Bis 1448 wurden 1124 Handwerkerbürger (papierene Neubürgerlisten) aufgenommen. Ende des 14. Jahrhunderts zeigen die Neubürgerlisten ein rasches und starkes Anwachsen der Stadtbevölkerung. Im selben Zeitraum geben die pergamentenen Neubürgerlisten nur eine geringe jährliche Zuwachsrate zwischen einer und 24 Personen an. Bis 1333 läßt sich keine sehr starke Zunahme an Vollbürgern feststellen. 1393 wurde mit 622 Personen die größte Zahl Neubürger integriert, worunter sich 436 (ca. zwei Drittel) Tagwerker befanden. Die aus »ehrbaren« Großkaufleuten, Handwerksverlegern und Grundrentnern bestehenden Neubürger der Innenstadt (Vollbürger) machten etwa elf Prozent des Gesamtzugangs von 1381 bis 1400 aus, während die Handwerksbürger in dieser Zeitspanne ca. 57 Prozent und die bloßen Einwohner ca. 33,6 Prozent der Bewerber stellten. Die Mehrzahl der Neubürger (ca. 90 Prozent) kam aus dem Stande der Handwerks- oder Normalbürger und der Tagwerker, die in die Vorstädte ziehen mußten, um diese neuen Wohnbezirke zu besiedeln.

Leipzig hatte seit dem 13. Jahrhundert einen hohen Zuzug aus den Nachbarstädten, allen voran Nürnberg, zu verzeichnen. Dagegen sind aus größerer

Entfernung stammende »Ausländer« wie Hans Koch aus Schottland (1539) und Hugo Prinzkurst aus London (1540) selten. Die Gründe für die Aufnahme von Fremden waren wirtschaftspolitischer Natur. Nach der Mitte des 15. Jahrhunderts zum Beispiel versuchte der Rat, die Handwerke der Tuchmacher und Färber dazu zu bringen, fremde Meister anzuwerben. 1468 wurden drei Meister des Tuchmacherhandwerks aus Zwickau aufgenommen. Der Rat lieh zweien davon, Hans Weller und Markus Renstel, je zweihundert Gulden auf vier Jahre, damit sie übersiedeln konnten, und überließen ihnen kostenlos das Färbehaus ebenso wie das Bürgerrecht und die Aufnahme in die Innung. Diese Politik setzte der Rat in den nächsten Jahrzehnten fort. Die Aufnahmegebühren ins Bürgerrecht waren sozial gestaffelt und schwankten in Abhängigkeit vom Zuzugbedarf bis in die erste Hälfte des 16. Jahrhunderts hinein. Arbeiter, Knechte und arme Handwerker zahlten dafür bis zu dreißig Groschen, besser verdienende Handwerker zwischen vierzig Groschen und fünf Schillingen sowie Kaufleute zwischen einem und sieben Gulden. Zwischen 1450 und 1550 wurden etwa zwei- bis viermal so viele Fremde wie einheimische Bürgersöhne eingebürgert. In den achtzig Jahren von 1471 bis 1550 fanden bei einer Gesamtbevölkerung von etwa 9.000 Einwohnern 3.627 Bürgeraufnahmen statt, das heißt etwa 45 im Jahr. Daneben hielten sich auch Fremde vorübergehend in der Stadt auf. Für längere Zeit blieben die sogenannten Zettelleute, die kein Bürgerrecht erlangten und wieder fortzogen, und Wanderburschen als Handwerksgesellen. Fremde, die nur kurze Zeit in Leipzig weilten, waren Besucher der Jahr- und Wochenmärkte, Kaufleute und Händler, Handwerksmeister, Fürsten und ihr Gefolge, Besucher und Aussteller der Leipziger Messen, Hausierer und Glücksspieler (»Leute mit Rasselbrettern«). Juden erhielten erst 1839 das Bürgerrecht und wurden bis dato als Fremde angesehen.

Leipzigs Bürgerrecht umfaßte das Recht auf Besitz von Grund und Boden, die Zunftzugehörigkeit und den Zugang zum Rat, wovon die Fremden ausgeschlossen blieben. Voraussetzungen für den Erwerb des Bürgerrechtes waren die Ehrbarkeit, die mit der ehelichen Geburt nachgewiesen wurde, und die Stellung von zwei Bürgen für Fremde. Als Bürger galt auch der, der binnen Jahr und Tag als ehemaliger Bürger wieder nach Leipzig zurückkehrte. Hatte einer anderswo Bürgerrecht erlangt, so war dieses für Leipzig erloschen (Verbot der doppelten Bürgerschaft). Das Bürgerrecht konnte auch entzogen werden, wie es 1468 einem Bäcker geschah, der seine Kunden mit zu kleinen Broten betrogen hatte. Fremden war bis 1556 der Besitz von Grund und Boden nur mit der Genehmigung des Rates gestattet. 1469 wurde bestimmt, daß jeder Bürger binnen Jahr und Tag nach Erlangung des Bürgerrechtes in der Stadt Haus und Hof erwerben mußte, andernfalls verlor er sein Bürgerrecht wieder. Der Erwerb von Meisterbriefen war nur Bürgern erlaubt, Fremden also erst nach dem Erwerb des Bürgerrechtes. Der Zunftzwang betraf vor allem Bäcker und Tuchmacher (Wollweber). Die Aufnahme in eine Zunft war abhängig von der Zahl der ansässigen Meister und der Konjunktur. Der Rat konnte aber die Zünfte zur Aufnahme fremder Meister anhalten. Fremde durften nur mit Zustimmung des Rates Bürgertöchter und Bürgerwitwen heiraten – für Bürgersöhne galt dies nicht.

Der Handel der fremden Handwerker war für die einheimischen Meister eine Konkurrenz. Daher wurde 1380 verordnet, daß nur einheimische Gerber auf den Märkten der Stadt etwas feilbieten durften. Klagen über unrechtmäßigen Handel fremder Handwerker auf den Jahrmärkten waren keine Seltenheit, und es ergingen Bestimmungen gegen fremde »Höken« (= Zwischenverkäufer). Auch beim Einkauf von Nahrungsmitteln waren Fremde diskriminiert. Die Bürger konnten nach dem Stapelrecht drei Tage lang ihren eigenen Bedarf decken, bevor die Fremden zum Zuge kamen. Außer auf den Wochenmärkten konnten Fremde auf dem Markte keine Gerste, Hafer oder anderes Getreide kaufen. Getreide durfte nur durch städtische Erzeuger feilgeboten und Butter an Fremde nicht faß-, sondern nur pfundweise verkauft werden. Kramwaren durften nur Bürger auswiegen oder nach Ellen verkaufen. Während den einheimischen Weinhändlern in den Gewölben oder Gasthäusern bereits am Sonntag nach zwölf Uhr der Verkauf erlaubt war, war dies den fremden Weinhändlern erst am Montag in ihren Buden gestattet. Noch im ausgehenden 16. Jahrhundert konnten die fremden Händler am Sonntag nach der Vesperglocke (drei Uhr) mit dem Aufbau beginnen, während umgekehrt alle fremden Händler sofort nach dem Ausläuten des Marktes (am darauffolgenden Sonntag mittags um zwölf Uhr) einpacken mußten. Die Leipziger Waagetafel bestimmte den mengenmäßigen Verkauf von Waren an Bürger und Fremde. Die Bürger durften zwischen dem zwei- und sechsfachen der Warenmenge der

Fremden kaufen. Dennoch gab es einen Schwarzmarkt, einen heimlichen Handel zwischen Bürgern und Fremden. Bis 1464 blieb es den Bürgern untersagt, an fremde Kaufleute irgendwelche Güter außer eigene zu verkaufen oder zu verschicken. Bürger durften auch keine fremden Waren mit eigenen Gewichten wiegen. Wer fremden Handel mit seinem Namen deckte, um den Fremden die besonderen Abgaben zu sparen, zahlte dreißig Gulden Strafe und seine Waren wurden konfisziert. Der Gesellschaftshandel von Einheimischen und Fremden blieb bis 1454 verboten, dann wurden die Bestimmungen gelockert. Auch die Weinordnung von 1565 enthielt zahlreiche einschneidende Bestimmungen gegenüber Fremden. Der Vorkauf zwischen acht und neun Uhr auf dem Markte war nur Bürgern erlaubt, der Bierausschank allein Bürgern vorbehalten. Bürger besaßen allein das Braurecht. Der Kleinhandel der Fremden war nur auf den Messen frei. Die einheimischen Zünfte überwachten die Qualität und Preise der Fremden besonders scharf.

Fremde Handelsleute, die in einem besonderen Schutzverhältnis zum Rate standen, zahlten dafür auf jeder Messe eine bedeutende Summe, so 1638 zwischen zehn und fünfzig Reichstaler. Ein besonderes Schutzgeld hatten die Juden zu entrichten. Die zu jeder Messe abzuführende Judensteuer betrug um 1600 zwei Taler. Fremde fielen mit Ausnahme der Mitglieder der Universität und der Klöster unter die Gerichtsbarkeit des Rates. Wegen Vergehen bestrafte Fremde mußten vor der Ausweisung jeder Fehde abschwören (Urfehdeschwur).

Die Maßnahmen gegen unliebsame Fremde waren auch in Leipzig überaus vielfältig. So gab es Verbote, fremde Bettler, Wallfahrer, Kranke etc. als Hausbewohner anzunehmen. Die Bettelzeit wurde für fremde Bettler auf zwei Tage beschränkt. Dann mußten sie die Stadt wieder verlassen. Die 1526 eingesetzten beiden Bettelmeister erhielten für das Vertreiben fremder Bettler zu jeder Messe zwanzig Groschen. Die Landesordnung von 1602 verbot das Betteln generell. Zu Familienfesten durften nur Geladene erscheinen. Nur einheimische Leprakranke durften im Siechenhaus vor dem Grimmischen Tore aufgenommen werden. Fremde Frauen, die Kranke oder Wöchnerinnen pflegten, wurden nach den Visitationsartikeln von 1594 nach Beendigung ihrer Tätigkeit wieder abgeschoben. Schüler und Studenten, die länger als drei Tage den Einrichtungen fernblieben, durften nicht mehr beherbergt werden. Fremde Frauen wies man aus der Stadt. Am 13. November 1555 ergingen scharfe Mietbestimmungen des Rates für liederliches Volk und Müßiggänger. Wer dagegen verstieß, mußte zehn Taler Strafe zahlen oder konnte ausgewiesen werden. Die Vorstadtordnungen untersagten, kranke Zugezogene aufzunehmen, damit sie nicht der städtischen Fürsorge anheimfielen.

Die soziale Diskriminierung zeigte sich auch in der Beherbergung von Fremden. Seit dem 15. Jahrhundert gab es in der Stadt Leipzig eigene Fremdenhöfe. Bis weit in das 17. Jahrhundert hinein konnte auch jeder Einwohner Fremde beherbergen und durfte gegen Zahlung eines Schlägeschatzes jeder Bürger Wein ausschenken. 1672 ist eine reine Judenherberge belegt, bereits 1598 ein Botenheim in der Bettelgasse. Zahlreiche Gesellenherbergen, so zum Beispiel 1680 die Herberge der Schneider mit Namen »Die Eule«, kamen hinzu.

Fremde und ihre Güter wurden an den Toren der Stadt überprüft. An den vier Haupttoren der Stadt (Grimmisches Tor, Hallisches Tor, Rannisches Tor, Peterstor) standen Torwächter, die die Waren und Personen kontrollieren. Jeder Fremde entrichtete ein Torgeld, etwa um 1600 für jeden fremden Wagen einen Groschen. Beim Wegfahren bekam jeder Fuhrmann ein Zeichen von der Waage, um die ordnungsgemäße Verrechnung und Versteuerung seiner Waren und die Menge der wieder ausgeführten Güter beim Torwärter nachzuweisen. Für Wein, der auf dem Markt gekauft worden war und weggefahren werden sollte, mußten sich die Händler vom Visierer Zeichen geben lassen. Da die Torwächter zu den schlecht bezahlten Leuten zählten, waren Bestechungen wohl an der Tagesordnung. Fremde mußten ihre Waren auf den offiziellen Zoll- und Geleitstraßen in die Stadt bringen. 1518 beschlagnahmten Torwächter den Fuggern, einer bedeutenden Augsburger Kaufmannsfamilie, 72 Zentner Kupfer, weil die Fuhrleute nicht die richtige Straße genommen hatten. Die Hauptkontrolle aller nach Leipzig hereingebrachten Waren geschah in der seit 1363 belegten Ratswaage beziehungsweise auf den Messen sowie in einigen Sonderwaagen. Jeder Fuhrmann hatte in der Waage anzugeben, durch welches Tor er die Stadt verlassen wollte. Nach der Waageordnung von 1518 hatten die Kaufleute in der Waage Namen und Heimat sowie Art und Menge ihrer mitgebrachten Waren zu deklarieren. Zogen die Kaufleute wieder weg oder führten unverkauftes Gut mit sich, fand in der Waage die eigentliche Abrechnung statt. Nach der Waagmeisterinstruktion von 1518 sollten die städtischen Beamten bei fremden Kaufleuten das Doppelte des angegebenen Kaufmannschatzes nehmen. In dem Kontrollsystem über die ankommenden und abgehenden Waren war also die Waage die Oberinstanz über den gesamten fremden Güterverkehr. Alle Bestimmungen und Gesetze waren vornehmlich auf die Fremden zugeschnitten, und alle Kontrollorgane handelten im Dienste und unter der Aufsicht der Waage.

Die Beispiele zeigten: Fremde Händler, die nicht dauerhaft in der Stadt lebten, wurden als wirtschaftliche Konkurrenz betrachtet. Sie durften zwar auf dem Markt ihre Waren feilbieten, jedoch zu weitaus schlechteren Konditionen als die einheimischen Händler. Ihre Ein- und Ausfuhr wurde genauestens kontrolliert. Fremde, die sich dauerhaft in der Stadt niederlassen wollten und deswegen die Aufnahme ins städtische Bürgerrecht anstrebten, mußten bereits über ein gewisses Vermögen verfügen oder ihr Handwerk wurde dringend benötigt. Rat und Zunftmeister entschieden über ihre Aufnahme und Integration allein aus wirtschaftspolitischen Erwägungen heraus. Humanitäre Gründe spielten keine Rolle.

11

Gefürchtet und bestaunt
Fremde und Fremdes gestern, heute, morgen

Die Unterscheidung zwischen dem Eigenem und dem Fremden liegt zutiefst in der Natur des Menschen begründet. Der Begriff des Fremden ist schillernd, faszinierend, hat zahlreiche Dimensionen, löst Unbehagen und Angst aus – damals wie heute. Die Fremdwahrnehmung baut seit jeher auf dem kulturellen Selbstverständnis auf und entsteht vor dem Hintergrund des Eigenen. Die Ausgrenzung des Fremden und seine Diskriminierung sind nur zu verstehen vor der Überbewertung der eigenen kulturellen und gesellschaftlichen Ordnung. Menschen formen fremde Welten nach dem Vorbild der eigenen Hemisphäre.

Die mittelalterlichen Autoren, die über Fremde und Fremdes berichteten, taten dies nicht zum Zweck seiner empirischen Erforschung, sondern aus gänzlich anderen Gründen. Die Erfüllung des christlichen Missionsauftrags spielte ebenso eine Rolle wie die Indienststellung des Fremden zur Erreichung eigener politischer Ziele. Einigen ging es um die Abgrenzung des eigenen Kultur- oder Herrschaftsgebietes, anderen um die Wahrung spezifischer Interessen. In den meisten Fremdheitszuschreibungen mittelalterlicher Chronisten spielte die geographische Entfernung weitaus weniger eine Rolle als vielmehr die religiöse Dimension. Denn ohne Kenntnis der Heiligen Schrift – und davon war man im Mittelalter fest überzeugt – ließ sich die Welt, die man sich als *universitas christiana* mit Jerusalem im Zentrum dachte, nicht verstehen.

Auch besaßen die mittelalterlichen Menschen eine große Vorliebe für Fabulöses und glaubten an die reale Existenz allerlei mythischer Geschöpfe und imaginärer Welten. Auf Weltbildkarten wie auf den Rändern von Codices erscheinen sie oder blicken als Monstergestalten von den Chorgestühlen, Kragsteinen, Fensterbögen oder Türmen der großen Kathedralen. Der Zisterzienserabt Bernhard von Clairvaux (um 1090–1153) geißelte sie als *unflätige Affen* und *monströse Kreaturen*, die die Mönche seiner Ansicht nach vom wahren Glauben ablenkten. Gelehrte stritten sich darum, welche dieser Wundervölker Adams Brüder seien und sich missionieren ließen.

Die christliche Weltordnung des Mittelalters schloß, so scheint es, Toleranz gegenüber Andersgläubigen aus. Dennoch hat es sie gegeben, freilich nur in Ansätzen. Abraham Ibn Daud und Dominicus Gundissalinus philosophierten über die religiöse Toleranz im Toledo des 12. Jahrhunderts. Petrus Abaelard (1079–1142), der aufgehende Stern am Pariser Theologenhimmel, ließ in seiner Schrift *Collationes sive Dialogus inter Philosophum, Judaeum et Christianum* einen heidnischen Philosophen, einen Juden und einen Christen miteinander über Fragen der Metaphysik und Theologie diskutieren. Schnell geriet Abaelard in Konflikt mit Bernhard von Clairvaux, der ein fanatischer Anhänger der Kreuzzugsbewegung war. Die Zeichen der Zeit standen auf Abgrenzung und Vernichtungskrieg im Namen des Kreuzes. 1140/41 verurteilte die Synode von Sens auf Betreiben Bernhards die theologischen Auffassungen Abaelards. Doch dies waren nur Streitigkeiten der Scholastik, ausgeführt mit der Feder und weit entrückt von den Fremdheitsvorstellungen und alltäglichen Fremdheitserfahrungen der mittelalterlichen Menschen selbst.

Als personifizierte Fremde im weitesten Sinne galten diejenigen, die nicht dem abendländisch-christlichen Kulturkreis angehörten oder sich nicht in die ständische Weltordnung integrieren ließen: die Antipoden auf der anderen Seite der Welt, gottferne Menschen, Häretiker (Ketzer), Schismatiker (Kirchenspalter), Heiden, Juden, Moslems, Zigeuner, Hunnen, Mongolen und Wikinger zum Beispiel.

Kreuzzüge und Entdeckungsfahrten, von Marco Polo bis Christoph Kolumbus, führten zu realen Begegnungen mit gänzlich fremden Menschen und Kulturen, wie sie die christlichen Weltbildkarten und Chronisten geweissagt hatten. Der *clash of cultures*, gespeist durch abstruse Fremdheitsvorstellungen, blieb nicht aus und ist keine Erfindung der Neuzeit. Kreuzfahrer machten erst gar nicht den Versuch, die fremde Kultur zu verstehen. Juden und Muslime, orthodoxe Christen, angebliche Ketzer und Heiden wurden ohne Unterschied erbarmungslos niedergemetzelt. Auch die Indianer Mittel- und Südamerikas bezahlten für ihre »Entdeckung« einen hohen Preis. Aus der Renconquista wurde schließlich die Conquista, aus dem Mittelalter die Moderne. *Denn neue Entdeckungen muß man vom Licht der Natur, nicht aber von der Finsternis der alten Zeit erwarten*, schrieb Francis Bacon in seinem Werk *Novum Organum* 1620. Doch so weit war das Mittelalter noch nicht.

Im engeren Sinne machten mittelalterliche Menschen aller Stände und Schichten aber auch alltägliche Fremdheitserfahrungen, auf der Pilgerfahrt etwa. Denn fremd war oft schon das nächste Dorf, die nächste Stadt. Auch wenn dort Christen wohnten, so sprachen sie doch anders, hatten andere Sitten und Gebräuche. Hermann Künig von Vach empfahl den deutschen Pilgern in seinem 1495 erschienenen Führer nach Santiago de Compostela, im Ausland ja bei deutschen Wirten abzusteigen. Seine Lektüre erinnert teilweise an den ironischen Film »Man spricht Deutsch« von 1987, der die Vorurteile einer deutschen Familie in Italien unterhaltsam in Szene setzt.

Mobil waren weitaus mehr Menschen als heute. Denn nur wer es sich materiell leisten konnte beziehungsweise als Leibeigener einer Grundherrschaft angehörte, war grundsätzlich seßhaft, alle anderen irrten auf der Suche nach einem besseren Leben von Stadt zu Stadt: von den Akrobaten bis zu den Zahnbrechern – die Liste ist lang und braucht nicht noch einmal entrollt zu werden. Viele waren auch aus freien Stücken unterwegs wie die Fernhändler, die zwar in anderen Städten Fremde waren, aber nicht wie heimatlose und unbehauste Menschen durch obrigkeitliche Erlasse diskriminiert wurden. Allenfalls, das zeigt das Beispiel Leipzigs, wurden fremde Kaufleute zum Schutze des eigenen Gewerbes in wirtschaftlicher Hinsicht benachteiligt. Aber auch die Europäische Union hat ein kompliziertes Geflecht von Schutzzöllen auf der einen und Subventionen auf der anderen Seite errichtet. Das heutige Problem der Arbeitsmigration ist ebenfalls nicht neu. Im frühneuzeitlichen Deutschland waren es vor allem die sogenannten »Welschen«, Angehörige romanischer Völker wie die Savoyer oder Italiener, die um Arbeit in den südlichen Territorien des Reiches nachsuchten.

Die Insel der Glückseligen war für viele mittelalterliche Migranten die mittelalterliche Stadt, vergleichbar den heutigen »Schlaraffenländern« in Westeuropa oder Nordamerika. Die mittelalterliche Stadt versprach viel und hielt bei weitem nicht alles. »Stadtluft macht frei« – frei im Hinblick auf das Recht der persönlichen Freizügigkeit, aber nicht im Sinne individueller Freiheit. Dennoch war die Hoffnung auf Freiheit vor willkürlichen Übergriffen, Gewalt und Zwang ein hohes Gut, die Gewährung von Stabilität und Sicherheit durch den städtischen Frieden durch nichts aufzuwiegen und die allgemeine Gleichheit vor Gericht und Stadtrecht gar außergewöhnlich in einer Welt ständischer Unterschiede und damit verbundener Sonderrechte.

Die Ursachen der Migration haben sich seit dem Mittelalter kaum verändert: Kriege, Naturkatastrophen, wirtschaftliche Not, drückende Verfolgung, um nur die wichtigsten zu nennen. In der Bundesrepublik begann die Einwanderung Ende der fünfziger Jahre mit der wirtschaftlich motivierten Anwerbung von »Gastarbeitern«. Sie wandelte sich von einer kurzfristig gedachten Arbeitsimmigration hin zu einem dauerhaften Aufenthalt, der Familiengründungen und Familiennachzug einschloß.

Die soziale Zusammensetzung der Migranten war im Mittelalter nicht weniger differenziert als heute. Fremde Bauern, Handwerker und auswärtige Bürger begehrten die Aufnahme ins Bürgerrecht, Scholaren und die zahlreichen Außenseiter vom Bettler bis zum Zahnbrecher wollten um jeden Preis hinein, um ihr kümmerliches Dasein fristen zu können. Im heutigen Deutschland unterscheidet man zwischen der EU-Binnenmigration von EU-Staatsangehörigen, dem Familien- und Ehegattennachzug von Drittstaatsangehörigen, Spätaussiedlern, Juden aus der ehemaligen Sowjetunion, Kriegs- und Bürgerkriegsflüchtlingen, Arbeitsmigranten und ausländischen Studierenden. Überall dort, wo viele fremde Menschen hinein wollen, gibt es feste Grenzen mit nur wenigen Durchgängen, Einbürgerungshemmnisse und Einbürgerungsverbote. Die mittelalterliche Stadt schützte sich durch Mauern und bewachte Tore, Europa durch bewachte EU-Außengrenzen etwa in Nordafrika vor unkontrolliertem Eintritt. Hinzu kommen die Visa-Pflicht für Nichtunionsbürger (mit nur wenigen Ausnahmen), die Abschieberegelung, das beschleunigte Asylverfahren, die Durchsetzung der Ausreisepflicht, die Einschränkung der räumlichen Bewegungsfreiheit für ausreisepflichtige Personen und die E U R O D A C -Verordnung als Rechtsakt der Europäischen Union auf dem Gebiet des Asylrechts.

Auch die Gründe für die Aufnahme von Migranten haben sich über die Zeiten hinweg kaum verändert. In den mittelalterlichen Städten waren es eine negative Bevölkerungsbilanz, der Mangel an bestimmten Spezialisten, der Bedarf an billigen Arbeitskräften oder verteidigungspolitische Aspekte. Die Anwerbung von billigen und zusätzlichen Arbeitskräften gibt es auch heute noch, jüngst ist die Anwerbung von IT-Spezialisten hinzugekommen. Im Mittelalter aber hing die Integration der Migranten in die Schutz- und Solidargemeinschaft Stadt allein vom allgemeinen Nutzen, also vor allem von wirtschaftlichen Erwägungen, ab. Humane Gründe spielten für die Aufnahme von Fremden noch keine Rolle. Das Grundgesetz kennt dagegen die Verpflichtung zur Aufnahme deutschstämmiger Menschen (»Spätaussiedler«) aus dem osteuropäischen Ausland und ein spezifisches Asylrecht.

Die Voraussetzungen für die Aufnahme, Einbürgerung und Integration waren in der mittelalterlichen Stadt nicht weniger kompliziert als heute. Verlangt wurde der Nachweis über ein Mindestvermögen, der Bürgereid, die Haushäblichkeit, die Bezahlung des Bürgergeldes, das Stellen von Bürgen, Grundbesitz oder der Nachweis einer Rente und der Nachweis der Zunftmitgliedschaft. In der Bundesrepublik müssen Migranten die Bedingungen des Zuwanderungsgesetzes (2004) beziehungsweise die des Staatsangehörigkeitsgesetzes (2000) erfüllen, wenn sie dauerhaft in Deutschland bleiben wollen. Migranten, die mindestens seit acht Jahren in Deutschland leben, eine Aufenthaltserlaubnis besitzen, die deutsche Sprache beherrschen, keine Arbeitslosen- oder Sozialhilfe beziehen und nicht straffällig geworden sind, ermöglicht das neue Staatsbürgergesetz die Einbürgerung unter Ausschluß einer doppelten Staatsangehörigkeit.

Bereits die mittelalterlichen Stadträte förderten die Integration von fremden und einheimischen Nichtbürgern, etwa durch die Ausdehnung des Bürgerrechts auf möglichst alle Einwohner (Schwurgemeinde) oder durch die Aufnahme fremder Handwerksmeister in die eigenen Zünfte. Einige Städte wie Nürnberg kannten ein gestuftes Bürgerrecht. Auch Massen- und Gratiseinbürgerungen kamen vor. Die Heirat mit einer Bürgerwitwe oder einer Bürgertochter verschaffte fremden wie einheimischen Männern den Zutritt zum Bürgerrecht. In der Bundesrepublik ermöglicht das seit dem 1. Januar 2000 gültige neue Staatsangehörigkeitsrecht die schnellere Einbürgerung. Hinzu kam am 1. Juni 2000 die Novellierung des eigenständigen Aufenthaltsrechtes des ausländischen Ehegatten (§ 19 Ausländergesetz). Das Zuwanderungsgesetz erleichtert seit 2004 den Familiennachzug. Die seit dem 8. Dezember 2000 gültige Änderung der Arbeitsgenehmigungsverordnung regelt den Arbeitsmarktzugang für Asylbewerber, Bürgerkriegsflüchtlinge und geduldete Ausländer. Ausländer ohne Sprachkenntnisse haben nach dem Zuwanderungsgesetz einen Anspruch auf Teilnahme an einem speziellen Integrationskurs.

Auf der anderen Seite hat die rechtliche Diskriminierung von Fremden eine lange Tradition. In der mittelalterlichen Stadt betraf dies die große Gruppe der Nichtbürger – Beisassen, Einwohner, Mitwohner oder Seldner genannt. Auch Pfahlbürger beziehungsweise Ausbürger vor den Toren der Stadt zählten dazu. Diese Menschen hatten keine Zugangsberechtigung zum Rat, konnten in keine Zunft eintreten, mußten Sonderabgaben zahlen oder in bestimmten Quartieren wohnen. In Deutschland ist bis heute die Unterscheidung von Inländern und Ausländern grundlegend. Ausländern aus Nicht-EU-Staaten kann nach dem Ausländergesetz (§ 37) die politische Betätigung eingeschränkt oder untersagt werden. Diese Ausländer haben kein Wahlrecht. Der Grad der Integration von Ausländern hängt vom nationalen Ausländerrecht innerhalb der Mitgliedstaaten der Europäischen Union ab. Für die Bürger und Bürgerinnen der Europäischen Union gelten die Bestimmungen des EG-Vertrages (Art. 12 EGV): Freizügigkeit (Art. 39–42 EGV), Niederlassungsfreiheit für Selbständige (Art. 43–48 EGV) und Dienstleistungsfreiheit (Art. 49–55 EGV). Die Rechte der Unionsbürgerschaft umfassen die Reisefreiheit (Art. 39–44 EGV) und das Aufenthaltsrecht (Art. 18 EGV), den diplomatischen und konsularischen Schutz (Art. 20 EGV), das Petitionsrecht (Art. 21 EGV), die Erweiterung des Wahlrechtes zum Europäischen Parlament (Art. 19 Abs. 2 EGV) und das aktive und passive kommunale Wahlrecht (Art. 19 Abs. 1 EGV). In der Realität der europäischen Einwanderungsgesellschaften unterscheidet sich der Rechtsstatus von Drittstaatsangehörigen grundlegend von dem der Gemeinschaftsbürger. Rechtliche Ungleichbehandlungen sind in der Einwanderungsgesellschaft folglich kein vorübergehender, sondern ein andauernder Zustand. Die Demokratie lebt aber letztendlich davon, daß grundsätzlich niemand für längere Zeit von den Bürgerrechten und dem politischen Meinungsbildungs- und Entscheidungsprozeß ausgeschlossen ist.

Halten wir fest: Die mit der Migration verbundene Problematik erscheint uns seltsam vertraut, die mittelalterlichen Lösungsmöglichkeiten auch. Zwischen

Ausgrenzung und Integration spielt sich das Leben von Fremden im Laufe der Geschichte ab.

Fremde stellen aber im Grunde keine Bedrohung für die eigene Kultur dar, vielmehr lassen sich deren vielfältige und andersartige Erfahrungen für die eigene Gesellschaft durchaus sinnvoll nutzen. Von Fremden zu lernen aber hat Europa lange Zeit nicht verstanden. Statt von der Überlegenheit der arabischen Wissenschaften und Kultur zu profitieren, entwarfen europäische Denker des Mittelalters vor dem Hintergrund der eigenen, als die einzig wahre betrachteten Religion ein verzerrtes Bild des Islam, ein wahres Schreckensszenario. Abgrenzung statt interkulturellen Austauschs bremste den Fortschritt. Dieser kam im christlichen Abendland nur langsam voran, während das islamische Morgenland sehr schnell einen hohen Entwicklungsstand erlangte. In der Renaissance übertrieb man die griechisch-römischen Wurzeln und negierte den als fremd empfundenen arabischen Einfluß.

An der Auseinandersetzung mit dem Fremden, an seiner Akzeptanz, messen wir heute die Toleranz und den moralischen Stand einer multikulturellen Gesellschaft – mit Recht! Hüten wir uns vor dem bösen inneren Trieb der Fremdenfeindlichkeit und gedenken statt dessen eines Zitats aus dem Talmud (Talmud Bavli Sukka 52):

Der böse Trieb des Menschen erneuert sich jeden Tag. Anfangs ist der böse Trieb wie ein Vorübergehender, dann wie ein Gast und zuletzt wie ein Hausherr.

LITERATUR

1 / DER EIGENE MASSSTAB

AUGUSTINUS, A.: *Bekenntnisse. Vollständige Ausgabe, eingeleitet und übertragen von W. Thimme, Zürich 1950 (Die Bibliothek der Alten Welt, Augustinus Werke, Bd. 1).*

BACON, F.: *Neues Organon, hg. und mit einer Einleitung von W. Krohn, Bd. 1, Hamburg 1990.*

BERGER, D.: *Thomas von Aquins »Summa theologiae«, Darmstadt 2004.*

BLANKE, H.: *Zillis. Evangelium in Bildern: die romanische Bilderdecke in Zillis/Graubünden neu gedeutet, Zürich 1994.*

BRINCKEN, A.-D. VON DEN: *fines terrae. Die Enden der Erde und der vierte Kontinent auf mittelalterlichen Weltkarten, Hannover 1992.*

EDSON, E. / SAVAGE-SMITH, E. / BRINCKEN, A.-D. VON DEN: *Der mittelalterliche Kosmos: Karten der christlichen und islamischen Welt, Darmstadt 2005.*

GREENBLATT, S.: *Wunderbare Besitztümer. Die Erfindung des Fremden: Reisende und Entdecker, Berlin 1994.*

GRUNDMANN, H.: *Geschichtsschreibung im Mittelalter. Gattungen – Epochen – Eigenart, Göttingen 1965.*

GURJEWITSCH, A. J: *Das Weltbild des mittelalterlichen Menschen, München 1980.*

HAHN-WOERNLE, B.: *Die Ebstorfer Weltkarte, 2. Aufl., Ebstorf 1993.*

HARDT, M.: *Linien und Säume, Zonen und Räume an der Ostgrenze des Reiches im frühen und hohen Mittelalter, in: Pohl, W./Reimitz, H. (Hg.): Grenze und Differenz im frühen Mittelalter, Wien 2000 (Denkschriften Österreichische Akademie der Wissenschaften, philosophisch-historische Klasse, Bd. 287. Forschungen zur Geschichte des Mittelalters, Bd. 1), S. 39 ff.*

HEINZMANN, R.: *Thomas von Aquin, in: Höffe, O. (Hg.): Klassiker der Philosophie, Bd. 1. Von den Vorsokratikern bis David Hume, 2. verbesserte Aufl., München 1985, S. 198 ff.*

HILDEGARD VON BINGEN: *Welt und Mensch. Das Buch De operatione Dei, aus dem Genter Codex übersetzt und erläutert von H. Schipperges, Salzburg 1965.*

IMBACH, R.: *Wilhelm von Ockham, in: Höffe, O. (Hg.): Klassiker der Philosophie, Bd. 1. Von den Vorsokratikern bis David Hume, 2. verbesserte Aufl., München 1985, S. 220 ff., S. 228 ff.*

KÖLMEL, W.: *Imago mundi. Studien zum mittelzeitlichen Weltverständnis, 2. Aufl., Hamburg 2000.*

KRINGS, H.: *Ordo. Philosophisch-historische Grundlegung einer abendländischen Idee, Halle a.d. Saale 1941.*

LACHMANN, O. F.: *Die Bekenntnisse des heiligen Augustinus, Leipzig 1888.*

MEIER, F.: *Regionale und universale Perspektiven auf die Ebstorfer Mappa mundi – ein Beispiel aus der Kartographiedidaktik, in: Pellens, K. u.a. (Hg.): Historical Consciousness and History Teaching in a Globalizing Society = Geschichtsbewußtsein und Geschichtsunterricht in einer sich globalisierenden Gesellschaft, Frankfurt a. M. u.a. 2001, S. 217 ff.*

MEIER, F.: *Das Reich und Polen im Mittelalter. Defizite und Möglichkeiten der Kartographiedidaktik, in: Maier, R. (Hg.): Zwischen Zählebigkeit und Zerrinnen. Nationalgeschichtliche Betrachtung im Schulunterricht in Ostmitteleuropa, Hannover 2004.*

MEIER, F.: *Hans von Waltheym auf Pilgerfahrt und Bildungsreise. Mobilität als didaktischer Zugang zur mittelalterlichen Geschichte, Hamburg 2003.*

MÜLLER, U. / WUNDERLICH, W. (HG.): *Dämonen, Monster, Fabelwesen, St. Gallen 1999.*

POHL, W. / RIEMITZ, H. (HG.): *Grenze und Differenz im frühen Mittelalter, Wien 2000.*

QUELLEN DES 9. UND 11. JAHRHUNDERTS *zur Geschichte der Hamburgischen Kirche und des Reiches, übersetzt von W. Trillmich, Darmstadt 1973 (Ausgewählte Quellen zur deutschen Geschichte des Mittelalters, Freiherrvom-Stein-Gedächtnisausgabe, Bd. 11).*

SCHEDEL, H.: *Weltchronik, Nachdruck der kolorierten Gesamtausgabe von 1493, Einleitung und Kommentar von S. Füssel, Köln u.a. 2001.*

SCIOR, V.: *Das Eigene und das Fremde. Identität und Fremdheit in den Chroniken Adams von Bremen, Helmolds von Bosau und Arnolds von Lübeck, Berlin 2002.*

SIMEK, R.: *Erde und Kosmos im Mittelalter. Das Weltbild vor Kolumbus, München 1992.*

TODOROV, T.: *Die Eroberung Amerikas. Das Problem des Anderen, 5. Aufl., Frankfurt a. M. 1992.*

TOMAN, R. (HG.): *Das hohe Mittelalter. Besichtigung einer fernen Zeit, Köln 1988.*

URL: *www.uni-lueneburg.de/EbsKart (01.03.2007).*

BALTRUSAITIS, J.: *Das phantastische Mittel-alter. Antike und exotische Elemente der Kunst der Gotik, Frankfurt a. M. 1985.*

BIEDERMANN, H.: *Dämonen, Geister, dunkle Götter. Lexikon der furchterregenden mythischen Gestalten, Graz, Stuttgart 1989.*

BRINCKEN, A.-D. VON DEN: *Kartographische Quellen. Welt-, See- und Regionalkarten, Brepols 1988.*

BRINCKEN, A.-D. VON DEN: *fines terrae. Die Enden der Erde und der vierte Kontinent auf mittelalterlichen Weltkarten, Hannover 1992.*

BRINCKEN, A.-D. VON DEN/EDSON, E./ SAVAGE-SMITH, E.: *Der mittelalterliche Kosmos: Karten der christlichen und islamischen Welt, Darmstadt 2005.*

BURGHARTZ, S.: *Translating Seen into Scene? Wahrnehmung und Repräsentation in der frühen Kolonialgeschichte Europas, in: Burghartz, S./ Christadler, M./Nolde, D. (Hg.): Berichten – Erzählen – Beherrschen. Wahrnehmung und Repräsentation in der frühen Kolonialgeschichte Europas, Frankfurt a. M. 2003 (Zeitsprünge 7, Nr. 2/3), S. 161 ff.*

BURGHARTZ, S.: *Alt, neu oder jung? Zur Neuheit der »Neuen Welt«, in: Müller, A. von/ Ungern-Sternberg, J. von (Hg.): Die Wahrnehmung des Neuen in Antike und Renaissance, München 2004 (Colloquia Augusta Raurica 8), S. 182 ff.*

BURGHARTZ, S.: *Aneignungen des Fremden. Staunen, Stereotype und Zirkulation um 1600, in: Huwiler, E./Wachter, N. (Hg.): Integrationen des Widerläufigen: ein Streifzug durch geistes- und kulturwissenschaftliche Forschungsfelder, Münster 2004, S. 109 ff.*

BURGHARTZ, S.: *Erfolg durch Scheitern? Zur Konstruktion von Überlegenheit im kolonialen Diskurs um 1600, in: Dürr, R./Engel, G./Süßmann, J. (Hg.): Expansionen in der Frühen Neuzeit, in: Zeitschrift für Historische Forschung, Beiheft 34, 2005, S. 307 ff.*

ENGEMANN, J./FILIP, V.: *Fabelwesen, in: Lexikon des Mittelalters, Bd. 4, Erzkanzler bis Hiddensee, München 1989, Sp. 208 ff.*

GESTA ROMANORUM. *Die Taten der Römer, nach der Übers. von J. G. T. Grässe hg. und neu bearbeitet von H. E. Rübesamen, München 1969.*

GÖTZ, P.: *Das Fremde im Mittelalter. Darstellung in Kunst und Literatur, Würzburg 1997.*

DES HEILIGEN KIRCHENVATERS AURELIUS AUGUSTINUS ZWEIUNDZWANZIG BÜCHER ÜBER DEN GOTTESSTAAT. *Aus dem Lateinischen übers. von A. Schröder. Kempten, München 1911–16 (Des heiligen Kirchenvaters Aurelius Augustinus ausgewählte Schriften 1–3, Bibliothek der Kirchenväter, 1. Reihe, Bd. 1, 16, 28).*

HOLLÄNDER, E.: *Wunder, Wundergeburt und Wundergestalt in Einblattdrucken des 15. bis 18. Jahrhunderts, Stuttgart 1921.*

KASTNER, J.: *Mundus mirabilis fictus. Phantasie und Wirklichkeit in der Welt der Fabelwesen, Passau 1994.*

LUTHER, M.: *Die gantze Heilige Schrift deudsch, Wittenberg 1545, hg. von H. Volz, München 1972.*

MÂLE, E.: *Die Gotik. Die französische Kathedrale als Gesamtkunstwerk, 2. Aufl., Stuttgart 1994.*

MEIER, F.: *Mit Kind und Kegel. Kindheit und Familie im Wandel der Geschichte, Ostfildern 2006.*

MÜLLER, U./WUNDERLICH, W.: *Dämonen, Monster, Fabelwesen. Eine kleine Einführung in Mythen und Typen phantastischer Geschöpfe, in: Müller, U./Wunderlich, W. (Hg.): Dämonen, Monster, Fabelwesen. St. Gallen 1999, S. 11 ff.*

SCHEDEL, H.: *Weltchronik, Nachdruck der kolorierten Gesamtausgabe von 1493, Einleitung und Kommentar von S. Füssel, Köln u.a. 2001.*

SIMEK, R.: *Erde und Kosmos im Mittelalter. Das Weltbild vor Kolumbus, München 1992.*

SOLÉ, J.: *Christliche Mythen. Von der Renaissance bis zur Aufklärung. Frankfurt a. M. u.a. 1982.*

URL: *www.uni-lueneburg.de/EbsKart (01.03.2007).*

WILLIAMS, D.: *Deformed Discourse. The Function of the Monster in Medieval Thought and Literature, Exeter 1996.*

WITTKOWER, R.: *Die Wunder des Ostens. Ein Beitrag zur Geschichte der Ungeheuer, in: Wittkower, R.: Allegorie und der Wandel der Symbole in Antike und Renaissance, Aufsatzsammlung, übers. aus dem Engl. von B. Schwarz, Köln 1983, S. 87 ff, S. 364 ff.*

WOLFF, U.: *Der gefallene Engel. Von den Dämonen des Lebens, Freiburg i. Br. u.a. 1995.*

THE ANGLO-SAXON CHRONICLE, *bg. von*
M. J. Swanton, London 1996.
THE ANGLO-SAXON CHRONICLE
(URL: http://www.britannia.com/history/docs/
776-99.html (01.05.2007)).
ANNALES FULDENSES *sive Annales regni*
Francorum orientalis, bg. von F. Kurze (MGH
SRG 7), Hannover 1891.
ANNALES GOTWICENSES, *Continuatio*
Zwetlensis III, bg. von W. Wattenbach (MGH
SS 9), Hannover 1851.
BEZZOLA, G. A.: *Die Mongolen in abendlän-*
discher Sicht (1220–70). Ein Beitrag zur Frage
der Völkerbegegnungen, Bern, München 1974.
BRAUN, M./HERBERICHS, C. (HG.): *Ge-*
walt im Mittelalter. Realitäten – Imaginationen,
München 2005.
DIE CHRONIK DES ABTES REGINO VON
PRÜM, *nach der Ausgabe der MGH, übersetzt*
von Dr. E. L. Dümmler, Berlin 1857.
CHRYSOS, E. K./SCHWARCZ, A. (HG.):
Das Reich und die Barbaren, Köln, Wien 1989.
DE GROOT, J. J. M. (HG.): *Die Hunnen*
der vorchristlichen Zeit. Chinesische Urkunden
zur Geschichte Asiens, Teil 1, Berlin, Leipzig
1921.
EINHARD: *Das Leben Karls des Großen (latei-*
nisch und deutsch), Darmstadt 1955 (Ausgewählte
Quellen zur deutschen Geschichte des Mittelalters,
Freiherr-vom-Stein-Gedächtnisausgabe, Bd. 5).
EKKEHARD IV.: *Casus Sancti Galli. St. Galler*
Klostergeschichten, Lateinisch-deutsch, bg. von
H. F. Haefele, Darmstadt 1980 (Ausgewählte
Quellen zur deutschen Geschichte des Mittelalters,
Freiherr-vom-Stein-Gedächtnisausgabe, Bd. 10).
EPISTOLAE KAROLINI AEVI, *Bd. 2, bg. von*
E. Dümmler (MGH Epistolae, 4), Berlin 1895.
FRIED, J.: *Auf der Suche nach der Wirklich-*
keit. Die Mongolen und die europäische Erfah-
rungswissenschaft im 13. Jahrhundert, in: Histori-
sche Zeitschrift 243, 1986, S. 287 ff.
GEARY, P. J.: *Barbarians and Ethnicity, in:*
Bowersock, G. W. (Hg.): Late Antiquity. A
Guide to the Postclassical World, Cambridge
(Massachusetts) 1999, S. 107 ff.
GIESSAUF, J.: *Die Mongolengeschichte des*
Johannes von Plano Carpini: Einführung,
Text, Übersetzung, Kommentar, Graz 1995
(Schriftenreihe des Instituts für Geschichte,
Bd. 6).

HEATHER, P. J.: *The Huns and the End of the*
Roman Empire in Western Europe, in: English
Historical Review 110, 1995, S. 4 ff.
JOHANNES VON PLANO CARPINI: *Kunde*
von den Mongolen (1245–1247), übersetzt,
eingeleitet und erläutert von F. Schmieder, Sig-
maringen 1997 (Fremde Kulturen in alten
Berichten, Bd. 3).
JONES, W. R.: *The Image of the Barbarian in*
Medieval Europe, in: Comparative Studies in So-
ciety and History 13, 1971, S. 376 ff.
KELLNER, M. G.: *Die Ungarneinfälle im Bild*
der Quellen bis 1150. Von der Gens detestanda zur
Gens ad fidem Christi conversa, München 1997.
DIE KÖLNER KÖNIGSCHRONIK, *nach der*
Ausg. der MGH übers. von K. Platner, neu bearb.
von W. Wattenbach, 4. Aufl., Leipzig 1900.
KRAUSE, A.: *Die Welt der Wikinger,*
Frankfurt a. M. 2006.
MAENCHEN-HELFEN, O. J.: *Die Welt der*
Hunnen: Herkunft, Geschichte, Religion, Ge-
sellschaft, Kriegführung, Kunst, Sprache, Wies-
baden 1997.
MATTHAEUS PARISIENSIS: *Chronica majo-*
ra, bg. von H. R. Luard, Bd. 4, London u.a. 1877.
MILGER, P.: *Die Kreuzzüge. Krieg im Namen*
Gottes, 4. Aufl., München 1992.
DER MONGOLENSTURM. *Berichte von Au-*
genzeugen und Zeitgenossen 1235–1250, übersetzt,
eingeleitet und erläutert von H. Göckenjan, J. R.
Sweeney, Graz u.a. 1985.
REGINO VON PRÜM: *Chronicon cum continua-*
tione Treverensi, bg. von F. Kurze, Hannover 1890
(MGH SS rer. Germ. in usum Scholarum 50).
ROBERTUS MONACHUS: *Historia Hiero-*
solymitana, in deutscher Übersetzung, bg. von
B. Haupt, Wiesbaden 1972 (Beiträge zur Lite-
ratur des 15. bis 18. Jh., 3).
SAWYER, B./SAWYER, P. H.: *Die Welt der*
Wikinger, aus dem Engl. von T. Bertram, Berlin
2002 (Die Deutschen und das europäische Mittel-
alter, Bd. 1).
SCHMIEDER, F.: *Der Einfall der Mongolen*
nach Polen und Schlesien – Schreckensmeldungen,
Hilferufe und die Reaktion des Westens, in:
Schmilewski, U. (Hg.): Wahlstatt 1241. Beiträge
zur Mongolenschlacht bei Liegnitz und zu ihren
Nachwirkungen, Würzburg 1991, S. 77 ff.
SCHMIEDER, F.: *... sie sind ganz normale*
Menschen? – Die Mongolen im Urteil des Abend-
landes vom 13. bis ins 15. Jahrhundert, Teil 1, in:
Mongolische Notizen. Mitteilungen der Deutsch-
Mongolischen Gesellschaft 2, 1993, S. 32 ff.

SCHMIEDER, F.: *Europa und die Fremden. Die Mongolen im Urteil des Abendlandes vom 13. bis in das 15. Jahrhundert*, Sigmaringen 1994 *(Beiträge zur Geschichte und Quellenkunde des Mittelalters, Bd. 16).*

SCHMIEDER, F.: *Wenn die Tataren kommen. Endzeitliche Umdeutungen: Wie die mongolischen Reiter zum Freund wurden*, in: Jeismann, M. (Hg.): *Das 13. Jahrhundert. Kaiser, Ketzer und Kommunen*, München 2000 *(Das Jahrtausend, Bd. 3)*, S. 53 ff.

SCHREIBER, H.: *Attila und die Hunnen*, Düsseldorf 2006.

SCHULZE-DÖRRLAMM, M.: *Die Ungarneinfälle des 10. Jahrhunderts im Spiegel archäologischer Funde*, in: Henning, J. (Hg.): *Europa im 10. Jahrhundert. Archäologie einer Aufbruchszeit*, Mainz 2002, S. 109 ff.

SCIOR, V.: *Das Eigene und das Fremde. Identität und Fremdheit in den Chroniken Adams von Bremen, Helmolds von Bosau und Arnolds von Lübeck*, Berlin 2002.

TAYLOR, S. (ED.): *The Anglo-Saxon Chronicle: MS B*, Cambridge 1983.

UEBACH, C.: *Die Landnahmen der Angelsachsen, der Wikinger und der Normannen in England. Eine vergleichende Analyse*, Marburg 2003.

WIDUKIND VON CORVEY: *Res gestae Saxonicae – Die Sachsengeschichte (lat./dt.)*, hg. von E. Rotter und B. Schneidmüller, Stuttgart 1981.

WUNDERLI, P.: *Marco Polo und der Ferne Osten. Zwischen Wahrheit und Dichtung*, in: Wunderli, P. (Hg.): *Reisen in reale und mythische Ferne. Reiseliteratur in Mittelalter und Renaissance*, Düsseldorf 1993, S. 124 ff.

4 / ABENTEURER UND ENTDECKER, PILGER UND KAUFLEUTE

BARRET, P./GURGAND, J.-N.: *Unterwegs nach Santiago. Auf den Spuren der Jakobspilger. Aus dem Französischen von A. Himmelsbach*, Freiburg i. Br. 1982.

BRENNECKE, D. (HG.): *Marco Polo – Die Beschreibung der Welt 1271–1295*, Stuttgart, Wien 2003.

BRINCKEN, A.-D. VON DEN: *Kartographische Quellen. Welt-, See- und Regionalkarten*, Brepols 1988.

BURGHARTZ, S.: *Translating Seen into Scene? Wahrnehmung und Repräsentation in der frühen Kolonialgeschichte Europas*, in: Burghartz, S./

Christadler, M./Nolde, D. (Hg.): *Berichten – Erzählen – Beherrschen. Wahrnehmung und Repräsentation in der frühen Kolonialgeschichte Europas*, Frankfurt a. M. 2003 *(Zeitsprünge 7, Nr. 2/3)*, S. 161 ff.

BURGHARTZ, S.: *Alt, neu oder jung? Zur Neuheit der »Neuen Welt«*, in: Müller, A. von/Ungern-Sternberg, J. von (Hg.): *Die Wahrnehmung des Neuen in Antike und Renaissance*, München 2004 *(Colloquia Augusta Raurica, Bd. 8)*, S. 182 ff.

BURGHARTZ, S.: *Aneignungen des Fremden: Staunen, Stereotype und Zirkulation um 1600*, in: Huwiler, E./Wachter, N. (Hg.): *Integrationen des Widerläufigen: ein Streifzug durch geistes- und kulturwissenschaftliche Forschungsfelder*, Münster 2004, S. 109 ff.

BURGHARTZ, S.: *Erfolg durch Scheitern? Zur Konstruktion von Überlegenheit im kolonialen Diskurs um 1600*, in: Dürr, R./Engel, G./Süßmann, J. (Hg.): *Expansionen in der Frühen Neuzeit*, Berlin 2005 *(Zeitschrift für Historische Forschung, Beiheft 34)*, S. 307 ff.

ERFEN, I./SPIESS, K.-H. (HG.): *Fremdheit und Reisen im Mittelalter*, Stuttgart 1997.

FRIED, J.: *Auf der Suche nach der Wirklichkeit. Die Mongolen und die europäische Erfahrungswissenschaft im 13. Jahrhundert*, in: Historische Zeitschrift 243, 1986, S. 287 ff.

GANZ-BLÄTTLER, U.: *Andacht und Abenteuer. Berichte europäischer Jerusalem- und Santiago-Pilger (1320–1520)*, Tübingen 1990 *(Jakobus-Studien, Bd. 4).*

HARBSMEIER, M.: *Reisebeschreibungen als mentalitätsgeschichtliche Quellen. Überlegungen zu einer historisch-anthropologischen Untersuchung frühneuzeitlicher deutscher Reisebeschreibungen*, in: Maczak, A./Teuteburg, H. J. (Hg.): *Reiseberichte als Quellen europäischer Kulturgeschichte. Aufgaben und Möglichkeiten der historischen Reiseforschung*, Wolfenbüttel 1982 *(Wolfenbütteler Forschungen 21).*

HERBERS, K. (HG.): *Deutsche Jakobspilger und ihre Berichte*, Tübingen 1988 *(Jakobus-Studien, Bd. 1).*

HERBERS, K./PLÖTZ, R. (HG.): *Spiritualität des Pilgerns: Kontinuität und Wandel*, Tübingen 1993 *(Jakobus-Studien, Bd. 5).*

HERBERS, K./PLÖTZ, R. (HG.): *Nach Santiago zogen sie. Berichte von Pilgerfahrten ans »Ende der Welt«*, München 1996.

HERBERS, K. (HG.): *Libellus Sancti Jacobi. Auszüge aus dem Jakobsbuch des 12. Jahrhunderts,* Tübingen 1997 (Jakobus-Studien, Bd. 8).

HERBERS, K.: *Der Jakobsweg: mit einem mittelalterlichen Pilgerführer unterwegs nach Santiago de Compostela, 6. vollst. überarb. Aufl.,* Tübingen 1998.

HERBERS, K. (HG.): *Stadt und Pilger. Soziale Gemeinschaften und Heiligenkult,* Tübingen 1999 (Jakobus-Studien, Bd. 10).

HERMANN KÜNIG VON VACH: *Die walfart und Straß zu sant Jakob. Pilgerführer nach Santiago de Compostela,* hg. von L. Hengstmann, Solingen 1996.

ITINERARIUM WILLELMI DE RUBRUC, ed. A. van den Wyngaert, in: Sinica Franciscana I, Quaracchi 1929, S. 164–332.

JOHANNES VON PLANO CARPINI: *Kunde von den Mongolen (1245–1247),* eingeleitet, übersetzt und erläutert von F. Schmieder, Sigmaringen 1997 (Fremde Kulturen in alten Berichten, Bd. 4).

LANZI, G./LANZI, F.: *Wege nach Rom. Eine Kulturgeschichte der Pilgerfahrt in die Ewige Stadt,* Stuttgart 2000.

MARCO POLO: *Il Milione. Die Wunder der Welt,* übersetzt von E. Guignard, Zürich 1983.

MARCO POLO: *Die Wunder der Welt. Die Reise nach China an den Hof des Kublai Khan,* übers. und hg. von E. Guignard, 2. Aufl., Frankfurt a. M. 2004.

MAURER, M.: *Konstanz im Mittelalter, Bd. 1. Von den Anfängen bis zum Konzil,* Konstanz 1989.

MEIER, F.: *Hans von Waltheym auf Pilgerfahrt und Bildungsreise. Mobilität als didaktischer Zugang zur mittelalterlichen Geschichte,* Hamburg 2003.

MORAW, P.: *Reisen im europäischen Spätmittelalter im Licht der neueren historischen Forschung,* in: Ertzdorff-Kupffer, X. von/Neukirch, D./ Schulz, R. (Hg.): Reisen und Reiseliteratur im Mittelalter und in der Frühen Neuzeit, Amsterdam, Atlanta (Georgia) 1992, S. 113 ff.

MÜNKLER, M.: *Marco Polo. Leben und Legende,* München 1998.

MÜNKLER, M.: *Erfahrung des Fremden. Die Beschreibung Ostasiens in den Augenzeugenberichten des 13. und 14. Jahrhunderts,* Berlin 2000.

OHLER, N.: *Reisen im Mittelalter,* München 1986.

OHLER, N.: *Pilgerleben im Mittelalter. Zwischen Andacht und Abenteuer,* Freiburg i. Br. 1994.

PARAVICINI, W.: *Von der Heidenfahrt zur Kavalierstour. Über Motive und Formen adligen Reisens im späten Mittelalter,* in Brunner, H./ Wolf, N. R. (Hg.): Wissensliteratur im Mittelalter und in der Frühen Neuzeit. Bedingungen, Typen, Publikum, Sprache, Wiesbaden 1993 (Wissensliteratur im Mittelalter, Bd. 13).

PARAVICINI, W. (HG.): *Europäische Reiseberichte des späten Mittelalters. Eine analytische Bibliographie, Teil 1: Deutsche Reiseberichte,* bearb. von C. Halm, 2. durchgesehene und um einen Nachtrag ergänzte Auflage, Frankfurt a. M. u.a. 2001; Teil 2: Französische Reiseberichte, bearb. von J. Wettlaufer in Zusammenarbeit mit J. Paviot, Frankfurt a. M. u.a. 1999; Teil 3: Niederländische Reiseberichte, nach Vorarbeiten von D. Kraack bearb. von J. Hirschbiegel, Frankfurt a. M. u.a. 2000.

PAUL, J.: *Abenteuerliche Lebensreise. Sieben biographische Essays,* Minden/Westfalen 1954.

PLÖTZ, R. (HG.): *Europäische Wege der Santiago-Pilgerfahrt,* Tübingen 1990 (Jakobus-Studien, Bd. 2).

RACHEWILTZ, S. W. DE/RIEDMANN, J. (HG.): *Kommunikation und Mobilität im Mittelalter. Begegnungen zwischen dem Süden und der Mitte Europas (11.–14. Jahrhundert),* Sigmaringen 1995.

REICHERT, F.: *Reisen und Kulturbegegnung als Gegenstand der modernen Mediävistik,* in: Goetz, H. W. (Hg.): Die Aktualität des Mittelalters, Bochum 2000, S. 231 ff.

SCHUBERT, E.: *Fahrendes Volk im Mittelalter,* Bielefeld 1995.

SOUTHERN, R. W.: *Das Islambild des Mittelalters,* Stuttgart u.a. 1981.

WELTI, E. (HG.): *Die Pilgerfahrt des Hans von Waltheym im Jahre 1474,* Bern 1925.

WILHELM VON RUBRUK: *Beim Großkhan der Mongolen 1253–1255,* hg. von H. D. Leicht, Lenningen 2003.

WUNDERLI, P.: *Marco Polo und der Ferne Osten. Zwischen Wahrheit und Dichtung,* in: Wunderli, P. (Hg.): Reisen in reale und mythische Ferne. Reiseliteratur in Mittelalter und Renaissance, Düsseldorf 1993.

YAMASHITA, M.: *Marco Polo. Eine wundersame Reise,* München 2003.

ZARNCKE, F.: *Zur Sage vom Priester Johannes,* in: Neues Archiv für Ältere deutsche Geschichtskunde zur Beförderung einer Gesamtausgabe der Quellenschriften deutscher Geschichten des Mittelalters, Bd. 2, Berlin 1877, S. 611 ff.

ZORZI, A.: *Marco Polo. Eine Biographie,* Hildesheim 1992.

ABRAHAM IBN DAUD: *Al-aqida al-rafi'a (Der erhabene Glaube), neu hg. und ins Deutsche übers. von S. Weil, »Sefer ha-Emunah ha-rama«, Frankfurt a. M. 1852, Neudr. 1967.*

AMMIANUS MARCELLINUS: *Res Gestae, Bd. XIV, 4. Das Römische Weltreich vor dem Untergang, übers. von O. Veh, Zürich, München 1974.*

ARMANSKI, G.: *Es begann in Clermont. Der erste Kreuzzug und die Genese der Gewalt in Europa, Pfaffenweiler 1995.*

BATTENBERG, F.: *Das europäische Zeitalter der Juden. Zur Entwicklung einer Minderheit in der nichtjüdischen Umwelt Europas, Darmstadt 1990.*

BEUMANN, H. (HG.): *Heidenmission und Kreuzzugsgedanke in der deutschen Ostpolitik des Mittelalters, Darmstadt 1963.*

BONIZO VON SUTRI: *Liber de vita christiana, hg. von E. Perels, Nachdr. der Ausg. Berlin 1930, Hildesheim 1998.*

BRINCKEN, A.-D. VON DEN: *Das Rechtfertigungsschreiben der Stadt Köln wegen Ausweisung der Juden im Jahre 1424 – Zur Motivierung spätmittelalterlicher Judenvertreibungen in West- und Mitteleuropa, in: Köln, das Reich und Europa, Köln 1971 (Mitteilungen aus dem Stadtarchiv von Köln, Bd. 60), S. 305 ff.*

BULST, N: *Petrus Venerabilis, in: Lexikon des Mittelalters, Bd. 8, München 1980–1999, Sp. 1985 ff.*

CONTAMINE, P.: *La guerre au moyen age, 5. Aufl., Paris 1999.*

DANTE ALIGHIERI: *Die göttliche Kömödie, Darmstadt 2004.*

DE EXPUGNATIONE URBIS CONSTANTI-NOPOLITANE *[Guntheri Alemanni scholastici monachi et prioris Parisiensis de expugnatione urbis Constantinopolitane unde inter alias reliquias magna pars sancte crucis in Alemanniam est allata seu Historia Constantinopolotana ...], Guntherus Parisiensis 1220, hg. von P. Riant / E. Didier, Genf 1875.*

EPP, V.: *Fulcher von Chartres. Studien zur Geschichtsschreibung des Ersten Kreuzzugs, Düsseldorf 1990.*

FLETCHER, R.: *Ein Elefant für Karl den Großen. Christen und Muslime im Mittelalter, Darmstadt 2005.*

GESCHICHTE DER KREUZZÜGE UND DES KÖNIGREICHS JERUSALEM. *Aus dem Latein. des Erzbischofs Wilhelm von Tyrus, hg. von E. und R. Kausler, Stuttgart 1844.*

GOETZ, W.: *Wandlungen des Kreuzzugsgedankens in Hoch- und Spätmittelalter, in: Fischer, W. (Hg.): Das Heilige Land im Mittelalter. Begegnungsraum zwischen Orient und Okzident, Neustadt a. d. Aisch 1982 (Schriften des Zentralinstituts für fränkische Landeskunde und allgemeine Regionalforschung an der Universität Erlangen-Nürnberg, Bd. 22).*

GRAUS, F.: *Pest, Geißler, Judenmorde. Das 14. Jahrhundert als Krisenzeit, Göttingen 1987.*

GREGOR VON TOURS: *Fränkische Geschichte, nach der Übersetzung von W. v. Giesebrecht neu bearbeitet von M. Gebauer, 3 Bde., Essen, Stuttgart 1988.*

GUILLELMUS TYRENSIS, *Historia rerum gestarum in partibus transmarinis gestarum a tempore successorum Mahumeth usque ad annum domini 1184 (Geschichte der Kreuzzüge und des Königreichs Jerusalem), aus dem Latein. von E. und R. Kausler, Stuttgart 1844.*

HAGENEDER, O.: *Die Register Innocenz' III., Bd. 2,1: Pontifikatsjahr, 1199/1200, Rom, Wien 1979 (Publikationen des Österreichischen Kulturinstituts in Rom).*

HAVERKAMP, A. (HG.): *Juden und Christen zur Zeit der Kreuzzüge, Sigmaringen 1999 (Vorträge und Forschungen, Bd. 47).*

HAVERKAMP, A.: *Europas Juden im Mittelalter (= Katalog der Ausstellung »Europas Juden im Mittelalter« im Historischen Museum der Pfalz Speyer vom 19. November 2004 bis zum 20. März 2005; im Deutschen Historischen Museum Berlin vom 23. April bis 28. August 2005), Ostfildern 2004.*

HAVERKAMP, E. (HG.): *Hebräische Berichte über die Judenverfolgungen während des Ersten Kreuzzugs, München 2005 (MGH Hebräische Texte aus dem mittelalterlichen Deutschland 1).*

HÖRBURGER, H.: *Judenvertreibungen im Spätmittelalter. Am Beispiel Esslingen und Konstanz, Frankfurt a. M. 1981.*

HOTTINGER, A.: *Die Mauren. Arabische Kultur in Spanien, München 1995.*

IRSIGLER, F./LASSOTTA A.: *Bettler und Gaukler, Dirnen und Henker. Außenseiter in einer mittelalterlichen Stadt, Köln 1300–1600, 9. Aufl., München 2001.*

ISIDOR VON SEVILLA: *Hispalensis episcopi etymologiarum sive originum libri XX.*, hg. von W. M. Lindsay, Oxford *1911*.

ISIDOR VON SEVILLA: *Etymologien, Bd. IX*, übers. von D. Linhart, Dettelbach *1997*.

KAMEN, H.: *Die Spanische Inquisition. Verfolgung und Vertreibung*, München *1980*.

KOPPMANN, K. (HG.): *Rufus-Chronik, in: Die Chroniken der deutschen Städte vom 14. bis zum 16. Jahrhundert, Bd. 28*, Lübeck, Leipzig *1902*.

LANGE, C.: *Islamischer Kirchenschmuck und Islam. Zur Deutung des Obszönen, in: Bartz, G./Karnein, A./Lange, C.: Liebesfreuden im Mittelalter. Kulturgeschichte der Erotik und Sexualität in Bildern und Dokumenten, 2. Aufl.*, Stuttgart, Zürich *2001*, S. *96 ff.*

LEMM, R.: *Die Spanische Inquisition. Geschichte und Legende*, Köln *2005*.

LUTZ-BACHMANN, M./FIDORA, A. (HG.): *Juden, Christen und Muslime: Religionsdialoge im Mittelalter*, Darmstadt *2004*.

MEIER, F./RUDOLF, H. U.: *Kreuzzüge, in: Rudolf, H. U. (Hg.): Wendepunkte. Folienbilder zur Geschichte*, Gotha und Stuttgart *2001*.

MEIER, F.: *Gaukler, Dirnen, Rattenfänger. Außenseiter im Mittelalter*, Ostfildern *2005*.

MILGER, P.: *Die Kreuzzüge. Krieg im Namen Gottes, 4. Aufl.*, München *1992*.

OVERDICK, R.: *Die rechtliche und wirtschaftliche Stellung der Juden in Südwestdeutschland im 15. und 16. Jahrhundert, dargestellt an den Reichsstädten Konstanz und Esslingen und an der Markgrafschaft Baden*, Konstanz *1965* *(Konstanzer Geschichts- und Rechtsquellen, Bd. 15)*.

PATSCHOVSKY, A.: *Ketzer, Juden, Antichrist. Gesammelte Aufsätze zum 60. Geburtstag von A. Patschovsky*, Konstanz *2001*.

PETRUS VENERABILIS: *Schriften zum Islam*, hg., ins Deutsche übers. und komm. von R. Glei, Altenberge *1985*.

POLIAKOV, L.: *Geschichte des Antisemitismus, Bd. IV: Die Marranen im Schatten der Inquisition*, Worms *1981*.

RAYMUNDUS LULLUS: *Opera latina*, ed. S. Galmés (u.a.), 3 Bde., Palma *1952–1954*.

RIES, R.: *Juden – Zwischen Schutz und Verteufelung, in: Hergemöller, B.-U. (Hg.): Randgruppen in der spätmittelalterlichen Gesellschaft. Ein Hand- und Studienbuch, 2. Aufl.*, Warendorf *1994*, S. *284 ff.*

RILEY-SMITH, J. (HG.): *Großer Bildatlas der Kreuzzüge. Sechs Jahrhunderte abendländischer Kultur- und Glaubensgeschichte*, Freiburg i. Br. u.a. *1992*.

RILEY-SMITH, J.: *What were the crusades? Wozu heilige Kriege? Anlässe und Motive der Kreuzzüge, aus d. Engl. von M. Müller*, Berlin *2003*.

SCHOEPS, J. H./SCHLÖR, J. (HG.): *Antisemitismus – Vorurteile und Mythen. »Erstes Bild: Die Gottesmörder«*, München *1995*.

SCHROEDER, H. J.: *Disciplinary Decrees of the General Councils: Text, Translation and Commentary*, St. Louis *1937*, S. *236–296 (Canon 70)*.

SCHULIN, E.: *Die spanischen und portugiesischen Juden im 15. und 16. Jahrhundert. Eine Minderheit zwischen Integrationszwang und Verdrängung, in: Martin, B./Schulin, E. (Hg.): Die Juden als Minderheit in der Geschichte, 4. Aufl.*, München *1989*.

SCHWINGES, R. C.: *Die Wahrnehmung des Anderen durch die Geschichtsschreibung. Muslime und Christen im Spiegel der Werke Wilhelms von Tyrus und Rodrigo Ximénez' de Rada, in: Patschovsky, A./Zimmermann, H. (Hg.): Toleranz im Mittelalter, Sigmaringen 1998 (Vorträge und Forschungen, Bd. 45)*, S. *101 ff.*

SEZGIN, F.: *Mathematische Geographie und Kartographie im Islam und ihr Fortleben im Abendland. Historische Darstellung, Teil 1*, Leiden *2000 (Geschichte des arabischen Schrifttums, Bd. 10)*.

SMITH, C.: *Christians and Moors in Spain*, Warminster *1988*.

SOUTHERN, R. W.: *Das Islambild des Mittelalters*, Stuttgart u.a. *1981*.

THOMAS VON AQUIN: *Summa contra gentiles*, hg. von K. Albert, 1. Buch 1, Darmstadt *2001*.

VITA IOHANNIS ABBATIS GORZIENSIS, hg. von G. H. Pertz, Hannover *1841 (MGH SS IV)*.

WATT, W. M.: *Der Einfluß des Islam auf das europäische Mittelalter*, Berlin *2001*.

WÖRDEMANN, F.: *Die Beute gehört Allah. Die Geschichte der Araber in Spanien*, München *1985*.

WYCLIF, J.: *Opera minora. Now 1. ed. from the mss., with critical and historical notes by J. Loserth*, New York u.a. *1966*.

ZÖLLNER, W.: *Die Geschichte der Kreuzzüge, 6. Aufl.*, Berlin *1990*.

AUFFARTH, C.: *Die Ketzer. Katharer, Waldenser und andere religiöse Bewegungen*, München 2005.

BAIER, L.: *Die große Ketzerei. Verfolgung und Ausrottung der Katharer durch Kirche und Wissenschaft*, Berlin 1984.

BARBER, M.: *Die Katharer. Ketzer des Mittelalters*, übers. aus dem Engl. von H. Ehrhardt, Düsseldorf, Zürich 2003.

BORST, A.: *Barbaren, Ketzer und Artisten. Welten des Mittelalters*, München 1988.

BORST, A.: *Die Katharer, 5. Aufl.*, Freiburg i. Br. 1997.

BRENON, A.: *Les femmes cathares*, Paris 1992.

CAESARII HEISTERBACENSIS MONACHI ORDINIS CISTERCIENSIS DIALOGUS MIRACULORUM, hg. von J. Strange, 2 Bde., Köln, Brüssel 1851; Index in Caesarii Heisterbacensis Dialogum, Koblenz 1857.

CHRONIKEN DES VIERTEN KREUZZUGS: *die Augenzeugenberichte, von Geoffroy de Villehardouin und Robert de Clari. Ins Neuhochdt. übers., eingeleitet und erl. von G. E. Sollbach (Hg.)*, Pfaffenweiler 1998 (Bibliothek der historischen Forschung 9).

ECCLESIA CATHOLICA. *Latina catechismi Catholicae Ecclesiae typica editio, Katechismus der Katholischen Kirche, Neuübersetzung aufgrund der Editio typica Latina*, München, Wien 2003.

DIE GESCHICHTE DER EROBERUNG VON KONSTANTINOPEL, von Gunter von Pairis, übers. und erl. von E. Assmann, Köln 1956.

LAMBERT, M.: *Geschichte der Katharer. Aufstieg und Fall der großen Ketzerbewegung*, übers. aus dem Engl. von R. Niemann, Darmstadt 2001.

LAY, R.: *Die Ketzer. Von Roger Bacon bis Teilhard*, Frankfurt a. M., Berlin 1992.

MEIER, F.: *Gaukler, Dirnen, Rattenfänger. Außenseiter im Mittelalter*, Ostfildern 2005.

MILGER, P.: *Die Kreuzzüge. Krieg im Namen Gottes, 4. Aufl.*, München 1992.

PATSCHOVSKY, A.: *Ketzer, Juden, Antichrist. Gesammelte Aufsätze zum 60. Geburtstag von A. Patschovsky*, Konstanz 2001.

RAGG, S.: *Ketzer und Recht. Die weltliche Ketzergesetzgebung des Hochmittelalters unter dem Einfluß des römischen und kanonischen Rechts*, Hannover 2006 (MGH, Studien und Texte, Bd. 37).

RAINERIUS SACCONI O. P.: *Summa de Catharis et Pauperibus de Lugduno*, in: Dondaine, A.: Liber de duobus principiis, suivi d'un fragment de rituel cathare (Institutum historicum Fratrum Praedicatorum, Romae ad S. Sabinae)*, Rom 1939, Liber 64–78.

DIE REGISTER INNOCENZ' III., Bd. 2: *Pontifikatsjahr 1199/1200*, bearb. von O. Hageneder, Wien 1979.

ROTTENWÖHRER, G.: *Die Katharer. Was sie glaubten, wie sie lebten*, Ostfildern 2007.

SEIFERT, P. (HG.): *Geheime Schriften mittelalterlicher Sekten*, Augsburg 1997.

STAECK, F./WELSCH, C.: *Ketzer, Täufer, Utopisten, Pfaffenweiler 1991.*

WEDDIGEN, K. (HG.): *Gustula. Lateinisches Lesebuch, 2. Aufl.*, Stuttgart 1990.

WERNER, E./ERBSTÖSSER, M.: *Ketzer und Heilige. Das religiöse Leben im Hochmittelalter*, Wien 1986.

7 / HEXEN UND ZAUBERER

BEHRINGER, W.: *Hexenverfolgung in Bayern. Volksmagie, Glaubenseifer und Staatsräson in der Frühen Neuzeit*, München 1987.

BEHRINGER, W.: *Erträge und Perspektiven der Hexenforschung*, in: Historische Zeitschrift 249, 1989, S. 619 ff.

BEHRINGER, W.: *Hexen und Hexenprozesse in Deutschland, 4. überarb. und erw. Ausgabe*, München 2000.

BEHRINGER, W.: *Kulturelle Konsequenzen der »Kleinen Eiszeit«*, Göttingen 2005 (Veröffentlichungen des Max-Planck-Instituts für Geschichte, Bd. 212).

BLAUERT, A.: *Frühe Hexenverfolgungen. Ketzer-, Zauberei- und Hexenprozesse des 15. Jahrhunderts*, Hamburg 1989.

BLAUERT, A. (HG.): *Ketzer, Zauberer und Hexen. Die Anfänge der europäischen Hexenverfolgungen*, Frankfurt a. M. 1990.

DECKER, R.: *Die Hexenverfolgungen im Herzogtum Westfalen*, in: Westfälische Zeitschrift 131/132, 1981/1982, S. 339 ff.

DILLINGER, J.: *Hexenprozesse in Horb*, Horb 1994 (Veröffentlichungen des Kultur- und Museumsvereins Horb a. N. e. V., Folge 11).

DÜLMEN, R. VAN (HG.): *Hexenwelten. Magie und Imagination vom 16.–20. Jahrhundert*, Frankfurt a. M. 1987 (Ausstellungskatalog der Saarbrückener Hexenausstellung).

FRIEDRICH VON SPEE: *Cautio Criminalis oder rechtliche Bedenken wegen der Hexenprozesse, unveränd. Nachdr. der 1. vollst. dt.*

Übers., Weimar 1939, 6., erw. Aufl., München 2000.

HALLINGER, A.: »Die Hex muß brennen!«: Volksglaube und Glaubenseifer des Mittelalters, Augsburg 1999.

HANSEN, J.: Zauberwahn, Inquisition und Hexenprozeß im Mittelalter und die Entstehung der großen Hexenverfolgung, München 1900.

HANSEN, J.: Quellen und Untersuchungen zur Geschichte des Hexenwahns und der Hexenverfolgung im Mittelalter, Bonn 1901.

HARMENING, D.: Hexen – Hinter dem Rand des Christentums, in: Hergemöller, B.-U. (Hg.): Randgruppen in der spätmittelalterlichen Gesellschaft. Ein Hand- und Studienbuch, 2. Aufl., Warendorf 1994, S. 328 ff.

HEFELE, K. J.: Conciliengeschichte, nach den Quellen bearbeitet, Bd. 4, Freiburg 1879.

HEINEMANN, E.: Hexen und Hexenglauben. Eine historisch-sozialpsychologische Studie über den europäischen Hexenwahn des 16. und 17. Jahrhunderts, Frankfurt a. M. 1986.

HEINSOHN, G./STEIGER, O.: Die Vernichtung der weisen Frauen. Hexenverfolgung, Kinderwelten, Menschenproduktion, Bevölkerungswissenschaft, München 1987.

HONEGGER, C. (HG.): Die Hexen der Neuzeit. Studien zur Sozialgeschichte eines kulturellen Deutungsmusters, Frankfurt a. M. 1978.

IRSIGLER, F./LASSOTTA A.: Bettler und Gaukler, Dirnen und Henker. Außenseiter in einer mittelalterlichen Stadt, Köln 1300–1600, 9. Aufl., München 2001.

JÄGGI, S.: Luzerner Verfahren wegen Zauberei und Hexerei bis zur Mitte des 16. Jahrhunderts, in: Schweizer Zeitschrift für Geschichte 52, 2002, S. 143 ff.

DIE PEINLICHE GERICHTSORDNUNG KAISER KARLS V. UND DES HEILIGEN RÖMISCHEN REICHS VON 1532 (Carolina), hg. und erl. von F.-C. Schroeder, Stuttgart 2000.

SCHMAUDER, A. (HG.): Frühe Hexenverfolgung in Ravensburg und am Bodensee (= Begleitbd. zur Tagung Der Hexenhammer und Heinrich Kramer und die Frühe Hexenverfolgung in Ravensburg und Oberdeutschland, veranstaltet von Kulturreferat/Stadtarchiv Ravensburg, 20. – 23. September 2001 in Ravensburg und Weingarten), Konstanz 2001.

SPRENGER, J./INSTITORIS, H.: Der Hexenhammer ins Deutsche übertragen von J. W. R. Schmidt, T. 1, Berlin 1906, Nachdruck Darmstadt 1974.

8 / MANN UND FRAU

ANDREAS CAPELLANUS: De Amore. Über die Liebe. Lateinisch – Deutsch (Auswahl), hg. und mit einem Nachwort versehen von F. Neumann, Mainz 2003.

BACHORSKI, H.-J. (HG.): Ordnung und Lust. Bilder von Liebe, Ehe und Sexualität in Spätmittelalter und Früher Neuzeit, Trier 1991 (Literatur – Imagination – Realität, Bd. 1).

BARTZ, G./KARNEIN, A./LANGE, C.: Liebesfreuden im Mittelalter. Kulturgeschichte der Erotik und Sexualität in Bildern und Dokumenten, München 2001.

BEHRINGER, W.: Hexen und Hexenprozesse in Deutschland, 4. überarb. und erw. Ausgabe, München 2000.

BEIN, T.: Liebe und Erotik, Graz 2003.

BUMKE, J.: Höfische Kultur. Literatur und Gesellschaft im hohen Mittelalter, Bd. 2, 4. Aufl., München 1987.

CHRISTINE DE PIZAN: Das Buch von der Stadt der Frauen, Berlin 1986.

DE LA CROIX, A.: Liebeskunst und Lebenslust. Sinnlichkeit im Mittelalter, Ostfildern 2003.

DENZLER, G.: Die verbotene Lust. 2000 Jahre christliche Sexualmoral, München 1988.

DEUTSCHE DICHTUNG DES MITTELALTERS, Bd. 1, Von den Anfängen bis zum hohen Mittelalter, hg. von M. Curschmann und I. Glier, München 1987.

DUBY, G.: Die Frau ohne Stimme. Liebe und Ehe im Mittelalter, Berlin 1989.

ELSTER, H. M.: Des königlichen fränkischen Kaplans Andreas drei Bücher über die Liebe, Dresden 1924.

FRANKLIN, O.: Die Freien Herrn und Grafen von Zimmern: Beiträge zur Rechtsgeschichte nach der Zimmerischen Chronik, Freiburg i. Br., Tübingen 1884.

FRANZ, G. (HG.): Quellen zur Geschichte des deutschen Bauernstandes im Mittelalter, 2. unveränd. Aufl., Darmstadt 1974.

GENGLER, H. G. P.: Codex iuris municipalis Germaniae medi aevi. Regesten und Urkunden zur Verfassungs- und Rechtsgeschichte der deutschen Städte im Mittelalter, Erlangen 1863.

GOETZ, H.-W.: *Frauen im frühen Mittelalter: Frauenbild und Frauenleben im Frankenreich, Köln 1995.*

GRAUS, F. (HG.): *Mentalitäten im Mittelalter. Methodische und inhaltliche Probleme, Sigmaringen 1987 (Vorträge und Forschungen 35).*

GREGOR VON TOURS: *Zehn Bücher Geschichten, auf Grund der Übers. von W. Giesebrecht neu bearb. von R. Buchner Bd. 1: Buch 1–5, Darmstadt 2000 (Ausgewählte Quellen zur deutschen Geschichte des Mittelalters 2).*

GURJEWITSCH, A. J.: *Mittelalterliche Volkskultur, München 1987.*

HUIZINGA, J.: *Herbst des Mittelalters. Studien über Lebens- und Geistesformen des 14. und 15. Jahrhundert in Frankreich und in den Niederlanden, 11. Aufl., Stuttgart 1987.*

KAMMEIER-NEBEL, A.: *Wenn eine Frau Kräutertränke zu sich genommen hat, um nicht zu empfangen … Geburtenbeschränkung im frühen Mittelalter, in: Herrmann, B. (Hg.): Mensch und Umwelt im Mittelalter, Wiesbaden 1996, S. 65 ff.*

KARRAS, R. M.: *Sexualität im Mittelalter. Aus dem Amerikanischen von W. Hartung, Düsseldorf 2006.*

DER KITTEL, *hg. von W. Holland und A. Keller: Der Tugenden Schatz, Stuttgart 1850, S. 51.*

KONRAD VON MEGENBERG: *Werke, Ökonomik, Stuttgart 1973, (MGH, Staatsschriften des späteren Mittelalters III, 5).*

KÜHN, D.: *Ich Wolkenstein: eine Biographie, Frankfurt a.M. 1980.*

KÜHNEL, H. (HG.): *Alltag im Spätmittelalter, 2. verb. Aufl., Darmstadt 1986.*

LUTTERBACH, H.: *Sexualität im Mittelalter. Eine Kulturstudie anhand von Bußbüchern des 6. bis 12. Jahrhunderts, Köln u.a. 1999 (AKG Beiheft 43).*

MAZENAUER, B./PERRIG, S.: *Wie Dornröschen seine Unschuld gewann: Archäologie der Märchen, Leipzig 1995.*

MÜHLBERGER, J.: *Lebensweg und Schicksale der staufischen Frauen, Esslingen 1977.*

MÜLLER, W.: *Entwicklung und Spätform der Leibeigenschaft: die Ehegenossame im alemannisch-schweizerischen Raum, Sigmaringen 1974.*

OPITZ, C.: *Frauenalltag im Mittelalter: Biographien des 13. und 14. Jahrhunderts, Weinheim, Basel 1985 (= Ergebnisse der Frauenforschung, Bd. 5).*

OPITZ, C.: *Evatöchter und Bräute Christi: weiblicher Lebenszusammenhang und Frauenkultur im Mittelalter, Weinheim 1990.*

OTTO FRISINGENSIS: *Gesta Friderici I. Imperatoris. Die Thaten Friedrichs von Otto von Freising, übers. von H. Kohl, Leipzig 1894.*

RANKE-HEINEMANN, U.: *Eunuchen für das Himmelreich: katholische Kirche und Sexualität, 3. Aufl., München 2004.*

RUODLIEB. *Mittellateinisch und deutsch. Übertragen, kommentiert, Nachwort von F. P. Knapp, Stuttgart 1977.*

SCHUBERT, E.: *Alltag im Mittelalter. Natürliches Lebensumfeld und menschliches Miteinander, Darmstadt 2002.*

SPIESS, K.-H.: *Unterwegs zu einem fremden Ehemann, Brautfahrt und Ehe in europäischen Fürstenhäusern des Spätmittelalters, in: Erfen, I./Spieß, K.-H. (Hg.): Fremdheit und Reisen im Mittelalter, Stuttgart 1997, S. 17 ff.*

SPRENGER, J./INSTITORIS, H.: *Der Hexenhammer, ins Deutsche übertragen von J. W. R. Schmidt, Berlin 1906, Nachdruck Darmstadt 1974.*

THEGAN: *Die Taten Kaiser Ludwigs. Astronomus: Das Leben Kaiser Ludwigs, hg. von E. Tremp, Hannover 1995 (MGH SS rer. Germ. in usum scholarum separatim editi, Bd. 54).*

WALTER, T.: *Unkeuschheit und Werk der Liebe. Diskurse über Sexualität am Beginn der Neuzeit in Deutschland, Berlin, New York 1998 (Studia Linguistica Germanica 48).*

9 / HEUTE HIER, MORGEN DA

BRANDHORST, J.: *Spielleute – Vaganten und Künstler, in: Hergemöller, B.-U. (Hg.): Randgruppen in der spätmittelalterlichen Gesellschaft. Ein Hand- und Studienbuch, 2. Aufl., Warendorf 1994, S. 157 ff.*

BUMKE, J.: *Höfische Kultur. Literatur und Gesellschaft im Hohen Mittelalter, München 1986.*

FEGER, O.: *Vom Richtebrief zum Roten Buch. Die älteste Konstanzer Ratsgesetzgebung, Darstellung und Texte, Konstanz 1955 (Konstanzer Geschichts- und Rechtsquellen, Bd. 7).*

FREESE, C.: *Zur Geschichte und Gegenwart der Zigeuner und Landfahrer in Deutschland. Versuch einer subkulturtheoretischen Erklärung, Nürnberg 1980.*

GILSENBACH, R.: *Weltchronik der Zigeuner, Teil 1: Von den Anfängen bis 1599, Frankfurt a. M. 1994.*

GRIMMELSHAUSEN, H. J. CH. VON:
Der abenteuerliche Simplicissimus (1669),
Stuttgart 1965.

HARTUNG, W.: *Die Spielleute im Mittelalter.*
Gaukler, Dichter, Musikanten, Düsseldorf,
Zürich 2003.

HERBST, W.: *Ein Märchen beim Wort genom-*
men. Bemerkungen über die Bremer Stadtmusi-
kanten, in: *Beiträge zur Sozialgeschichte Bremens*
7, 1984, S. 19 ff.

HOHMANN, J. S.: *Verfolgte ohne Heimat.*
Geschichte der Zigeuner in Deutschland, Bd. 1.
Frankfurt a. M. 1990.

IRSIGLER, F./LASSOTTA A.: *Bettler und*
Gaukler, Dirnen und Henker. Außenseiter
in einer mittelalterlichen Stadt, Köln 1300–1600,
9. Aufl. München 2001.

LUCASSEN, L.: *Zigeuner. Die Geschichte eines*
polizeilichen Ordnungsbegriffes in Deutschland
1700–1945, Köln 1996.

MIEDER, W.: *Der Rattenfänger von Hameln.*
Die Sage in Literatur, Medien und Karikatur,
Wien 2002.

NÜRNBERGER BÜRGERBÜCHER. *I. Die*
Pergamentenen Neubürgerlisten 1302–1448, hg.
vom Stadtarchiv Nürnberg, Nürnberg 1974.

PROBST, C.: *Fahrende Heiler und Heilmittel-*
händler. Medizin von Marktplatz und Land-
straße, Rosenheim 1992.

RUPPERT, P.: *Das alte Konstanz in Schrift*
und Stift. Die Chroniken der Stadt Konstanz,
Konstanz 1891.

SALMEN, W.: *Der Spielmann im Mittelalter,*
Innsbruck 1983.

SCHRAMM, P.: *Die Quacksalber, Heilkünstler*
und Scharlatane. Ein dokumentarischer Bildband,
Taunusstein 1985.

SCHUBERT, E.: *Arme Leute. Bettler und*
Gauner im Franken des 18. Jahrhunderts,
Neustadt a. d. A. 1983.

SCHUBERT, E.: *Fahrendes Volk im Mittelalter,*
Bielefeld 1995.

WITTICH, E.: *Beiträge zur Zigeunerkunde,*
Frankfurt a. M. 1990.

---

10 / INTEGRATION UND DISKRIMINIERUNG
....

DIRLMEIER, U.: *Untersuchungen zu Ein-*
kommensverhältnissen und Lebenshaltungskosten
in oberdeutschen Städten des Spätmittelalters
(Mitte 14. bis Anfang 16. Jahrhundert), Heidelberg 1978 (Abhandlungen der Heidelberger

Akademie der Wissenschaften, Philosophisch-
Historische Klasse, Bd. 1978, 1).

ENGEL, E./JACOB, F.-D.: *Städtisches Leben*
im Mittelalter. Schriftquellen und Bildzeugnisse,
Köln u. a. 2006.

FEGER, O.: *Vom Richtbrief zum Roten Buch.*
Die älteste Konstanzer Ratsgesetzgebung, Dar-
stellung und Texte, Konstanz 1955 (Konstanzer
Geschichts- und Rechtsquellen, 7).

FUHRMANN, B.: *Die Stadt im Mittelalter,*
Darmstadt 2006.

HÄBERLEIN, M./ZÜRN, M. (HG.): *Minder-*
heiten, Obrigkeit und Gesellschaft in der Frühen
Neuzeit. Integrations- und Abgrenzungsprozesse
im süddeutschen Raum, St. Katharinen 2001.

ISENMANN, E.: *Die deutsche Stadt im Spät-*
mittelalter 1250–1500. Stadtgestalt, Recht,
Stadtregiment, Kirche, Gesellschaft, Wirtschaft,
Stuttgart 1988.

KUPFER, M.: *Das Fremdenwesen Leipzigs vom*
Mittelalter bis ins 17. Jahrhundert, Weida 1928.

MASCHKE, E./SYDOW, J. (HG.): *Gesell-*
schaftliche Unterschichten in den südwestdeutschen
Städten, Stuttgart 1967 (= Protokoll über d.
5. Arbeitstagung d. Arbeitskreises f. Südwestdt.
Stadtgeschichtsforschung, Schwäbisch Hall,
11.–13. Nov. 1966. Veröffentlichungen der Kommission für Geschichtliche Landeskunde in
Baden-Württemberg, Bd. 41).

MEIER, D.: *Bauer, Bürger, Edelmann. Stadt*
und Land im Mittelalter, Ostfildern 2003.

NÜRNBERGER BÜRGERBÜCHER. *I. Die*
Pergamentenen Neubürgerlisten 1302–1448, hg.
vom Stadtarchiv Nürnberg, Nürnberg 1974.

SCHMIEDER, F.: *Die mittelalterliche Stadt,*
Darmstadt 2005.

SCHUBERT, E.: *Fahrendes Volk im Mittelalter,*
Bielefeld 1995.

STOOB, H. (HG.): *Die Stadt. Gestalt und*
Wandel bis zum industriellen Zeitalter, Köln 1985
(Veröffentlichungen der Kommission für
Geschichtliche Landeskunde in Baden-Württem-
berg B, Bd. 41).

URKUNDENBUCH DER STADT STRASS-
BURG, Bd. 2, Politische Urkunden von 1266 bis
1332, bearb. von W. Wiegand, Straßburg 1886.

ZÜRN, M.: *Savoyarden in Oberdeutschland. Zur*
Integration einer ethnischen Minderheit in Augs-
burg, Freiburg und Konstanz, in: Hoffmann, C.
A./Kießling, R. (Hg.): *Kommunikation und Re-*
gion, Konstanz 2001 (Forum Suevicum, Bd. 4),
S. 381 ff.

BACON, F.: *Neues Organon, hg. und mit einer Einleitung von W. Krohn, Bd. 1, Hamburg 1990.*

BIHRER, A./LIMBEK, S./SCHMIDT, P. G. (HG.): *Exil, Fremdheit und Ausgrenzung in Mittelalter und früher Neuzeit, Würzburg 2000 (Identitäten und Alteritäten, Bd. 4).*

HARMS, W./JAEGER, C. S.: *Fremdes wahrnehmen – fremdes Wahrnehmen. Studien zur Geschichte der Wahrnehmung und zur Begegnung von Kulturen in Mittelalter und früher Neuzeit, Stuttgart, Leipzig 1997.*

KÜHNEL, H.: *Das Fremde und das Eigene. Mittelalter, in: Dinzelbacher, P. (Hg.): Europäische Mentalitätsgeschichte. Hauptthemen in Einzeldarstellungen, Stuttgart 1993, S. 415 ff.*

LAUBACH, B.: *Bürgerrechte für Ausländer und Ausländerinnen in der Europäischen Union. Unionsbürger und Drittstaatsangehörige – Ein Vergleich, Baden-Baden 1999.*

PATSCHOVSKY, A./ZIMMERMANN, H. (HG.): *Toleranz im Mittelalter, Sigmaringen 1998 (Vorträge und Forschungen, Bd. 45).*

WATT, W. M.: *Der Einfluß des Islam auf das europäische Mittelalter, Berlin 2001.*

BILDNACHWEIS

akg-images: Tafel 2, 10, 13; Bildarchiv Preußischer Kulturbesitz (bpk): S. 43, Tafel 4, 6; Bridgeman Art Library: Tafel 7, 8, 15; Faksimile Verlag Luzern (www.faksimile.ch): S. 63, 93, 97, Tafel 1, 9, 14; Gebrüder Mann Verlag, Berlin: Tafel 5; Klassik Stiftung Weimar/Herzogin Anna Amalia Bibliothek/Sign. Inc. 119: Tafel 3; Österreichische Nationalbibliothek, Wien/Sign Cod. 2759, fol. 160ʳ: Tafel 11; Universitätsbibliothek Heidelberg (Cod. pal. germ. 848): Tafel 12; Württembergische Landesbibliothek, Stuttgart: S. 25, 29; übrige Abbildungen: Verlagsarchiv.

Wir danken allen Rechteinhabern für die freundliche Genehmigung zum Nachdruck. Trotz nachdrücklicher Bemühungen ist es uns nicht gelungen, alle Rechteinhaber zu ermitteln. Wir bitten diese daher um Verständnis, wenn wir gegebenenfalls erst nachträglich eine Abdruckhonorierung vornehmen können.